国家社会科学基金特别委托项目
"大数据治国战略研究"成果

数字政府建设

中国行政体制改革研究会　组织编写

人民出版社

序 言 一

当今世界，人类社会信息化进程加快，将迎来数字时代。以数字化、网络化、智能化为特征的大数据、云计算、区块链、物联网技术快速发展，推动数字经济、数字社会蓬勃兴起。数据成为一种新资源、新要素。一个国家拥有数据多寡、数据利用水平决定着该国家的创造力和竞争力。在这种形势下，世界主要发达国家纷纷将数字技术广泛应用于政府管理服务，并制定实施推动政府数字化转型的战略和规划，从而加速了数字政府建设。数字政府是政府运用数字技术，各种智能终端、移动网络通信、人工智能等现代信息技术，对政务服务、经济发展、社会治理、生态保护等各个领域广泛获取信息、科学处理信息、充分利用信息，推动政府形成"用数据说话、用数据决策、用数据管理、用数据创新"的现代化治理模式。这是行政领域一场广泛而深刻的变革，是推进政府治理现代化的必经之路。

党中央、国务院高度重视信息化工作。特别是党的十八大以来，习近平总书记更加重视信息化和数字政府建设。2016 年 4 月 19 日，习近平总书记在网络安全和信息化工作座谈会上明确指出，信息是国家治理的重要依据。要以信息化推进国家治理体系和治理能力现代化。在习近平总书记关于信息化建设和数字治理重要论述指引下，党中央、国务院及相关部门出台了一系列政策文件。2017 年 5 月，国务院办公厅印发《政务信息系统整合共享实施方案》；2017 年 12 月，中央网信办、国家发展改革委会同有关部门联合印发《关于开展国家电子政务综合试点的通知》；2018 年 6 月，国务院办公厅印发《进一步深化"互联网 + 政务服务"推进政务服务"一网、一门、一次"改革实施方案》；2018 年 7 月，国务院印发《关于加快推进全国一体化在线政务服务平台建设的指导意见》等文件，都对推进数字政府建设提出了具体要求。党的十九大进一步提出了建设"网络强国、数字中国、智慧社会"的战略部署。党的十九届四中全会更加明确地提出："建立健全运用互联网、大数据、人工智能等技术手段进行行政管理的制度规则。推进数字政府建设"。特别是党的十九届五中全会提出："加强数字社会、数字政府建设，提升公共服务、社会治理等数字化智能化水平。"2021 年 3 月，颁布的《中华人民共和国国民经济和社会发展第十四个五年规划和 2035 年远景目标纲要》，专门单设一篇："加快数字化发展，建设数字中国"，更加明确地提出："迎接数字时代，激活数据要素潜能，推进网络强国建设，加快建设数字经济、数字社会、数字政府，以数字化转型整体驱动生产方式、生活方式和治理方式变革。"这些都清楚表明，我们党和国家对数字政府建设的认识不断深化，决策部署不断提出新要求。

近些年来，我国数字政府建设取得积极进展，各级政府都重视对数据的获取和统筹管理，努力发挥数据的作用。不少地方提出了数字政府建设指导文件和规划，在推进数字政府建设方面采取了有力举措，积极推进政务云、政务大数据、城市大脑等数字政府类项目建设。有些地方政府实现了从业务上网到服务上网的转变，不仅把政府的权力清单、事项实施清单、负面清单晒到网上，而且扎实推动数字政务服务。不论是"最多跑一次"的审批提速，还是"一网通办"的服务增效，都显示数字政府建设取得明显成效。

加快数字政府建设具有多方面意义。将数字技术广泛应用于政府管理和服务，有利于政府数据汇聚、共享和应用，实现办公自动化、政务公开化、运行程序规范化、决策科学化，大幅提升政府管理服务的效率和水平，公众足不出户就可以完成到政府部门的办事过程；有利于推动营商环境优化、引导制造业数字化转型，改进和加强市场监管，是推动经济社会高质量发展的重要抓手和引擎；有利于提升社会治理效能，可以快速发现和处置各种突发事件，做到社会治理精细化、现代化。数字政府建设还有利于全面准确掌握生态环境建设状况和发展趋势，推动"绿水青山就是金山银山"理念的落实，助力生态文明建设美丽中国。总之，加强数字政府建设是实施信息化战略的重中之重，在推进国家治理体系和治理能力现代化方面发挥着十分重要的作用。

目前，与世界发达国家相比，我国数字政府建设起步较晚，数据还没有充分发挥在提升政府治理中应有的作用。受行政体制及政务服务专业化不同的影响，我国公共治理数据融合程度不高，还存在"数据孤岛"现象。不论是横向部门之间，还是纵向层级之间，都缺乏打通数据的驱动力。尽管不少地方成立了大数据机构，但仍存在职能职责不统一、运行机制不健全等问题。一些地方政务系统建成后的实际运行与设计初衷存在差距，功能不足。一些地方的城市大脑应用范围有限，仅局限在交通、社区管理等方面，对公共服务、产业发展、市场监管等领域涉及较少。数字政府知识普及不够，数字政府建设人才不足，影响着数字政府建设的进展和成效。

新发展阶段中提高数字政府建设水平，必须牢牢抓住数据生产力这个关乎全局的战略问题。要加快推动大数据与政府治理多方面的深度融合，对政务流程、组织构架、功能模块等进行数字化重塑，系统引领、推动经济调节、市场监管、公共服务、社会管理、环境治理、政府运行等方面的数字化转型。建设数字政府必须坚持"以人民为中心"的思想，要把建设人民满意的服务型政府作为数字政府建设的根本出发点和落脚点，从用户体验的视角优化政府服务的流程和顶层设计，充分反映公众的需求和社会期待，在建设数字化政府过程中广泛听取公众意见和建议。要建立健全国家公共数据资源体系，确保公共数据安全，推进数据跨部门、跨层级、跨地区汇聚融合，构建整体性的信息网络，坚持"联网为原则，不联网为例外"，推动网络通、系统通、证照通、业务通、数据通，实现各层级、各区域、各系统、各部门信息的共建共用，消除"信息孤岛"。要强化体制机制创新和管理创新、业务创新。要从政府机构设置、治理体系变革、资源配置机制等方面推进政府治理模式创新发展。要改变传统纵向管理组织模式和横向协调配合管理模式，建立跨区域、跨部门、跨层级、跨业务的一体化、"一站式"协同治理体系，全面推进政府运行方式、业务流程和服务模式数字化智能化，提高数字化政府服务效能。

习近平总书记指出：善于获取数据、分析数据、运用数据，是领导干部做好工作的基本功。广大干部和政府公务人员是数字政府建设的践行者、推进者，建设数字政府离不开各级政府及其工作人员的共同努力。建设数字政府不是简单的技术问题，而是如何运用权力的问题。数字政府建设要求领导干部和政府工作人员具有数字治理意识，具备"用数据说话、用数据决策、用数据管理、用数据创新"的能力，具有数据共享、纵览全局、分析预见的能力，具有事前服务、事前防范，确保数据安全保障的能力。各级领导干部要加强学习，提高对大数据知识和发展规律的把握能力。

编写《数字政府建设》的目的，就是让广大干部和社会各界人士更好了解数字政府建设的基本知识、重大意义和实施路径，为提高数字政府建设水平服务。该书紧密结合党和国家数字政府建设的战略安排，介绍数字政府建设的基本知识，特别是重点介绍数字政府建设对经济发展、政务服务、公共服务、社会治理、生态文明建设等方面的重要功能，全面展示数字政府建设对统筹推进"五位一体"总体布局和协调推进"四个全面"战略布局的重大意义。同时，该书还对如何建设数字政府、建设数字政府的条件和安全保障等作出通俗的阐释。该书将对数字政府建设基本知识的介绍与成功实践案例的对照紧密结合，这便于广大读者理解和认知数字政府，也有利于广大干部和群众形成推动数字政府建设的共识和合力。如果这本书能在普及数字政府知识、加强数字政府建设方面发挥一些作用，就是该书编写者为全社会做的一件十分有意义的事。我们相信，在以习近平同志为核心的党中央坚强领导下，在各部门、各地方和社会各界积极参与和共同努力下，我国数字政府建设一定能够取得更大成效，为推动国家治理体系和治理能力现代化发挥更大的作用。

魏礼群

2021 年 4 月 20 日

序 言 二

当前，5G 网络覆盖范围不断拓展，大数据技术发展日趋成熟，区块链在公开、透明、可信任等方面的突出应用价值越来越受重视，云计算、物联网、人工智能等其他新技术与政府业务融合也在不断加深。全面推进数字政府建设已经具备良好的技术支撑条件。

与此同时，近年来数字经济创新活跃、发展迅猛，表现十分亮眼。在全球经济整体下行压力增大的背景下，数字经济"逆势上扬"，成为全球经济复苏和增长的关键引擎。数字经济时代产业、经济、社会的大发展、大变革，客观上对政府管理手段、管理模式、管理理念创新提出了更高要求。国家提出推进国家治理体系和治理能力现代化的改革目标，也要求我们必须加快数字政府建设。

可以说，无论是从技术、经济还是社会发展等各个角度看，我们谈论全面推进数字政府建设的时机已经比较成熟了。

我国数字政府建设无疑是走在前列的，但我们也面临更为艰巨的挑战，这与我国具体国情、实情密切相关。比如"大政府""大城市"发展模式下政府体系较复杂，政府职责更重，城市管理事务更多、领域更广，对数据利用、数据存储、数据安全、数据共享等技术要求显然更高。此外，在体制设计层面，我们仍在探索以什么样的组织与管理模式来推进数字政府建设；在参与主体方面，我们也在讨论互联网公司应该以什么方式参与数字政府建设，从而更好保障数字政府建设沿着一条健康轨道发展。总的来说，我们还没有形成一个成熟、可复制的数字政府建设体系。

数字政府建设是一个系统工程，也是一个不断迭代的过程。这个过程需要各方面专业人才的共同参与，比如真正理解政府运作的人才，真正熟悉城市运营的人才，真正掌握现代信息技术的人才，真正懂得数据运营的人才，尤其稀缺的是既懂技术又懂政务的跨领域复合型人才。目前，我们还面临较大的人才缺口，传统的高校学科设置和人才培养模式亟待革新。

这个过程还需要在研究人员、政府和企业等多维参与主体中建立一个统一战线，制定统一规则。比如，全国各地正在陆续启动数据交易试点，就什么样的数据可以拿来交易、应该遵循什么样的交易规则等关键问题，我们还需要深入研究、达成共识。

鉴于数字政府建设的重要性、复杂性和紧迫性，我认为《数字政府建设》一书的撰写和出版富有极高的时代价值和指导意义。其一，这是我看到的第一本系统讨论数字政府这个重要议题的书籍，有助于读者建立系统性认识；其二，案例十分丰富，几乎吸收涵纳了全国各地最为典型的数字政府建设探索经验，具有很强的指导性；其三，这本书还提出了许多新的重要问题，包括如何优化数字政府建设的制度保障、如何应对信息安全挑战等，这些问题的提出有助于进一步激发深度思考。无论你是技术人员还是非技术人员、政府官员还是企业经营者，抑或学生或者其他感兴趣的人士，希望这本书能帮助大家建构起一个对数字政府更为透彻的理解，进而带动更为广泛的研究、探讨和进步。

郭维南

2021 年 3 月 28 日

目　录 / *CONTENTS* ▶

1 ●—

第一章　什么是数字政府

数字政府是以智慧技术高度集成、智慧服务高效便捷为主要特征的政府信息化发展新模式，可实现基于互联网的跨部门协同，提升政府的管理能力和整合能力，最终实现政府工作效率的大幅提高。政府的数字化转型已是全球公共治理和公共服务的发展趋势，数字经济的发展也使数字政府的建设需求日益迫切。我国数字政府的建设正处于关键时期，从"互联网＋政务服务"到"一网通办"，国家对数字政府建设不断提出新要求，各地也积极运用互联网、大数据、人工智能等信息技术，通过技术创新和流程优化，增强综合服务能力，进一步提升数字政府政务服务效能。为帮助读者更好地理解什么是数字政府，本章详细介绍了数字政府的概念与特征、意义及目标、现状和问题，以及构建数字政府的框架与方式。

一、数字政府的基本概念

伴随着信息技术的高速发展，大数据、云计算、人工智能、物联网等新一代信息技术在政治、经济、文化等社会各个领域不断渗透并深度融合，新一代信息技术正深刻改变着社会主体的运作方式及工作模式，我们正迎来由大数据驱动的信息化社会的转型升级。信息化社会的特点是信息技术的跨界融合以及信息化应用体现出泛在化、移动化、智慧化等新特征。在此大背景下，政府信息化及公共服务的智慧化也成了政府转型的必由之路。政府的信息化以及政府公共服务的智能化体现在政府以用户为中心，提供普惠服务、泛在服务、无缝服务等带有智慧化特征的公共服务，从而达到用户创新、开发创新、协同创新，提升政府服务效率和服务质量[①]。本部分主要明晰数字政府的基本概念及特征，介绍数字政府从起步阶段到现在较高级形态的发展历程，评价数字政府的两种模型。

（一）数字政府的概念及特征

数字政府的概念相对较新，内涵丰富，且概念界定较为模糊，缺乏统一的话语体系，国内外学者基于数字政府的某一个或几个角度对数字政府进行分析和定义。

国内学者王啸宇等认为数字政府是政府运用新一代信息技术所构建的一种政府形态，侧重于数据资产在政府管理服务、经济社会各领域的应用[②]。黄璜基于数据—信息—知识—智慧模型(Data-Information-Knowledge-Wisdom Model)，提出数字政府通过技术帮助政府获取和传递更多的信息能力、数据流动与知识应用[③]。戴长征等基于社会形态的演变，提出数字政府是政府通过数字化思维、数字化理念、数字化战略、数字化资源、数字化工具和数字化规则等治理信息社会空间、提供优质政府服务、增强公众服务满意度的过程[④]。

国外学者霍华德（Howard）、梅约（Maio）认为，数字政府利用信息和通信技术，实现政府单层级或跨层级的一体化管理，从而创造可持续的公共价值。吉尔·加西亚（Gil Garcia）和雷蒙（J.Ramon）认为，数字政府是在新兴信息技术发展的环境下，用来描述政府的创造性投资及创新性战略，从而实现更加灵活和有弹性

[①]　张建光：《智慧政务：数字政府发展的新生态》，电子工业出版社 2019 年版。

[②]　王啸宇、王宏禹：《DT 时代的治理模式：发展中的数字政府与数据政务》，《河北大学学报（哲学社会科学版）》2018 年第 4 期。

[③]　黄璜：《数字政府的概念结构：信息能力、数据流动与知识应用——兼论 DIKW 模型与 IDK 原则》，《学海》2018 年第 4 期。

[④]　戴长征、鲍静：《数字政府治理——基于社会形态演变进程的考察》，《中国行政管理》2017 年第 9 期。

的政府治理活动。国际知名咨询公司埃森哲分析认为，数字政府是对电子沟通和参与渠道的最佳利用，其范围涵盖了从公共服务的核心数字化到数字基础设施、治理和流程的全部数字化以及新服务模式的交付所需的政府前台和后台的转变与改造，能够提高公众对提供服务的满意度，增强经济竞争力，打造新的参与和信任水平并提高公共服务的效率①。

总而言之，数字政府集中体现了以用户为中心（Citizen-centric）、惠及所有公民（For all）、普遍存在的（Ubiquitous）、无缝隙（Seamless、透明政府(Transparent Government)、回应及时的政府(Responsive Government)、变革的政府（Transformational Government）以及一体化政府（Integrated Government）的理念和特点，是一种较为先进的政府信息化范式。政府在治理过程中大量引入现代信息网络技术，将政务电子化，构建一个有别于实体政府的无缝隙网络政府。数字政府可实现基于互联网的跨部门协同，大大提升政府的管理能力和整合能力，最终实现政府工作效率的大幅提升。数字政府不仅强调政府将新兴技术应用于治理过程中，也强调基于新兴技术的用户创新、大众创新、开放创新为特征的政府构架，并以此为基础实现政府、企业、个人多方协同的公共价值创造。目前，在发达国家及地区，与数字政府概念相近的实践包含巧政府（Smart Government）、智慧政府（Intelligent Government）、无所不在的政府（Ubiquitous Government）和政府3.0（Government 3.0）等②。

（二）数字政府的发展历程

从全球范围看，政府信息化大致经历了四个发展阶段：萌芽期的

---

① Accenture, Digital-Government pathway to delivering public services for the future, 见 https://www.accenture.com/us-en/digital-government-transformation, 2014 年 3 月 1 日。

② 张建光：《智慧政务：数字政府发展的新生态》，电子工业出版社 2019 年版。

数字政务阶段、初步发展期的电子政务阶段、加速发展期的移动政务阶段以及趋于成熟的智慧政府阶段。

20世纪90年代之前属于传统的数字政务阶段，政务电子化刚刚起步，主要涉及内容还仅仅是建设内部局域网，实现文档电子化，面向政府内部提供单项服务，服务内容受到时间及空间的严格限制，政府的服务范式以面对面服务为主。

从20世纪90年代开始，美国、日本、欧洲都开始争先恐后构筑超高速信息通信基础设施，并纷纷为政务信息化转型提出较为具体的规划，为数字政府的快速发展提供了沃土。如美国政府自1993年制定并开始实施"国家信息基础设施"（NII）战略，同年9月，电子政务（Electronic Government）一词首次出现在题为《创造一个效率更高、成本更低的政府：从繁文缛节到结果导向》的美国政府文件中，美国政府是各国政府中最早采用"电子政务"术语的；日本于1993年开始制定政府信息化的推动计划，1994年12月通过了"政府信息化推进基本计划"；英国于1994年开始实施"政府信息服务"的实验计划，1996年英国贸易和工业部发起了"信息社会计划"（ISI）。这一阶段的政务电子化增加了服务种类，同时能够提供动态信息和专业信息，实现了检索功能和电子邮箱地址收集，并开始建设系统专网和单一应用系统。但其提供的服务仍旧受到时间和空间限制，政府的公共服务范式是基于服务供给的统一服务。

进入21世纪，Web2.0及移动智能终端技术加速发展，利用手机、掌上电脑等移动智能终端设备，通过无线网络接入基础设施并提供信息和服务的移动政务（Mobile Government）应运而生。移动政务突破了政府服务的时间及空间限制，能够实现信息交互处理和在线服务。交互处理层次包含进行信息定期更新、网上咨询等简单交互功能，利用邮箱、论坛等渠道进行民意调查和信息征集等服务；在线服务是交互处理的升级，该层次涵盖基于移动网格提供查询、通知、订阅、提醒等服务，政府业务全流程在线办理、后台信息实时共享等，在该阶段，数字身份认证被广泛使用，用户的信息安全及隐私得到了有效保护。

近几年，伴随着信息技术的迅猛发展，大数据、云计算、物联网、Web3.0、语义网络等革命性的信息技术推动政府信息化向高级形态"智慧政府"转变。政府公共服务变得更加智慧、高效，管理更加透明，并且呈现出简便、透明、自治、移动、实时、智能和无缝对接等特征。具有无缝服务特点的"智慧政府"可实现提供个性化服务，有效整合跨部门政府服务资源和各类公益性服务资源，实现政府透明、数据开放、增值服务等①。

（三）数字政府的评价模型②

1. 高德纳五级数字政府成熟度模型

高德纳五级数字政府成熟度模型从价值焦点、渠道战略、领导者、技术焦点、采购战略、关键指标六个维度评价数字政府的成熟度，该模型将数字政府成熟度分为五个级别：电子政务（初始阶段）、开放（发展阶段）、以数据为中心（巩固阶段）、完全数字化（应用阶段）、智能化（优化阶段）。

初始阶段的重点是将政府服务转移到线上，方便用户线上接受服务的同时还可以达到节省成本的目的。但初始阶段，政府提供和接收到的数据量极其有限，且这些数据的用途是孤立的。该阶段评价数字政府的关键指标是在线服务率，核心技术是面向服务的架构，政府数字化的主要价值体现在提升服务效率上。

发展阶段以开放为主题，开放政府通常采取面向用户的方式，旨在促进更加透明、用户参与更加积极的政务形态。该阶段评价数字政

---

① 张建光：《智慧政务：数字政府发展的新生态》，电子工业出版社 2019 年版。
② 刘密霞、朱锐勋：《数字政府演化进路及其驱动模式分析》，《行政与法》2019 年第10 期。

府的关键指标是政府数据开放率，开放数据和开放服务是该阶段技术的侧重点，政府作为平台向用户提供服务，核心价值是透明与开放。

巩固阶段强调以数据为中心，从简单地听取用户的需求转移到通过收集和利用数据来主动感知和探索用户的需求。该阶段评价数字政府的关键指标是建立在开放数据之上的应用程序的数量以及数据驱动服务的数量。

应用阶段已经达到了完全数字化，数据实现了有规律地跨组织流动，政府部门之间借助自由流动的数据更有效率地进行交互，并为公众提供更好的服务。该阶段评价数字政府的关键指标是政府服务的数字化率，以及对各种数据的应用比例，同时必须确保在现有规范和条例范围内使用数据。

优化阶段是数字政府成熟度最高的形态，在该阶段，使用开放数据进行政府服务创新已深深扎根于整个政府。政府利用不断增长的数据驱动服务种类、形态、模式的不断创新，自动化将代替原来的政府服务入口。政府的首席信息官的重要工作之一就是评估新兴信息技术，并利用这些技术进行政府服务创新。高德纳2019年数字政府技术成熟度曲线介绍了未来五到十年对政府机构影响最大的五项技术：聊天机器人（Chatbots）、政府数字孪生（Digitaltwins of government）、区块链（Blockchain）、数据市场（Datamarketplace）和智能工作空间（Smartworkspace）。

2.埃森哲数字政府评价模型

埃森哲在2014年对巴西、德国、印度、挪威、新加坡、韩国、沙特、阿联酋、英国和美国等10个国家进行了数字政府评价，评价的关键指标为公共服务交付方式（权重50%）、在线服务成熟度（10%）以及公众满意度（40%）。

"公共服务交付方式"主要考察政府部门提供的服务"以公众为中心"的程度，该指标衡量政府服务是否足够简单、便利、综合，被分为 5 个权重不同的子指标：政府提供定制化服务、预测公众服务需求的程度（25%）；跨部门服务交互流畅度（25%）；多渠道交付服务，即政府将多个渠道的服务整合到一起的能力（25%）；主动告知现有服务内容并指导公众使用（15%）；提供服务时社交媒体使用频率及参与度（10%）。"在线服务成熟度"侧重于政府发布信息、在线交互及交易的服务水平。"公众满意度"的关注点是公众认为政府满足其需求并提供有质量服务的程度。

二、国内外数字政府建设现状和主要挑战

数字政府建设热潮之下，世界主要国家纷纷发布相关政策促进政府数字化转型与建设。我国国家与地方层面均出台了系列文件支持政府职能数字化转型，积极推进政府网站、政务平台、政务新媒体、大数据应用、移动化服务等数字应用建设，实现政务流程优化再造，政务服务便捷普惠，综合服务能力显著提升。本节主要介绍全球数字政府和我国数字政府建设现状，提出目前我国数字政府建设面临的主要困难和挑战。

（一）全球数字政府建设概况

过去数年，各国数字政府实现了飞速发展，建设数字政府已经成为世界各国的共同选择。根据《2020 年联合国电子政务调查报告》，从全球范围内来看，电子政务发展指数达到"非常高"与"高"水平的国家数量持续增加，但各区域发展趋势仍未改变，区域间数字鸿沟依然存在。在线服务提供水平不断提高、政府数据开放程度进一步深化、移动服务供给持续优化是目前全球电子政务发展的趋势与特点[①]。

---

① 王益民：《全球电子政务发展现状与趋势——〈2018 年联合国电子政务调查报告〉解读之一》，《行政管理改革》2019 年第 1 期。

以新加坡、英国、丹麦等国家为代表的政府数字化转型起步较早，通过政策与技术的共同支持，不断完善数字化治理体系、提升政府决策能力、提高公共服务水平，在推动数字政府的技术研发、数据开放、隐私安全等方面积累了丰富的经验。

1. 战略规划方面

各国纷纷发布相关政策促进政府数字化转型与建设，如澳大利亚的《政府数字转型政策》、美国的《数字政府战略》、德国的《数字化战略 2025》等。丹麦的《2016—2020 数字化战略》着力于推进数据的进一步开放、促进公共部门与工商界高效互动、增强公众对数据的使用能力并建立更为严格的数据安全标准。新加坡的政策更具连贯性，自 20 世纪 80 年代起逐步规划数字政府建设工程，其中较为突出的是 2000 年出台的《电子政务行动计划》、2006 年出台的《智慧国家 2015 计划》，逐步推进政府数字化业务的全覆盖，建立一个以民众为中心的合作型政府；而 2018 年的《智慧国家 2025 计划》是全球第一个智慧国家蓝图，旨在构建"智慧国家平台"，通过对全国数据的实时采集与分析，更好地预测民众需求、提供服务。

2. 技术研发方面

世界各国积极引入人工智能、大数据、区块链等新兴技术，提升政府数字化服务的能力与效率。例如，爱沙尼亚的《数字国家计划》有几个支柱功能。其中，"X 通道"是一个公共数据库系统，在 2007 年即引入区块链技术，通过数学方式进行安全验证，以增强数据的安全性，不需要系统管理者、密钥或政府人员，能够帮助实现重要基础设施的数据互联。另外一个核心功能是"电子身份"，目前 99% 的爱沙尼亚人都有两个 ID，一个是传统 ID，类似身份证；另一个是加密的数字 ID，可以通过多组数字密码来对应不同场景下的使用登记，有公民卡、手机卡、信用卡等功能，使几乎 99% 的公共服务都可足不出户在网上完成[①]。

3. 数据开放方面

各国政府越来越多地将大数据、实时数据和地理空间数据等非常规数据源纳入其业务中。根据《2020 年联合国电子政务调查报告》，超过 92% 的受评估国家 (177 个) 在其门户网站中使用了某种类型的社交网络工具；在国家门户网站中使用聊天机器人 (人工智能支持的聊天应用) 的国家从 2018 年的 28 个增至 2020 年的 59 个，数量翻了一番。53% 的会员国 (122 个) 还通过其国家门户网站或数据门户提供地理空间开放数据。例如，英国政府发布《G8 开放数据宪章：英国行动计划 2013》和《开放数据白皮书》，强调了数据治理的重点为数据开放，通过设立政府数字服务局制定和管理数据开放标准，监督各政府部门的数据公开工作。韩国政府也通过成立开放数据战略委员会和争议仲裁委员会，设立开放数据信息官，主动公开各类数据及信息，促进政府业务和公共信息透明，从而防止腐败、增强政府公信力。

（二）我国数字政府建设概况

党的十八大以来，随着互联网、大数据以及各类新兴技术对社会治理影响的不断加深，数字政府发展正值机遇期。我国积极出台相关政策与战略，推进数字政府建设的制度化发展，提高数字政务水平。各地政府也主动创新政府治理和服务模式，促进服务能力、效率与质量的提升。

1. 政策规划方面

国家层面，2015 年 7 月，国务院印发《关于积极推进"互联网＋"行动的指导意见》，提出社会服务进一步便捷普惠的发展目标，创新

---

① 矻之：《区块链赋能社会治理的海外实例》，《群众（决策咨讯版）》2019 年第 24 期。

网络化公共服务模式，大幅提升公共服务能力。党的十八届五中全会提出，"实施国家大数据战略，推进数据资源开放共享"。健康医疗、教育、交通等民生领域互联网应用更加丰富，公共服务更加多元，线上线下结合更加紧密。

2016 年 7 月，中共中央办公厅、国务院办公厅印发《国家信息化发展战略纲要》，提出"加快建设数字中国"，要求将信息化贯穿我国现代化进程始终，加快释放信息化发展的巨大潜能，以信息化驱动现代化，加快建设网络强国。12 月 15 日，国务院发布《"十三五"国家信息化规划》，将"数字中国建设取得显著成效"作为我国信息化发展的总目标，明确了数字中国建设发展的路线图和时间表。

2017 年 5 月，国务院办公厅印发《政务信息系统整合共享实施方案》，加快推动政府信息系统整合共享，推动网络通、数据通和业务通，电子政务服务不断向基层政府延伸。党的十九大报告明确提出，要建设网络强国、数字中国、智慧社会，发展数字经济、共享经济，培育新增长点、形成新动能。数字政府是"数字中国"的重要组成部分，是推动"数字中国"建设、实现经济高质量发展、再创营商环境新优势的重要抓手和重要引擎。12 月 8 日，中共中央政治局就实施国家大数据战略进行第二次集体学习。中共中央总书记习近平在主持学习时强调，大数据发展日新月异，我们应该审时度势、精心谋划、超前布局、力争主动，深入了解大数据发展现状和趋势及其对经济社会发展的影响，分析我国大数据发展取得的成绩和存在的问题，推动实施国家大数据战略，加快完善数字基础设施，推进数据资源整合和开放共享，保障数据安全，加快建设数字中国，更好服务我国经济社会发展和人民生活改善。

地方政府层面，广东、北京、山东、上海、浙江、江西、湖北、福建、安徽、山西、河南等十余个省级地方政府已出台数字政府规划。浙江省是我国最早发布数字政府相关文件的地方政府，2018 年印发《浙江省数字化转型标准化建设方案（2018—2020年）》和《浙江省深化"最多跑一次"改革推进政府数字化转型工作总体方案》。方案聚焦"掌上办事之省"和"掌上办公之省"建设目标，全面推进经济调节、市场监管、公共服务、社会管理、生态环境保护等政府职能数字化转型。主要任务为推进政务流程优化再造，打造数字化业务应用体系；建立一体化技术支撑体系，为政府数字化转型赋能；构建三大机制保障体系，营造数字化转型优良环境。

广东省出台了《广东省"数字政府"建设总体规划（2018—2020年）》，并发布了《广东省数字政府改革建设2020年工作要点》。其中特别部署了针对新冠肺炎疫情建立疫情数据实时共享机制、加强防控数据分析应用、优化在线政务服务和应急指挥水平。数字政府集约化建设方面，要求擦亮"粤系列"移动应用品牌；在重点领域改革方面，针对粤港澳群众推出"湾区通"，提供"一站式"湾区资讯服务，实现不少于20个事项"指尖办"；并支持深圳建设粤港澳大湾区大数据中心，促进大湾区信息要素高效便捷流动。

2. 实践应用方面

截至2020年3月，我国在线政务服务用户规模达6.94亿，较2018年底增长76.3%，占网民整体的76.8%。一是"一网办理"为群众解决日常办事难点、痛点提供便利。2019年，国务院办公厅主办的"中国政务服务平台"微信小程序正式上线，用户可在线办理查询、缴费等200多项政务服务。此外，多个地方政府陆续开通城市服务、互联网法院电子诉讼平台、电子证照等在线政务服务，进一步满足人民群众日常生活办事需求。二是在线政务服务业务效率明显提升。在31个已建成的省级平台提供的22152项省本级行政许可事项中，超七成已经具备网上在线预约预审功能条件，平均办理时限压缩25.0%，群众动动手指就可享受"人在家中坐，事情全办妥"的政务服务体验。

政务新媒体方面，各级党政机关积极运用微博、微信、客户端等"两微一端"新媒体，在腾讯开通政务微信账号超过 51 万个，在新浪开通政务微博账号超过 13.4 万个①。

大数据应用方面，多个部委、省市加快大数据部署，深化大数据应用，取得了积极进展和良好成效。据统计，约 1/4 的部委网站建立了"数据"类专栏，集中规范向社会开放政府数据；近 20% 的网站运用图表图解等可视化方式展现和解读数据；生态环境部、气象局等网站提供了数据接口，方便公众企业开发新的应用②。贵州、浙江、广东等 19 个省（自治区、直辖市）分别成立了大数据管理机构，部分地方政府也在积极探索数字政务的创新应用，如上海建立大数据联合创新实验室，汇集金融、医疗、旅游、交通、能源、城市管理等多领域数据资源，深化公共数据和社会数据融合，进一步释放数据红利，助推数字经济新发展，改善民生服务。

政务服务移动化应用方面，目前浙江、福建、广东等地开发了移动端 APP 或微信小程序，可以便捷办理挂号、缴费、社保等业务，实现办事服务"掌上办""指尖办"。例如浙江省的移动政务服务平台"浙里办"可凭身份证"一证通办"352 类民生事项。广东省的"粤省事"是全国首个依托微信创新推出的集成高频民生服务的移动政务服务平台，截至 2020 年 2 月，已覆盖公安、人社、教育、税务等 1099 项高频民生服务，其中 883 项"零跑动"③。

（三）我国数字政府建设面临的挑战

我国数字政府建设在整体政务服务水平、新技术应用等方面已取

---

① 《数字中国建设发展报告（2017 年）》，国家网信办，2017 年。
② 《第十七届部委政府网站绩效评估报告》，中国软件评测中心，2018 年。
③ 《粤省事小程序统计信息》，广东省政务服务数据管理局，2020 年 2 月，http://zfsg.gd.gov.cn/gkmlpt/content/2/2889/post_2889812.html#2594。

得积极进展，但"信息孤岛"、法律滞后、数据安全、公众导向不足等难题仍未得到有效解决。

1."信息孤岛"问题

在数字政府领域，"信息孤岛"是指各个政府部门间数据不能互联互通、信息不能交换共享、功能无法相互关联的问题。虽然近年来各国政府都重视积极推进数据开放与信息系统整合，我国不少地方政府积极进行"一网通办"业务实践，但是"信息孤岛"仍是限制数字政府发展的症结所在。究其原因，一是组织架构条块分割，缺少统一的组织行动，导致政府各部门内部合作不够紧密，一省之内市、区县各自为政，难以形成合力，数据信息存在碎片化问题，不利于构建"整体型电子政府"。二是平台与数据库的建设标准不统一，一些地方自建平台存在与国家级平台接口、统计标准等要素不兼容的问题，导致数据无法互联互通。三是各地区数字政府发展水平差距较大，受财力、技术等因素的影响，各地数字政府建设的进度、水平不一，东部地区发展水平普遍高于西部，致使全国层面数字政府建设存在信息鸿沟。

2.法律滞后问题

随着数字政府建设的高速发展，政策、法律难于跟上技术创新与应用，制约了我国数字政府的健康有序发展。首先，我国数字政府的法律体系不够完善，缺乏整体规划。缺乏数字政府建设、数据公开规则、隐私安全保护、知识产权保护、技术应用安全等方面的各类法律法规。其次，企业权责界定不清，缺乏明确法律法规保障。近年来，企业与政府合作开发了一批电子政务平台、便民服务应用，但由于缺乏对数据归属的界定和对数据使用权的限制，一些企业擅自使用政府数据牟利，造成信息安全事故。最后，制度合理性有待提升，在具体实践中，一些政策间存在冲突或操作性不强，导致相关人员对数据、档案电子化的主动性与意愿不强。

3. 数据安全问题

保障数据安全是数据开放的底线，然而随着大量政务信息、个人信息的电子化，数字政府建设中的数据安全正面临严峻挑战。一是我国数据安全核心技术存在隐患。我国超过90%的芯片、元器件，超过70%的通信骨干网络设备来自国外，操作系统、专业软件、大型应用软件以及其他高端技术服务等方面仍然依赖国外进口或专利，因此，我国电子政务关键信息基础设施和相关重大国计民生的重要信息系统存在潜在风险和深层次隐患①。二是个人、企业的相关信息存在泄露风险。数据安全保障的规则体系尚不完善、隐私保护和安全保密还需加强，数据安全相关的管理体系、技术支撑、评价监督、风险评估、安全防卫等方面均有待提升，亟待形成安全可管可控的数据保障体系，保证数字政府建设有序推进。

4. 公众导向不足问题

各国近年发布的数字政府建设政策中都强调了用户导向，目前我国数字服务的用户导向模式尚未形成。一是公众友好程度较低。部分政务平台、小程序及公开数据没有从用户的实际需求和使用体验出发，办理或查询流程不清晰、不流畅，没有形成良好的在线政民互动效能。二是数据精准化不足。随着各类商业、社交软件在移动服务中应用大数据技术，民众对于政务数据服务的精准化推送有了更高的要求。但部分政务信息的公开与数据公开往往只提供单一查询功能，存在时效性低、精准化程度不足的问题。三是无障碍建设不足。数字服务的加速普及并未及时惠及老年人、残障人士等弱势群体，仅有少数政府服务网站具有无障碍功能。我国存在5亿左右的"非网民"，此类人群对于互联网技术应用的使用能力偏低，尚不能及时有效获取信息及服务。

① 傅建平:《新技术在电子政务中的创新应用及对中国的启示——〈2018联合国电子政务调查报告〉解读之五》,《行政管理改革》2019年第5期。

三、我国数字政府建设的主要理念与原则

建设数字政府是推进国家治理体系和治理能力现代化的重要举措，党的十九届四中全会通过的《中共中央关于坚持和完善中国特色社会主义制度　推进国家治理体系和治理能力现代化若干重大问题的决定》提出，建立健全运用互联网、大数据、人工智能等技术手段进行行政管理的制度规则。推进数字政府建设，加强数据有序共享，依法保护个人信息。数字政府是数字中国战略的重要组成部分，是创建人民满意的服务型政府的重要支撑，建设并完善数字政府需要政府主动把握技术变革机遇，全面应对新时代的风险与挑战。本节围绕提升政府内部效率、改进业务流程、改善公共参与、创新公共价值四方面搭建了建设数字政府的基本框架，同时总结建设数字政府的原则，即统筹整体发展、强化公众参与、深化数据应用和重视安全保障。

（一）数字政府的建设理念

数字政府以数据作为公共政策分析、决策的重要来源，以及解决问题和实现目标的工具。其建设框架分为数字政府的核心、数字政府的基础、数字政府的价值、数字政府的关键和数字政府的实现五个模块。

1. 数字政府的核心：开放与参与

数字政府的核心是数据开放与公众参与，体现政府的开放、透明与包容性。开放政府数据意味着公共机构或政府控制的实体产生或委托产生的数据，可供任何人使用、重用和再分配。在这种条件下，政府数据的获取、再利用和再分配不仅为公共部门创造价值，更为整个社会创造价值，使所有利益攸关方能够全面、免费地获取公共数据，并让个人有机会评估各行政机构的表现。随着新技术应用的深入，这

个开放式平台让更多人能够更大限度地获得关键记录，数据获取的便捷性使得公众有机会就公共政策做出明智的建议，并参与政策的制定和对服务的设计。

为了提高公民的参与度，政府由"独白式"转化为"对话式"，政府将信息推送到多个电子渠道，使公众能够随时随地接收实时信息，并鼓励公众通过这些电子渠道提供反馈意见。总的来说，开放政府数据能够提高资源的使用效率，改善服务质量，是数字政府战略的关键要素。

2. 数字政府的基础：治理与协同

数字政府的基础是通过数字化转型、数据化治理、创造性投资以及创新性战略实现跨层级、跨地域的一体化协同，达到更加灵活和有弹性的政府治理活动，创造可持续的公共价值。通过跨部门合作，政府信息和数据通过电子数据的方式在不同部门之间共享，以此支持协同的治理框架，实现数据驱动的治理，即以数据为中心通过数据收集、确认、聚合、分析，产生数据服务与产品，并把服务进行聚类产生价值。

数据的发布与使用，需要数据提供者授权，也需要数据驱动的政策环境、基础设施、数据服务提供者等制度与技术基础。在此基础上建立明确的决策与责任、政策与标准、指导原则、隐私条约以及数据的集成框架，实现整体数据治理。构建由政府、公众、企业和非政府组织等组成的协同框架，在公共部门内部与非政府组织、企业或公众等外部角色之间建立协同机制，由这些部门共同构成数字政府生态系统，通过系统内部的交互，支持数据、服务、内容在政府与非政府部门之间的生产与访问，共同组成协同治理的"智慧政务"新生态。

3. 数字政府的价值：服务与创新

数字政府的价值体现在公共服务从用户需求开始，而不是政府根据政策需要设计服务。政府根据用户需求创新公共服务模式，为每个公民提供量身定制的服务。通过统一身份认证、电子签名、电子证照等技术手段，政府设计出以用户为中心来提供服务的界面和业务流程，使得政府工作人员更有效地履行职责，公众能够更快、更好地获得服务。

针对服务设计与交付可能产生的用户期望与项目负责人期望之间的差距、管理感知和服务规范之间的差距、对用户的承诺与实际交付之间的差距，以及用户对服务的期望和实际感受之间的差距，以用户为中心的设计将用户预期置于设计和开发的中心。通过敏捷的方法构建简单、快速和清晰的服务，研究用户面临的实际需求和问题，了解政策意图和技术约束，并不断利用用户的反馈来改进服务。

4. 数字政府的关键：决策与支撑

数字政府的关键之处在于通过业务处理的自动化和自主性，以及以数据、算法和人工智能为中心追求科学、准确的决策支撑。"用数据说话，靠数据决策，依数据行动"已成为数字政府提供服务及进行决策的共识。日益增加的数据来源和数据分析工具帮助政府做出更优化的决策，同时还能够加快数据的收集速度，简化数据的收集程序，减少政策迭代所耗费的时间，对所收集的数据进行更加精细的分析，从而不断培育经济新动能、构筑竞争新优势、改善民生新服务。利用公共部门的数据进行决策，意味着需要扩大公共部门信息和统计的数据池，纳入各种新数据源，包括移动数据、物联网和社交媒体等。

5. 数字政府的实现：能力与评价

数字政府的实现集中体现在重视培养与现代信息技术相关的各种技能，提高全民的数字素养，增强公共机构的数字能力，以及完善数字相关的法律和监管框架。总的来说，数字技能的培养有助于提高社会包容度、缩小数字鸿沟。通过信息和数字素养、沟通与协作、数字内容创建、数据安全以及解决问题这五大能力创造性地使用数字技术，识别数字能力差距。按照"以公众为中心"的原则，从公众体验和信息化支撑的角度，结合对数字政府服务的内容、管理和运维等多方面的考察，建立科学有效的评估指标体系，对数字政府的建设进行综合评价，促进各级政府部门不断提升政务服务的质量。

（二）数字政府建设的原则

建设数字政府的关键不在于"数字"，而在于回归政府"治理"本位，注重并加强整体性、公共性、开放性、安全性，全面推进政府治理现代化。为此，应着力推进平台化发展、支撑协同治理，强化公众参与、创新公共服务，深化数据应用、完善数据服务，重视安全保障、落实安全服务。

1.统筹整体发展，打造横纵贯通的平台建设新模式

管理模式要秉承整体政府理念。大平台共享、大数据慧治、大系统共治是推动"互联网＋政务服务"一体化的重要抓手，落脚点要集中在政府部门横纵贯通、跨部门跨层级跨系统跨地域业务高效协同、数据资源流转通畅、网上服务一张网供给、决策支撑精准高效、基础保障安全可控。以服务平台为例，要充分发挥好国家政务服务平台作为全国一体化平台总枢纽的作用，持续推进一体化平台建设，继续强化国家政务服务平台"六个统一"公共支撑功能。全面推动线上线下融合进程，汇聚各级网上服务入口，建成全国"一网通办"总门户，推动"场景化服务""指尖式服务""集成式服务""个性化服务""精准化服务"。加快实现"用户通、系统通、数据通、业务通"，以数据共享和协同治理重塑一体化服务模式，推动从"碎片服务"向"一体服务"转变。

发展模式要坚持区域先行、统筹推进。及时总结提炼地方在行政审批制度改革、网上政务服务模式创新、体制机制探索方面的成功经验，适时在更大范围推广复制。依托"互联网＋政务服务"既有经验，及时挖掘总结"互联网＋"激发新动能的潜在规律，积极探索"互联

网＋监管"等政府重点工作新路径，构建形成"以创新驱动创新"的级数效应，进一步放大互联网在政府治理中的功效。

建设模式要注重整合升级。加快从"两集中两到位"向"三集中三到位"转变，原则上不再保留各地政府部门自设的服务大厅。网上政务服务大厅要一个门户"管总"，按照《全国深化"放管服"改革转变政府职能电视电话会议重点任务分工方案》相关要求，"五年内政务服务事项基本上网办理"。推动服务统一入口、数据统一汇聚、身份认证统一、安全统一保障，构建涵盖电话、微信、微博、APP服务于一体的政务服务全媒体融合矩阵。

2. 强化公众参与，创新公共服务新方式

在政府数字化转型过程中广泛听取公众意见和建议。推进平台服务向移动端、自助终端、热线电话等延伸，利用信息和通信技术提高群众用户的电子政务参与程度，使其参与到政策决策和服务的设计与供给中，形成具有参与性、包容性和商议性的参与流程。鼓励电子政务服务对象就公共事务、事项提出政策建议，扩展政府征集群众意见的方式与渠道。

优化整合在线服务网络与流程。随着在线服务的不断推广与普及，用户数量激增，网络拥堵的风险不断升高，保持政府服务网络畅通是提供优质在线服务的基础。优化网上办事的流程，便于用户网上申请、提交、查阅相应信息，开发在线咨询与服务反馈功能，及时、有效地了解群众对在线服务的需求与建议，切实加强在线服务能力。

注重从需求侧出发，切实提升用户体验。对用户数据与业务数据进行深度学习和智能挖掘，准确掌握用户访问行为特征和规律，深入了解用户的服务需求，全面根据用户需求和习惯优化配置服务资源，丰富服务内容，优化服务方式，为政府部门决策提供精准的依据。破解"找谁办""去哪办""怎么办"等难题，变被动服务为主动服务，

最大限度地满足群众个性化、定制化以及多样化的服务需求，不断提升人民群众的满意度和获得感。针对不同需求提供个性化在线服务，尤其是对弱势群体而言，如贫困人口、偏远地区的人口、老年人、残疾人和其他网络使用能力相对较低的用户，有针对性的在线服务十分必要，着力解决弱势群体享受在线公共服务的障碍，通过影音讲解、图文说明、在线解答等方式帮助用户掌握网上办理各种事项的方法。

3. 深化数据应用，推动数据服务新范式

目前我国政务信息资源开放与利用的基础条件与环境基本形成，政府信息门户收集、整理、储存的数据集有着巨大的潜能和价值，但是在具体的开发模式、管理方式、规范界限等问题的解决上仍不成熟，还未实现对政务信息资源有效的开发与利用。在逐步完善电子政务信息资源开放与统筹过程中，应重视推进政务信息资源开发与利用。

构建国家数据治理体系。推动数据资产立法工作，做到数据治理"与法有据"。要掌握全国电子政务资源的总体情况，充分了解目前各级、各地政务信息资源开发与利用的现状与存在的问题。基于全国实践情况，研究制定有关政务信息资源开发与利用的政策措施，扩大政务信息资源开发的广度与深度，提高政务信息资源的利用效率。研究、界定数据权属问题，促进数据资产化管理的实现。开展政务信息资源开发利用的试点工作，发掘地方典型案例与成功经验，进而向全国推广。

压实部门数据治理责任。要条块结合，发挥人大、政府、政协、监察、司法等部门优势，完善部门信息化职能。建立相关政府部门的分工合作机制、数据汇聚更新机制，明确数据归属权、使用权和收益权，理顺并优化政府电子政务主管部门、大数据主管部门、业务职能部门之间，在规划审批、项目建设、经费管理、绩效评价、人力保障等方面的权责关系，形成"统分适度、权责明晰"的协作机制，即电

子政务主管部门"管规划建设"、大数据主管部门"管数据"、业务职能部门"管应用"。以信息流带动组织和业务流程重组，打通"互联网＋政务服务"数据生命线，叩开"办事难"无形之"门"，提升服务协同能力，打破"数据孤岛"，推行"一次采集、多方共享、同数同源、多方校核"的数据治理长效机制，深挖数据驱动业务创新，主动向社会开放数据。

4. 重视安全保障，建立安全服务新模式

在数字政府、智慧社会和数字中国建设过程中，网络安全和信息安全问题愈发重要。在总体国家安全观指导下，数字政府建设要为整体的国家安全、社会安全和公众信息安全提供安全可靠的网络平台和数据保护。

健全制度规范。及时建立网络安全和信息安全防范的规章制度体系，形成安全可管可控的安全保障体系。包括数字安全的防范、监管、通报、响应和处置机制，保障政务业务安全、数据安全、运营安全。贯彻"党委领导、政府负责、社会协同、公众参与、法治保障"的网络治理思路，协调处理好数字政府建设各参与主体的责任和能动性。

加快自主可控的关键技术研发。要坚持总体国家安全观，发挥我国制度优势与巨大市场潜力，处理好自主与开放、政府与市场的关系，提高我国数字技术的整体能力和国际竞争力。完善数字科技在电子政务应用的前置安全检查许可制度，加大新装备、新技术在电子政务建设中的应用，设立一批国家级电子政务科技创新实验室，在科技引领方面做有益探索，推动技术创新与公共治理变革深入融合，牢牢地掌握核心技术"命门"，筑牢我国电子政务发展和数字政府建设的"地基"。

加强电子政务系统网络安全的建设。应从战略角度出发，在网络设计初始阶段便要采取防范措施，实现从预防到控制，从监督到惩治

的全过程、全方位的网络安全保障机制。在全国范围内建立一个能够实现全面统筹协调的网络安全框架，对互联网基础设施的脆弱性进行全面分析与评估。利用新技术增强网络安全，如建立云计算平台，以确保用户能够持续访问政府信息服务的门户系统并保存云记录，即便在设备遭到破坏时，也能够保护用户数据与隐私。

数字政府

第二章　怎样建设数字政府

中国软件评测中心发布的"2020年数字政府服务能力评估结果"显示，截至2020年11月底，全国有23个省份和31个重点城市的地方政府明确了政务数据统筹管理机构，推进本地数字政府建设，16个省份和10个重点城市的地方政府已出台并公开数字政府建设相关规划计划、方案意见；互联网政务服务平台和政务新媒体的集约化工作取得显著成果，全国32个省级政府均建成全省统一的互联网政务服务平台和全省统一的政务服务APP，各省互联网政务服务平台均与国家平台实现互联互通；全国政府网站集约化试点工作任务基本完成，全国政府网站数量由2015年的84094个集约至14475家，基层政府网站的运维能力得到明显提升。

在数字政府建设的热潮下，本章在借鉴广东、浙江以及国外数字政府建设先行经验的基础上，提出数字政府建设的思路、总体架构和运营模式，系统阐述一体化政务服务平台的建设情况，以期对加快推动我国数字政府健康有序发展提供借鉴和参考。

一、数字政府建设的思路

推进政府数字化转型，建设数字政府，是对传统政务信息化模式的一次改革和创新。中国电子信息产业发展研究院发表的《加快实施数字政府战略：现实困境与破解路径》，分析了阻碍数字政府发展的现实瓶颈，从技术基础、空间分布、组织流程、工作方式、运营模式、服务供给六个方面，研究提出了建设数字政府的路径和思路。通过数字政府建设，推进实体政府业务整体协同，构建大数据驱动的政务新机制、新平台、新渠道，全面提升政府在经济调节、市场监管、社会治理、公共服务、环境保护等领域的履职能力，实现由分散向整体转变、由管理向服务转变、由单向被动向双向互动转变、由单部门办理向多部门协同转变、由采购工程向采购服务转变、由自筹自建向集约共享转变。

（一）技术基础

从"人人互联"到"万物智联"，是数字政府建设的技术基础。大数据、人工智能、"互联网＋"、物联网、5G网络、区块链等新一代信息通信技术的发展是数字政府发展演进的新引擎。数字政府的发展需要更广泛的终端实现实时、全量、在线的数据采集，通过极速泛在的信息网络直达云端，加速创新能力与政务流程的深度融合，催化人工智能在政府领域的应用创新。通过开放智能高效的应用系统，激活政务数据价值，拓展政府治理和服务的边界，进一步推动数字政府的智能运行和自我完善。

（二）空间分布

数字政府建设推动政府运行由"物理空间分散化"走向"虚拟空间整体化"。传统线下的实体政府碎片化地分散在不同的地理位置，企业和群众到政府办事时不得不跑多个地方，有时甚至是跑断腿。数字政府的建设推动政府实现线上线下深度融合、有效衔接和互为补充。在网络空间以整体政府形式向公众统一提供服务，有效提升政府服务的效能。

（三）组织流程

数字政府建设推动政府组织流程由"科层制"走向"扁平化"。我国政府总体上属于分级管理的体制模式，政府职能部门普遍是"条块结合、以块为主、融条于块"的权力结构特征。各地政务服务大厅、大数据主管部门的不断涌现，从侧面印证了信息技术对政府流程和职能再造的积极作用。随着数字政府的建设和发展，将对政府运行效率提出更高要求，传统线性的、层级制的、单向的信息传递方式将限制运行效率的进一步提升，倒逼政府重构传统组织管理体系，建立与时代相适应的非线性的、扁平的、交互式的流程模式，推动政府建立科层制与扁平化相融合的网络型组织流程。

（四）工作方式

数字政府建设推动工作方式由"传统手工作业"走向"机器自动化处理"。现有的业务处理模式大多只是传统人工处理方式在计算机和网络上的延伸，仍然受限于办公时间、个人经验等因素。数字政府的发展需要在政务知识和治理对象知识的深度组织和提炼的基础上，实现政府业务以及业务关系的整体化，政府角色以及角色行为的数字化，通过数字化倍增政府治理的效率和效能，在数字政府建设过程中，将有越来越多的政府业务实现知识化、自动化和协同化处理。

（五）运营模式

数字政府建设推动政府治理由"单部门分割化"走向"多部门协同化"。单部门开展社会公共事务治理的方式，不仅治理效率低，会造成对治理对象的频繁扰动，而且信息不透明，容易滋生暗箱操作。数字政府的治理是依托大数据开展的精准治理，通过提高政府组织的数据运用能力，打通政府、社会、市场等不同主体之间的信息链路，优化信息资源的网络化配置，充分发挥多元主体协同共治的驱动力作用。

（六）服务供给

数字政府建设推动公共服务供给由"以部门为中心"走向"以公众为中心"。数字政府的发展，将推动公共服务的供给主体、供给模式、供给渠道发生深刻变革。运用互联网发展的理念，由过去公共部门提供公共服务转向政府、企业、社会公众共同参与；由过去以政府部门为中心的供给模式转向以社会公众为中心；由过去线下分散办理转向线上线下相融合的统一集中办理。实现从"找部门"到"找政府"，从"政府端菜"到"群众点菜"，从"群众跑"到"数据跑"，从"人找服务"到"服务找人"。

二、数字政府建设的总体架构

2018 年 10 月，广东省人民政府印发《广东省"数字政府"建设总体规划（2018—2020 年）》，提出了以"打造一体化高效运行的整体政府"为核心的规划思路，从管理架构、业务架构、技术架构三个方面阐述了广东省数字政府建设的总体架构。管理架构体现"管运分离"的建设运营模式，以数字政府建设主管部门统筹管理和建设运营中心统一服务为核心内容，通过构建数字政府组织管理的长效机制，保障数字政府的可持续发展；业务架构落实国家深化机构改革和"放管服"改革的总体部署和工作要求，进一步促进机构整合和业务融合，建设整体型、服务型政府；技术架构采用"四横三纵"设计，遵循系统工程的要求，实现业务应用体系、应用支撑体系、数据服务体系、基础设施体系以及标准规范、安全保障、运营管理的集约化、一体化建设和运行。

（一）管理架构

按照"管运分离"的数字政府管理架构总体原则，在管理体制、运行机制、建设运营模式等方面进行探索创新，构建"统一领导、上下衔接、运作高效、统筹有力、整体推进"的全国数字政府组织管理体系。

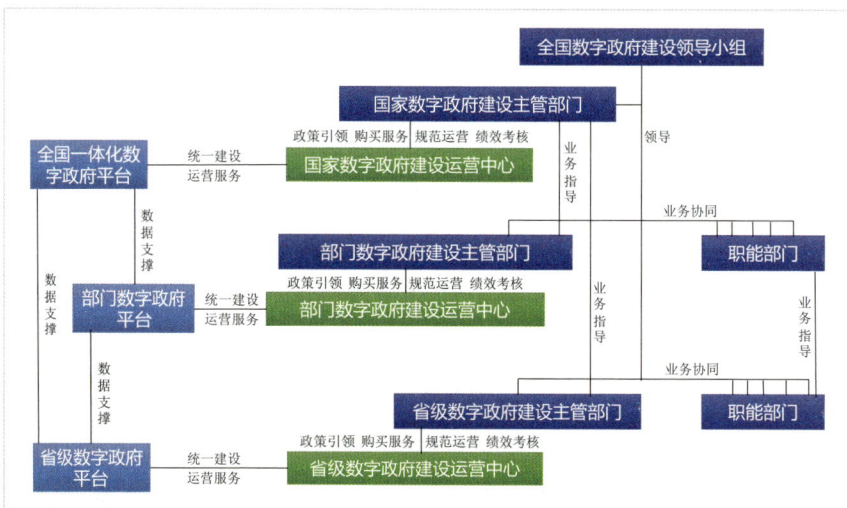

图 2.1　数字政府管理架构

1. 全国一盘棋，推动数字政府改革建设

建议在中央层面设立全国数字政府建设领导小组，统一领导全国数字政府的建设改革工作，形成以国家数字政府为主导、以国务院部门和省级数字政府为支撑的两级组织管理体制。同时，通过整合各地电子政务部门和大数据管理部门的职能和资源，设立统一的数字政府建设主管部门，作为数字政府改革建设工作的行政主管机构，贯彻执行国家关于数字政府工作的方针、政策，制定数字政府发展制度规划，加强纵向工作指导和横向工作协调力度，健全职能部门的工作统筹协调机制，指导各地区各部门制定具体工作方案和相关规划，形成全国统筹建设管理体制和国家、省、市、县协同联动机制，促使各级政府形成合力，稳步、规范推进各项改革建设。国务院各部门应充分利用改革机遇，统筹部门政务信息化需求、业务创新、信息资源规划等工作，提高政务信息化发展能力。各地区按照省级统筹的原则，完成省市县乡村五级全覆盖，积极探索整合优化现有政务信息化机构和职能，结合机构改革，明确政务信息化统筹管理机构，整合分散在各部门的信息化职能，促进各部门职能优化，将工作重心向强化业务创

新转移。

2.管运分离，构建"政府主导、政企合作、社会参与、法治保障"的数字政府新格局

坚持政府主导，通过政策引领、购买服务、规范运营、绩效考核的模式，加强对数字政府建设的统筹协调和组织推进。发挥企业的技术优势、渠道优势和专业运营服务能力，共同参与数字政府的建设运营，提升政府管理服务水平，向社会充分释放改革红利，鼓励社会主体广泛参与数字政府创新应用建设。完善法律法规及配套政策、制度，为数字政府建设提供法治保障。以数字政府建设运营为改革推动力，将数字政府改革建设运营工作纳入各级政府绩效考核体系，正确处理好政府、市场和社会的关系，共同培育和提升数字政府建设的内生动力。

3.统分结合、共建共享，打造全国一体化数字政府平台

按照统分结合、共建共享的原则，建设国家、国务院部门、省级数字政府平台和运行保障机制，由各级数字政府建设运营中心统一建设，并长期提供数据运营服务。政务云平台等公共基础设施由各级数字政府建设主管部门统筹集约建设，优化资源配置，减少重复投资，促进信息资源高效循环利用，提升信息基础设施的运行效率和服务能力。发挥国家数字政府平台公共入口和公共通道的作用，提升国务院部门数字政府平台和省级数字政府平台对国家数字政府平台的数据支撑能力，共同打造整体协同、高效运行的数字政府。

（二）业务架构

突破传统业务条线垂直运作、单部门内循环模式，以数据整合、应用集成和服务融合为目标，以服务对象为中心，以业务协同为主线，以数据共享交换为核心，构建整体型数字政府业务体系，聚焦各部门各领域核心业务职能，不断推动业务创新和改革。

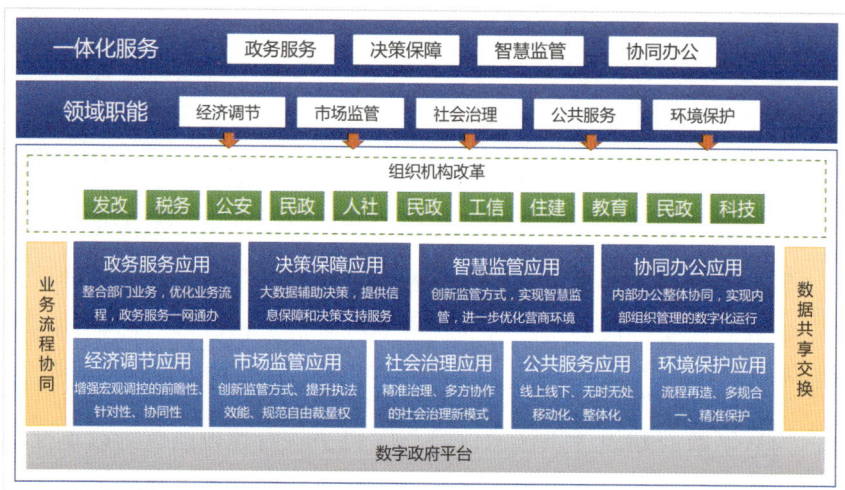

图 2.2 数字政府业务架构

1.一体化服务应用

建设上下贯通、协同联动、横向到边、纵向到底的数字政府应用体系，实现政府内部运作与对外服务的一体化，线上线下的深度融合，促进整体政府建设和发展。包括政务服务、决策保障、智慧监管、协同办公四大板块。

一是政务服务板块。基于服务对象应用需求进行业务关联整合，为群众、企业提供多方式、多渠道、便捷优质的网上办事平台，全面提升政务服务水平。

二是决策保障板块。建立健全大数据辅助科学决策机制，适应新形势下推进政府治理体系和治理能力现代化要求，整合各领域政务信息，以数据为驱动，提升各级政府决策的信息监测、研判、分析能力。

三是智慧监管板块。以"互联网＋监管"为抓手，加强事中事后监管，积极探索监管的理念创新和方式创新，实现规范监管、精准监管、联合监管、监管全覆盖以及监管的"监管"，进一步优化营商环境。

四是协同办公板块。采取统一设计建设行政办公应用、部门一体化使用的方式，推进各类办文办会办事、督查督办、信息报送、工作交流、应急处置等内部业务流程整合优化、扁平高效，推动数字政府业务整体协同。

2.领域职能应用

以政府各级部门业务领域为核心，基于政府职能进行纵向统筹，整合政府内部共性管理业务。

一是经济调节应用。基于经济运行大数据监测分析基础库，构建宏观经济、区域经济、产业经济、行业经济、微观经济等数字化分析体系，提高经济运行监测分析质量和水平。建设和完善科技创新、投资和重大项目建设、工业经济运行、空间规划、海洋经济、自然资源、"三农"发展、对外经济等经济运行管理专业应用，加强财政、税收、金融、价格、能源、国资、商务、公共资源交易等领域数字化应用，增强宏观调控前瞻性、针对性、协同性。

二是市场监管应用。落实国务院关于建设"互联网＋监管"系统的部署，创新监管方式，提高执法效能，消除监管盲点，规范自由裁量。强化重点行业、重点物品、重点企业的数字化监测，准确及时预警潜在风险。构建公共信用评价体系，建立联动响应和失信约束机制。推进市场相关数据的集中汇聚、公开发布，实现统一协作的市场监管格局，构建良好的营商环境。

三是社会治理应用。围绕精准治理需求，发展基层事务、重大事件应急指挥、安全生产、交通治堵、水利、市政设施运行等各方面的数字化专业应用。加强政企合作，加快公共服务领域数据集中和共享，深化数据资源应用，促进社会协同治理，提升社会治理智能化水平，构建社会治理新格局。

四是公共服务应用。落实国务院关于深化"互联网＋政务服务"的部署，完善一体化在线政务服务平台，推进政务服务"网上办""掌上办""指尖办"。有效发挥信息化在促进公共资源优化配置中的作用，促进信息化创新成果与公共服务深度融合，加快推进智慧健康养老、智慧教育、智慧社区、智慧旅游、精准脱贫等建设，形成线上线下协同和服务监管统筹的移动化、整体化、普惠化、人性化服务能力。

五是环境保护应用。整合各地、各部门生态环境数据资源，促进生态环境保护流程再造、业务协同、数据共享，有力支撑打赢污染防治攻坚战，推动山水林田湖草等自然资源综合监督管理，推进应对气候变化、节能减排、海洋生态环境等专业化应用，构建政府主导、企业主体、社会组织和公众多方共同参与的环境治理体系，为推进生态文明建设提供强有力支撑。

（三）技术架构

数字政府的技术架构为"四横三纵"的平台型架构，"四横"分别是全面覆盖政府职能的数字化业务应用体系，共建共享的应用支撑体系，数据服务体系，基础设施体系；"三纵"分别是标准规范、安全保障、运营管理。

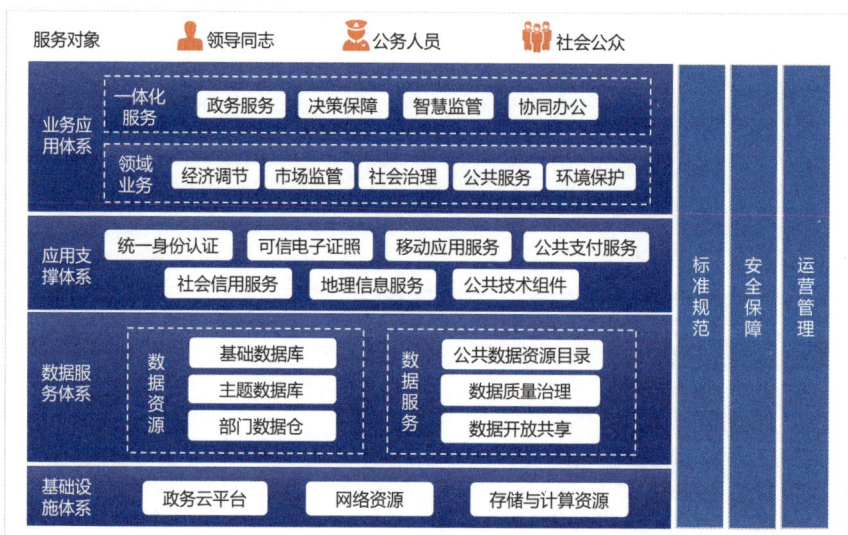

图 2.3　数字政府技术架构

1.业务应用体系

业务应用体系与业务架构相对应，分为一体化服务应用和领域业务应用。一体化服务应用包括政务服务、决策保障、智慧监管、协同办公应用，领域业务应用包括经济调节、市场监管、社会治理、公共服务、环境保护应用。

2.应用支撑体系

构建全国统一的可信身份体系，实现统一身份核验。建设统一的地理信息公共平台，为各级政府及其部门开展行业管理、决策辅助、应急处理等提供电子地图服务。加快完善统一公共支付平台，为各类政务服务、公共服务提供安全便捷的网络支付渠道。推进社会信用信息平台建设，深度推进社会信用信息在政务服务、市场监管、社会治理等领域的应用。建设统一的移动应用开发平台，支撑政务服务"掌中办""指尖办"。提供统一的电子证照发证、用证、电子印章认证、电子归档、数字签名认证和信息加解密等服务，解决办事过程中证照多次重复提交、证照文件验证等问题。集中建设工作流管理、搜索引擎、计算机视觉、智能语音交互、语言识别、机器学习等公共技术服务组件，为各类数字政府应用提供标准化开发组件。

3.数据服务体系

依托电子政务云平台，建设数字政府大数据中心，实现公共数据资源一体化管理。建立公共数据资源目录，推进基础数据库、主题数据库、部门数据仓向大数据中心汇集，强化数据资源统筹规划、分类管理、整合共享。建成人口综合库、法人综合库、公共信用信息库、自然资源和空间地理信息库等基础数据库，推动公共服务、执法监管、投诉举报、决策辅助、应急预警等跨地区、跨部门、跨层级协同应用。建设各业务领域主题数据库，为政府履职提供数据支持。加强数据质量治理，建立数据及时更新和快速校核机制。健全数据共享和开发利用机制，为各级政府及其部门开展大数据分析应用提供数据支撑。加快推动政务数据开放和社会化利用，建设公共数据开放平台，建立完善数据开放制度，在确保国家安全、企业和个人合法权益的前提下，优先满足与民生紧密相关、社会效益显著的数据开放应用需求。

4. 基础设施体系

统筹建设互联互通的政务"一朵云"，全面推行云优先战略，加快各级政务信息系统向政务云平台迁移，实现计算资源、存储资源、服务支撑、安全保障等共性基础资源集约共享。加快电子政务外网升级改造，按需拓展网络覆盖范围，按照相关网络安全标准和要求，加快推进各部门业务专网向电子政务内网或外网迁移整合和融合互联。建设覆盖全国的物联网感知体系，统筹各种传感器的选型、空间布局，实现各类物理感知数据共享使用。

5. 标准规范

建设数字政府标准规范体系，指导各地各部门开展政务信息化规范建设运营，实现标准统一、互联互通、数据共享、业务协同。

6. 安全保障

构建覆盖物理设施、网络、平台、应用、数据的全方位、多层次、一体化网络安全技术防护体系。推动国产自主可控产品在重要领域、关键环节的应用。建立健全云安全运行维护规范，全面提升政务云平台安全运行能力。提升数据安全防护能力，对重要数据资源实行分级分类安全管理，建立数据流动安全评估机制，强化个人和法人信息保护。

7. 运营管理

搭建统一的政府数字化转型运营管理平台，完善对基础设施、数据中心、支撑平台和应用系统的运行维护，优化服务管理流程和服务评价机制，加强系统建设和运营的绩效考核、投资效益评估，形成分级管理、责任明确、保障有力的数字政府运营管理体系。

案例：广东省创新数字政府管理运营模式

从广东省数字政府建设的规划和实践来看，管理角色由广东省政务服务数据管理局担任，运营工作交给了数字广东网络建设有限公司（以下简称"数字广东公司"）。数字广东公司的角色被定位为数字政府改革的技术能力支撑者，由广东省政务服务数据管理局监督考核数字广东公司的建设运营工作。

广东省直部门

技术支撑　　提出建设需求

数字广东公司
需求对接 系统迁移 数据融合
建设维护 系统运营 标准制定

采购服务

省政务服务数据管理局
顶层设计 整合需求 组织实施 管理监督 市县指导
公共资源交易管理 政务数据资源管理

图 2.4　广东数字政府改革模式

在该模式下，工作链条变为广东省直部门向省政务服务数据管理局提出建设需求，省政务服务数据管理局经过整合需求后对接数字广东公司，数字广东公司开发出支撑省直部门需求的技术工具或平台后，由省政务服务数据管理局以购买服务的形式向数字广东公司采购。和过往的旧模式相比，采用这种"政企合作、管运分离"创新模式的优势在于，速度快，从想法到落地时间更短；更新快，避免自建运营系统的维护、老化等问题；效果好，能利用企业的产品触达能力。

数字广东公司首席执行官王新辉认为，通过"政企合作、管运分离"模式，在管理端，把政府的职能回归到行政单位，从事信息化的顶层设计管理；在建设端，把社会的优势资源集中在一起，按照市场化的方式来进行运作，有效解决了人才不足、建设机制相对僵化、系统建好就落后等问题。

与广东省的规划框架相对应，数字广东公司提出了数字政府的"3＋3＋3"建设模式，为广东省数字政府改革提供政务云平台、政务大数据中心、公共支撑平台三大基础资源平台，同时根据民生、营商、政务等相关业务场景，提供"粤省事"移动政务服务平台、"粤商通"涉企移动政务服务平台、"粤政易"协同办公平台三大移动应用，针对民众、企业、政府公务人员三大群体提供相应服务，从便利民生事项办理、优化营商环境、提升政府行政效率等多方面助力数字政府建设。

数字广东公司将互联网思维与政务业务相结合，通过工具化、集约化、服务化核心理念，利用平台和技术优势做好政府与民众、政府与企业、政府与公务人员之间的"连接器"，助力政务服务实现数字化转型升级；通过数字政府工具箱的能力供给，以及集约化、规范化的统一建设管理，极大地降低了数字政府相关开发成本，避免重复建设问题。

从实际应用层面来看，"政企合作、管运分离"的模式，已经陆续在其他多个省市落地。比如，在长沙建设政务民生管理体系，从政府、企业与百姓三个层面打通"数据孤岛"，提升内部协作，优化营商环境和民生服务水平；在贵阳，以打造"数智贵阳"为核心，共同打造微政务服务体系，将实现群众、企业在贵阳市办事"一门进、一网办、一次办"，进一步提升政务服务质量，提高人民群众的获得感和满意度；在乌兰察布，以"互联网＋政务服务"为核心，共同推进"数字乌兰察布"建设，全面优化提升全市政务服务水平，营造便民、规范、高效的政务服务环境，不断提升群众获得感、幸福感和安全感。

三、数字政府的运营模式

信息共享难、业务协同难是电子政务发展中长期存在的普遍性问题，而导致这一问题的原因在于政府信息化从需求的提出，到系统的建设管理，再到最后的运营服务都是碎片化的。究其根源，一是政府信息化建设的需求源自业务，而业务是根据政府的专业分工和层级分工，分布于各级政府部门的，所以需求自然呈现出碎片化状态。二是政府信息化建设的供给是由广大的市场主体提供的，而过去政府信息化建设的职能与行政职能没有分离，各级政府部门各自寻找市场主体获取服务，导致供给也呈现碎片化状态。

数字政府是政府适应信息时代治理和服务需求的自我改革，核心是政府的体制机制创新和流程优化再造，数字化起到倍增创新效能的作用。2018年12月，浙江省人民政府印发《浙江省深化"最多跑一次"改革推进政府数字化转型工作总体方案》，指出一体化数据平台建设在政府数字化转型中的关键作用。以"最多跑一次"改革为契机，构建以"数据驱动"为核心的数字政府运营体系和模式，形成大数据和整体性政府思维、强化顶层设计、提升政务服务效率、统一政务服务标准、建立激励保障和监督问责机制。

通过数据赋能，由数据驱动业务，而不再是数据辅助业务，是数字政府相对传统电子政务的质的飞跃。数字政府的治理是依托大数据开展的精准治理，通过提高政府组织的数据运用能力，打通政府、社会、市场等不同主体之间的信息链路，优化信息资源的网络化配置，充分发挥多元主体协同共治的驱动力作用。

（一）形成大数据和整体政府思维

在大数据时代，以数据为生产资料而创造价值的应用和模式不断被创新和扩散，数据资源正在成为一种核心竞争力甚至是直接的生产力。由此，政务大数据为解决碎片化的政府服务提供了有力的技术工具，其以数据为链条促使政府各职能部门之间的边界日益淡化并最终成为无缝隙的政府和整体性的政府。整体政府作为一种新型的公共服务形态，注重政府整体的价值和绩效，打破碎片化的政府功能分化、重塑政府结构，强调合作与协调，最终目的在于提升政府能力，改进政府绩效，从而满足社会公众的需求，更好地服务于经济和社会发展。

数字政府的运营，一方面要依靠政府管理体制的优化和管理理念的创新，在数字政府建设管理部门的统筹协调下，逐步实现各职能部门从物理分割到化学融合的转变，最终建立适应数字政府改革需要的平台型政府和整体性政府；另一方面要依靠数字政府运营中心提供的统一建设和运营服务，逐步实现不同政务信息系统之间数据的互联互通，通过数据融合重新整合碎片化的行政资源，为政府的服务、监管和内部管理提供直接的生产力。

（二）强化顶层设计，提高数据资源利用的统筹层次

在美国、新加坡等数字政府发展居全球领先地位的国家中，联邦或中央政府层面设立首席信息官（CIO）的模式值得借鉴。政府首席数据官或首席信息官模式的关键在于，能在国家元首的授权下，全面负责全国范围内有关政府信息化建设的顶层设计，注重开发横向到边、纵向到底的集约化信息系统，从而从源头上杜绝各地各部门信息化系统和数据平台的重复建设、技术标准不一致以及数据难以共享匹配等问题。

顶层设计的强力推动，是保障数字政府运营能不断取得成效的关键之一，因而中央政府层面成立国家数字政府建设领导小组至关重要。在国家数字政府建设领导小组的统一领导下，在各级数字政府建设管理部门的统筹协调下，探索政务信息系统的重组优化，盘活数据资源，实现数据的无障碍流动，意义重大。

这不仅仅意味着数据在政府之间的流通，更意味着政府数据与社会数据的融合互通。一是推动数据供需部门切实做好需求调查，确保共享数据精准对接，提高应用效果。二是大力推进公共信息资源开放，推动政府数据有序向社会流通，释放数字红利，繁荣数字经济。

三是加强数据权属、数据安全保护等方面的研究和保障，注重商业秘密和个人隐私的保护，探索政府数据与社会数据的互通机制，加速构建全社会数据开放共享体系。

（三）降低政府运行成本，提升政务服务效率

在电子政务和政府信息化水平较为落后的时代，政府各部门之间的文件流转、信息报送和决策传递等，需要付出人力成本和时间成本，造成政府内部管理的高成本和公共服务的低效率，这是导致企业和群众在与政府部门打交道过程中"反复跑""事难办"的主要原因，也是阻碍企业和群众提升"获得感""满意度"的关键障碍。

数字政府的运营，就是要让企业和群众感受到政府自身改革带来的便利和高效，为改革的顺利落地提供关键的技术支撑。首先，实现"数据跑"是跨部门并联审批得以实现的基础条件，有利于政府转变"重审批、轻服务"的思维，减少制度性交易成本，不断提升政务服务的能力，用"数据跑"实现企业和政府的双赢。其次，基于对政务知识和治理对象知识的有效组织和利用，依托人工智能技术，实现数据从简单的归集、查询到综合应用、准确预测的跨越，逐步构建知识化、自动化、协同化的数字政府，不断提升政府科学决策和智慧监管的能力。最后，注重吸引企业、公众、社会组织等社会主体参与数字政府运营，探索社会共治的有效机制；将政府在数字政府运营过程中的规划管理优势，与企业在先进理念、技术创新、数据资源、资金投入等方面的优势充分结合，提高数字政府运行效率，降低运营成本；同时，明确参与各方权责利，有效规避数字政府运营风险，引导数字政府运营规范有序发展。

（四）提供标准化服务，优化完善一体化政务服务体系

随着我国社会经济的不断发展，公众对政务服务工作的要求逐步

提高，政务服务工作仅靠制度建设、督察督办等制约手段来支撑的工作机制难以保持政务工作稳定和规范运行，各级政务服务中心仍然存在机构设置不统一、服务流程不规范、监督评价机制单一等问题。围绕企业和群众的服务需求，实现政务服务标准、数据标准和相关技术协议的统一和规范，是进一步优化完善一体化政务服务体系，建设人民满意的服务型政府的基本保障。

通过数字政府的运营，逐步建立覆盖服务行为、办事流程、监督管理、改进和评价等政务服务全过程的服务标准体系，通过标准化手段提升政务服务质量和服务效能，保证政务工作规范、稳定运行。特别是政务服务事项、办事材料、表单内容的标准化和规范化，能够进一步推动数据标准的统一和规范，不仅为企业和群众顺利办理事项提供重要保障，为业务办理人员准确采集数据并传输信息提供技术准则，也为实现数据资源在地方和部门间的开放共享奠定了基础。

政务数据标准和相关技术协议的统一规范，是实现跨地区跨部门数据开放共享的首要前提，也是数字政府运营破解行政壁垒和"数据孤岛"问题的关键。首先，各职能部门要树立标准化意识，标准化是制定标准、实施标准和监督实施的全过程，而不单是数据标准和技术协议制定过程中的统一。其次，各级政府制定的数据标准和技术协议，必须符合国家标准，避免上下级政府之间的信息异构，逐步解决由于历史原因遗留的各部门数据系统之间兼容性不高的问题，提高数据传输质量。最后，要注重政务数据开放共享的基础架构设计，从政务服务事项的梳理开始，理清数据需求，完成相关部门的确认，在此基础上，统一明确各职能部门数据归集共享的目录和责任。

2016 年 12 月，国务院办公厅印发《"互联网＋政务服务"技术体系建设指南》，围绕"互联网＋政务服务"业务支撑体系、基础平台体系、关键保障技术、评价考核体系等方面，提出了优化政务服务供给的信息化解决路径和操作方法，为各地区各部门构建统一、规范、多级联动的一体化政务服务体系提供了国家层面的指南和标准。

（五）建立"以公众为中心"的绩效考核机制

"以部门为中心"是传统电子政务阶段的重要导向，政府运用信息技术的主要目的是提升部门自身业务办理的效率和便利性。对于信息技术服务的供应商来说，政府部门才是终端用户，实现部门办公自动化、电子化和在线化，提升部门用户的体验是传统电子政务更为关切的问题。而对于社会公众来说，很难有效地、便利地运用这些电子途径获得公共服务或与政府保持密切沟通。

通过数字政府的运营，逐步建立"以公众为中心"的绩效考核机制，推动政府部门公共管理和公共服务改革的服务公众导向，建立激励保障和监督问责机制，全面践行以人民为中心的发展思想。首先，科学设计绩效评估的指标体系，通过系统植入绩效评估程序，应用人工智能、大数据分析技术实现绩效评估的智能化和常态化。其次，建立终端服务评价机制，引导社会公众积极参与数字政府转型，把企业和群众在政务办事过程中的真实体验、需求反映、社会预期关注和政务服务响应，及时有效地整合到数字政府运营目标上来，并以此推动数字政府服务的开发和交付。最后，将基础数据库建设、数据采集归集的质量、跨地区跨部门政务数据的共享应用水平也纳入绩效考核体系，奖励在数据运营方面成效突出的部门，激发各部门进行数据共享的内生动力，加强数据监管和数据预测，实现数字化服务从"量"向"质"的转变。

📖 ｜延伸阅读｜ 英国政府数字化转型的绩效考核机制

英国数字政府建设长期处于世界领先水平，自2001年联合国发布全球电子政务调查报告以来，英国在"电子政务发展"和"公众电子参与"两个指数上都始终位居全球前十，2016 年两项排名皆为全球第一。

英国政府数字化转型的绩效考核方式由内阁办公室联合政府数字服务局（GDS）及相关社群制定，数字服务上线后，由数字服务网站进行半自动测量，数字服务团队主动公布绩效结果。绩效考核方式的制定会涉及三个社群，即绩效分析社群、产品和服务社群、用户研究社群。其中绩效分析社群的作用最为突出，负责指导数字服务团队制定数字服务的绩效指标，使用数据分析工具进行绩效评估，利用绩效结果帮助改进数字服务。具体事务包括三项：一是制定数字服务绩效相关指南；二是每两个月召开一次例会，邀请政府外绩效分析专家进行演讲和研讨；三是提供绩效考核培训。

绩效考核指标分为核心指标和个性化指标。核心指标即由绩效分析社群负责，而数字服务团队在绩效分析社群的指导下制定个性化指标。核心指标是所有服务都需要测量的绩效指标，包括每次服务成本、使用者满意度、完成率和数字吸纳度四项，英国政府规定，使用者满意度指标要求每月测量一次，其他指标至少每季度测量一次。对核心指标的说明如下：

每次服务成本（Cost Per Transaction），衡量政府针对每次服务支出的平均费用。可以通过测量所有渠道提供服务的总成本和已完成交易数，两个数据相除计算得出每次服务成本。

使用者满意度（User Satisfaction），通过用户反馈来测量，绩效分析社群给出了设计反馈问卷的基本原则和注意事项。

完成率（Completion Rate），是指完成在线服务的用户数量占使用在线服务的用户数量的百分比。通过完成交易数量与交易总数的比值计算，交易总数包括部分完成和失败交易。

数字吸纳度（Digital Take-up），是指对于政府提供的数字服务，有多少公众选择在线操作，也即在某时期内完成的数字交易数量与同一时期内所有渠道的交易总数的比值，反映了在线服务的使用率情况。

四、一体化政务服务平台

一体化在线政务服务平台是建设数字政府进程中的一项重要战略部署，在强化推进"互联网＋政务服务"和政务服务平台建设的基础上，统筹部署、整体推进，构建全国一体化政务服务平台。一体化政务服务平台全面推进政务服务"一网通办"，打造人民满意的在线政务服务，推动政务服务从政府供给导向向群众需求导向转变。

（一）建设背景与意义

一体化政务服务平台的建设，是在充分利用已有建设成果和针对性解决现存问题的基础上进行的，并以顶层设计和分层次实施引领、驱动服务型政府建设，支撑国家治理体系和治理能力现代化。

1.成绩与问题并存

近年来，我国在推进"互联网＋政务服务"和加快政务服务平台建设方面，已先后出台了《关于加快推进"互联网＋政务服务"工作的指导意见》《"互联网＋政务服务"技术体系建设指南》《关于深入推进审批服务便民化的指导意见》《进一步深化"互联网＋政务服务"推进政务服务"一网、一门、一次"改革实施方案》等一系列重要文件，为一体化政务服务平台提供了有力的理论支撑和政策保障。

党的十八大以来，各地区各部门认真贯彻党中央、国务院部署，深入推进"互联网＋政务服务"，加快建设政务服务平台。目前，全国32个省级政府均构建了覆盖省、市、县三级以上的政务服务平台，其中21个地区按照规范化、标准化、集约化的建设要求，实现了省、市、县、乡、村服务全覆盖，45 个国务院部门建设开通了部门政务服务平台，并与国家平台实现互联互通。同时，大力推进以高效办成"一件事"为目标的业务流程再造，系统重构部门内部操作流程、跨部门跨层级跨区域协同办事流程，推动实现更深层次、更高水平的"减环节、减时间、减材料、减跑动"，推进政务服务更加便利高效，打造更加优质的营商环境，进一步提升企业和群众办事的便捷度、体验度和满意度。全国 29 个省级政务服务平台开通了"一件事"集成服务专区，对外提供涉及建设工程、市场准入、企业投资、不动产登记、民生事务等重点领域的高频服务。

但是想要建设更加完善、便捷、高效的政务服务平台，在看到成绩的同时，总结和反思问题也是必不可少的。目前政务服务平台建设，普遍存在着管理分散、办事系统繁杂、事项标准不一、数据共享不畅、业务协同不足等问题；政务服务整体效能不强，办事难、办事慢、办事繁的问题还不同程度存在；另外，"数据烟囱""信息孤岛""数据不跑腿、群众跑断腿"的情况依然存在。

此外，我国电子政务水平虽已处于全球中等偏上水平，但与我国经济规模世界第二、电子商务规模世界第一的地位相比，还不够匹配，特别是与我国深入推进"放管服"改革的要求，还有较大差距。

总体来说，在互联网技术日新月异的时代，人民群众对政务服务有新的期待、新的需求。但与此相比，目前各地区各部门电子政务发展水平还很不平衡，存在不少差距，与人民群众日益增长的政务服务需求相比，电子政务发展的不平衡、不充分问题还比较突出。

2.政策引领，强化顶层设计

针对上述成绩和问题，建设一体化政务服务平台需要进一步强化顶层设计，以强化整体联动、强化规范管理为路径，加快全国一体化的建设进程。

2018 年 7 月，国务院印发了《国务院关于加快推进全国一体化在线政务服务平台建设的指导意见》（以下简称《指导意见》），系统总结了各地区各部门政务服务平台的建设成果，明确一体化平台建设的指导思想、工作原则、工作目标、总体架构、重点建设任务，并制定了一体化平台建设的组织实施方案。

2019 年 10 月，党的十九届四中全会审议通过的《中共中央关于坚持和完善中国特色社会主义制度　推进国家治理体系和治理能力现代化若干重大问题的决定》（以下简称《决定》）提出，要创新行政管理和服务方式，加快推进全国一体化政务服务平台建设。《决定》从推进国家治理体系和治理能力现代化的战略高度，把推进全国一体化政务服务平台建设作为完善国家行政体制、创新行政管理和服务方式的关键举措，为加快推进全国一体化政务服务平台建设指明了方向。

2020 年 10 月，党的十九届五中全会审议通过的《中共中央关于制定国民经济和社会发展第十四个五年规划和二〇三五年远景目标的建议》提出，要加强数字社会、数字政府建设，提升公共服务、社会治理等数字化、智能化水平，扩大基础公共信息数据有序开放，建设国家数据统一共享开放平台。"十四五"时期是我国由全面建成小康社会向基本实现社会主义现代化迈进的关键时期，新发展阶段人民对美好生活的向往呈现多样化、多层次、多方面的特点，把一体化政务服务平台建设作为国家信息化发展的重要战略布局，带动和推进社会经济各个领域高质量发展。

3. 导向转变，支撑服务型政府建设

一体化政务服务平台是推进国家治理体系和治理能力现代化战略的重要一环，其最重要的特点亦是突破点就是推动政务服务的导向转变，即从政府供给导向向群众需求导向转变，具体措施包括：从"线下跑"向"网上办"、"分头办"向"协同办"转变，

全面推进"一网通办"等，为优化营商环境、便利企业和群众办事、激发市场活力和社会创造力、建设人民满意的服务型政府提供有力支撑。

党的十九大报告宣告我国现已进入新时代，社会主要矛盾已经转化为人民日益增长的美好生活需要和不平衡不充分的发展之间的矛盾。社会主要矛盾的变化对创新行政管理和服务提出了更高要求，一体化政务服务平台的人民群众需求建设导向，完全符合新时代国家不断增强人民群众获得感、幸福感的迫切需要。

（二）整体架构与任务要求

全国一体化在线政务服务平台由国家政务服务平台、国务院有关部门政务服务平台（业务办理系统）和各地区政务服务平台组成。国家政务服务平台是全国一体化在线政务服务平台的总枢纽，各地区和国务院有关部门政务服务平台是全国一体化在线政务服务平台的具体办事服务平台。

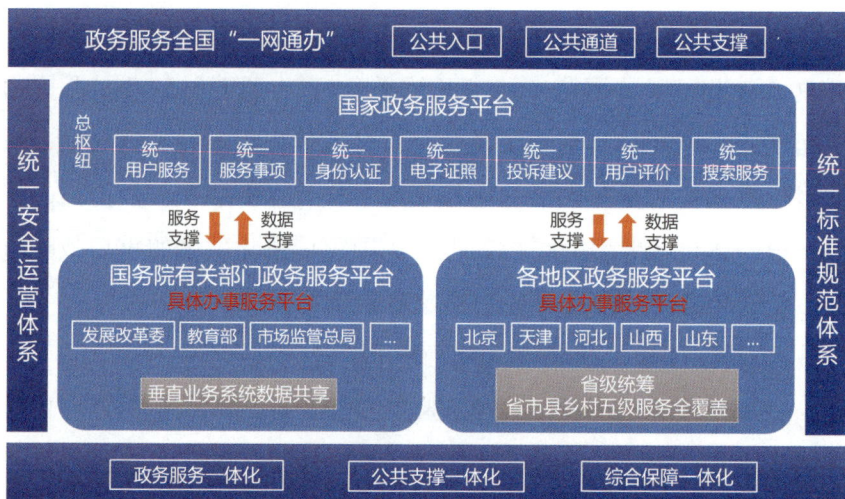

图 2.5 全国一体化在线政务服务平台总体架构

1. 国家政务服务平台

国家政务服务平台联通各省（自治区、直辖市）和国务院有关部门政务服务平台，实现政务服务数据汇聚共享和业务协同，支撑各地区各部门政务服务平台为企业和群众提供高效、便捷的政务服务。

国家政务服务平台重点发挥公共入口、公共通道、公共支撑的"三大作用"，面向公众提供统一用户服务、统一服务事项、统一身份认证、统一电子证照、统一投诉建议、统一用户评价、统一搜索服务的"七个统一"服务，实现政务服务"一网通办"、汇聚政务服务数据资源、促进政务服务信息交换共享、提升政务服务动态监督评估能力的"四个功能"，解决跨地区、跨部门、跨层级政务服务中信息共享难、业务协同难、基础支撑能力不足等突出问题。

2. 各地区和国务院有关部门政务服务平台

国务院有关部门政务服务平台统筹整合本部门业务办理系统，依托国家政务服务平台的公共支撑服务，统筹利用政务服务资源，办理本部门政务服务业务，通过国家政务服务平台实现与各地区和国务院有关部门政务服务平台的互联互通、数据共享、业务协同，依托国家政务服务平台办理跨地区、跨部门、跨层级的政务服务业务。

各地区政务服务平台按照省级统筹建设原则，通过整合本地区各类办事服务平台，建成本地区各级互联、协同联动的政务服务平台，办理本地区政务服务业务，实现网上政务服务省、市、县、乡镇（街道）、村（社区）全覆盖。各省（自治区、直辖市）政务服务平台与国家政务服务平台互联互通，依托国家政务服务平台办理跨地区、跨部门、跨层级的政务服务业务。

3. 依托一体化政务服务平台建设"互联网＋监管"系统

2018 年 10 月 22 日，李克强总理主持召开国务院常务会议，听取了关于《国家"互联网＋监管"系统建设方案》的汇报。为完善事中事后监管，加强和创新"双随机、一公开"等监管方式，会议决定，依托国家政务服务平台建设"互联网＋监管"系统，强化对地方和部门监管工作的监督，实现对监管的"监管"，并通过归集共享各类相关数据，及时发现防范苗头性和跨行业跨区域风险，促进政府监管规范化、精准化、智能化。

（三）建设现状

一体化政务服务平台具备科学、完备、体系化的顶层设计、政策支持和实施方案，建设工作高效有序地进行，目前已取得令人瞩目的成绩。

1. 一体化政务服务平台建设现状

全国一体化在线政务服务平台深度整合国务院部门、地方政府政务服务事项和业务办理等信息，通过网上大厅、办事窗口、移动客户端等多种形式，为自然人和法人（含其他组织）提供"一站式"办理的政务服务，推动政务服务从政府供给导向向群众需求导向转变，从"线下跑"向"网上办"、"分头办"向"协同办"转变。

经过一年多的建设，截至2019年5月底，全国一体化在线政务服务平台联通31个省（自治区、直辖市）及新疆生产建设兵团、43个国务院部门政务服务平台，接入地方部门300余万项政务服务事项、1000余项高频办理类应用和一大批高频热点公共服务。

2019年5月31日，全国一体化在线政务服务平台主体功能建设完成，面向互联网全面开放试运行，取得的建设成效包括：

汇聚融合了300余万项政务服务事项、1.63亿条政务服务办件信息，第一次摸清了全国政务服务事项的底数，实现了国家、省、市、区县四级政务服务同一事项、同一标准、同一编码，形成全国统一的政务服务事项标准规范体系；建立了94项政务服务评价考核指标，制定了42项电子监察规则，全面评估和监测各地区、各部门网上政务服务水平和运行效率，诊断政务服务工作中存在的问题，形成以评价考核推执行、以监察反馈促改进的闭环管理模式，引导网上政务服务向高层次发展，促进行政权力阳光运行；规范和支撑全国电子印章的制作、发布、应用和验证，推动全国电子印章的互信互认；采集汇聚各地方、各部门的电子证照目录、类型和基础信息共计5.5亿条，建立全国电子证照共享服务中枢和电子证照目录信息库，支撑电子证照跨地区、跨部门、跨层级的共享应用；建立国家政务服务平台资源共享服务中心，对接公安部人口库、市场监督管理总局法人库、全国信用信息等国家基础信息资源库，整合社保、金融、公积金、医疗等经济社会发展数据资源，让"企业群众少跑腿，信息数据多跑路"，用"数据跑"实现政府和企业群众的双赢；建立国家政务服务平台工程标准规范体系，发布实施31项标准，涉及国家政务服务平台与地方部门平台对接的业务、数据、技术、安全、运维以及国家政务服务平台自身建设所需的标准；建成国家政务服务平台安全保障体系，重点围绕应用系统安全和数据安全，提供安全态势感知、网络安全云防护以及抵抗各类网络空间攻击及渗透的安全防护能力。

图2.6 全国一体化在线政务服务平台服务门户

国家政务服务平台经过顶层设计和科技创新，采用"互联网＋"、云计算、大数据等先进技术，建设成果包括政务服务门户和工作门户、移动端应用、网上政务服务评估系统、用户体验监测系统、政务服务事项管理系统、政务服务电子监察系统、统一身份认证系统、统一电子印章系统、国家电子证照共享服务系统、资源共享服务中心、大数据分析系统、安全保障系统、运维保障系统、标准规范体系、法规制度体系等。

国家政务服务平台汇聚各地区、国务院各部门网上政务服务资源，面向自然人、法人和其他社会组织提供网上政务服务的办事入口。社会公众在政务服务门户上可以通过智能检索快速搜索出所需要的政务服务，进行政务服务的"问办查评"。在政务服务门户建立各地区、国务院各部门政务服务直通窗口，对外提供各地区、国务院各部门高频应用服务、热点服务快捷访问入口，并对个人事项和法人事项进行主题分类，便于精准查找。推进政务服务向移动端延伸，建成5个移动应用，实现高频政务服务事项"掌上办""指尖办"。通过整合国家政务服务平台的系统支撑能力，面向公众提供以下七项基本服务，从而形成一体化的政务服务能力。

用户服务：打造用户专属空间，全国用户信息一网汇聚；服务事项：形成全国统一的政务服务事项实施清单，为不同地区用户提供无差别、均等化的政务服务；身份认证：提供全国统一的权威实名认证和登录服务，用户只需登录一次，就可以"漫游"全国的政务服务平台；电子证照：解决用户在办事中重复提交纸质证照的问题，实现电子证照的全国互通互认；投诉建议：为用户在政务事项办理过程中遇到的难点、堵点，建立全国统一的投诉建议渠道；用户评价：建立全国统一的政务服务实时在线评价机制，促进政务服务水平不断提升；搜索服务：用户可以快速查找全国范围内的政务服务事项，实现全国政务服务一键查询。

各地区和国务院有关部门一体化政务服务平台建设方面，《指导意见》提出，选择部分条件成熟的省（自治区、直辖市）和国务院部门开展与国家政务服务平台对接试点，积累经验，逐步推广。

上海市作为首批试点对接的省市之一，全面推进"一网通办"，建成全流程一体化在线服务平台。同时，牵头建设长三角政务服务一体化平台，使之成为第一个国家政务服务平台跨地区应用的典型案例。浙江省加快全省一体化在线政务服务平台建设，全省政务服务事项"最多跑一次"全覆盖，90%以上的事项实现网上可办。2019年9月，江西、浙江两省签署基于国家一体化政务服务平台的跨省数据共享应用合作协议。两省以全国一体化在线政务服务平台为基础，推进电子证照共享互认等跨省数据共享应用，为110万名在浙的江西人、4.7万户在赣的浙江企业提供跨省网上办事便利。

2019年6月起，人力资源和社会保障部率先开展证明事项告知承诺制试点工作，优化6项社会保险经办事项和12项专业技术人员资格考试报名事项办事流程。通过试点工作，主动对接国家一体化政务服务平台，加大了部委间信息共享力度，信用监管机制也进一步完善。目前，人社部已经实现与教育部、公安部、民政部、市场监管总局等部门相关数据的在线核验。自然资源主管部门将推动建设全国统一归集、省级集中部署的不动产登记系统，市场监管部门将启动建设全国统一系统，通过全国一体化政务服务平台或部际直联等途径共享全国不动产登记信息和市场主体登记信息，为各地自然资源主管部门和市场监管部门提供信息支撑。

此外，其他地区也在积极建设和实践探索，不断为全国一体化政务服务平台的建设添砖加瓦。

案例：广东政务服务网，构建全流程一体化在线政务服务平台

随着数字政府建设的逐步推进，迫切需要各地进行事项梳理，统一办事标准，建设一体化政务服务平台，推进各地区各部门平台规范

化、标准化建设和互联互通，推动政务服务跨地区、跨部门、跨层级协同办理，全城通办、就近能办、异地可办。

以广东省为例，以往广东省不同地区、不同业务部门办事标准、办事服务都不尽相同，市民、企业往往办一件事，就要重新了解一套制度流程。按照国家一体化政务服务平台建设规范要求，广东省统一建设上线了广东政务服务网。这一平台是以构建全流程一体化在线政务服务为目标的政务服务聚合平台，以"集约化，事项一致，统一受理，统一登录"为建设目标，通过使用云计算、大数据、移动互联网技术，将服务涵盖广东全省86个省级部门、21个地市、142个县（市、区）、1000多个镇街、2万多个村居。

截至2019年12月底，广东政务服务网全省事项进驻数总计184万项，可在线申办事项数为79万项，特色创新主题服务29个。在广东政务服务网统一认证系统注册用户累计2808万，其中企业用户832万，总访问量约4.26亿次。

图2.7　广东政务服务网

为减少开办企业到办事窗口的跑动次数，提升办事效率，广东政务服务网上线了企业开办专题，实现全省"一站式"开办企业，打通商事登记、定点刻章等4个环节，实现开办企业平均时间从16个工作日缩短至5个工作日，实现群众跑腿次数从5次减少至"最多跑一次"。

以往开办企业，通常需要向市场监督管理部门办理营业执照，到有合法经营资格的刻章点办理公章等印章刻制，向主管的税务机关申领发票等手续。广东政务服务网上线企业开办专题，可全面优化开办企业程序，缩减办事链条，压缩办理时限，便利投资创业。截至2019年12月底，"一站式"企业开办服务的办理量已有21.2万笔。

广东政务服务网设置了"多证合一"办事专题入口。"多证合一"改革从全面梳理整合各类涉企证照事项入手，通过减少证照数量，简化办事程序，降低办事成本，以"减证"推动"简政"，从根本上推动涉企证照事项的削减，以进一步压缩企业进入市场前后的各类涉企证照事项，进一步减少制约创业创新的不合理束缚，进一步营造便利宽松的创业创新环境和公开透明平等竞争的营商环境。

以往在进行企业登记时，企业需要到相关部门逐一申请办理备案证，"多证合一"系统对备案串行流程进行优化，改为只需要一次申请、由工商和市场监管部门核发一个营业执照后，根据企业的经营范围，通过数据共享，实现同时为企业备案多个证照。实现"企业少跑腿，数据多跑路"。目前整合的证照有24个，既节约企业时间，也降低政府行政成本。截至2019年12月底，"多证合一"办理量已超过3837万笔。

为方便市民及企业办事，广东政务服务网推出往来港澳备案及签注服务。其中个人往来港澳签注业务功能已在"粤省事"小程序中上线。广东政务服务网优化了广东省内企业、个体工商户往来港澳商务签注备案登记，以及人员变更登记的部分。原先企业申办往来港澳商务签注时，需在企业备案登记之后，再进行企业人员的备案登记，需要跑两次线下办事窗口，并提交多份纸质材料。广东政务服务网上线后，实现了"零跑动，零见面，全天候"式服务，可以同时办理企业备案和企业人员备案，一旦有员工离职等人员变动情况，可以直接在线上变更登记，大大便利了粤港澳大湾区企业的商务往来。

此外，广东省在全国率先印发政务服务"好差评"管理办法，上线"好差评"系统，从省级层面建立起标准统一、流程闭环管理的政务服务评价、反馈、改进、监督、考核机制，并上线广东政务服务网等服务平台和实体政务大厅，实现线上线下渠道全覆盖。该系统将全省评价数据全归集对比，评价结果通过政务服务网首页实时发布。群众可以通过好差评榜及时了解各渠道评分趋势、总分及排行榜展示，进一步将好差评的结果置于阳光下。

2."互联网＋监管"系统建设现状

基于全国一体化在线政务服务平台构建国家"互联网＋监管"系统，实现各地区和国务院有关部门"互联网＋监管"系统的互联互通，运用互联网、大数据等信息技术手段创新监管方式，提升监管水平。

国家"互联网＋监管"系统制定了一套监管事项目录清单，实现监管职责明确化与规范化。监管事项目录清单是由国务院各部门监管事项清单汇总形成，包括监管部门、监管事项、监管事项子项、对应的许可事项、监管对象、监管措施、设定依据、监管流程、监管结果、监管层级等 10 项内容。国务院各部门根据法律、行政法规、部门规章以及本部门职能配置、内设机构和人员编制规定，按照"谁审批、谁监管，谁主管、谁监管"的原则，梳理本部门监管事项，形成国务院部门监管事项目录清单。各省（自治区、直辖市）政府按照省级统筹原则，在国家"互联网＋监管"系统监管事项目录清单基础上，补充地方性法规和地方政府规章等确定的监管事项，形成本地区监管事项目录清单。自上而下的制定监管事项目录清单，为明确监管职责、规范执法行为提供了制度化保障。

国家"互联网＋监管"系统建设了大数据中心，挖掘数据价值支撑监管智慧化。大数据中心包括监管事项目录清单库、监管对象基础信息库、监管行为信息库、监管事项投诉信息库、失信企业（人员）信息库、互联网重要舆情及第三方信息库、知识库(包括法律法规库、案例库、预案库、规则库、风险特征库等)，利用挖掘、分析、计算和存储等数据处理分析手段，为相关业务应用提供共享交换、查询检索、可视化展示和统计分析等服务。截至 2019 年 11 月，大数据中心汇聚了 76 个地方和部门的监管对象、监管行为、执法人员、监管投诉、"双随机、一公开"等多类监管业务数据，监管业务数据入基础库 11 亿多条；此外，大数据中心面向上层应用系统提供了 73 张主题库表（各类监管业务维度数据），同时面向各地方各部门提供了企业名称和统一代码的查询等数据服务，通过大数据中心的建设，真正让监管业务数据服务于上层应用，服务于各地方各部门，为监管智慧化提供了强有力的数据支撑。

国家"互联网＋监管"系统建设了体系完备的应用系统，支撑监管全覆盖。建成执法监督系统、风险预警系统和决策支持系统三大系统，各个系统结构完整、相关相联、逻辑合理，既紧密贴合实际监管工作需要，又充分应用新技术为监管注入新动能。

第一，执法监督系统包含联合监管系统、效能评估评价系统、投诉举报系统以及通用执法检查模块。各个应用系统具体功能如下：

联合监管系统，提供跨地区、跨部门、跨层级的联合监管任务的汇聚服务、统计分析服务、联合监管任务效能管理服务和应用系统管理服务。是转变职能部门"单打独斗"的有效手段，是协调各单位顺利完成跨地区、跨部门、跨层级监管任务的恰当路径。

效能评估评价系统，以国家"互联网＋监管"系统大数据中心为依托，以动态的评估指标模型、大数据、可视化技术为保障，建立监管效能评估评价体系，以发挥"互联网＋监管"数据优势，实现对国务院有关部门和地方监管工作情况的监督，强化监管的"监管"，提升各地区各部门监管工作水平。

投诉举报系统，实现了投诉业务全流程闭环，通过在互联网建设统一的投诉入口，接收投诉信息，对信息进行登记、受理、处理、办结全程操作。汇聚和归集各地方各部门投诉数据，实施综合统计分析，为风险预警和领导决策提供数据支撑。畅通外部监督渠道，保障对投诉的回应、办理效率，使人民群众的满意度显著提升。

通用执法检查模块，是为部分监管业务较少、监管业务系统不健全的部委，提供通用执法检查功能模块。并基于"互联网＋监管"系统总体架构体系，构建联合监管、检查清单与权责管理、行政检查、行政处罚、行政强制、监管数据标准等功能模块。

第二，风险预警系统包含风险预警系统和信用监管系统。

风险预警系统，依托于国家"互联网＋监管"系统大数据中心，运用大数据分析手段，围绕涉及国计民生的重点领域、重点行业，通过对投诉数据、互联网舆情数据、第三方数据、地方和部门风险分析数据等深入分析，加强风险研判和预测预警，及早发现防范苗头性风险，特别是单个部门难以发现的跨行业跨区域风险。同时为辅助领导同志决策及地方和部门开展重点监管、联合监管提供数据服务支撑。

风险预警系统的典型风险模式，如：涉嫌非法集资、参与赌博、地下钱庄等，使用图匹配算法，能够发现符合已知模式的高危关联企业群体。通过企业风险分析，挖掘出高风险的个人和企业，并且映射到风险知识图谱中，即可获得一批种子黑节点。通过对这些黑节点进行综合分析，发现该类风险企业具有专业化、团伙化、隐蔽化等新特征。例如，近年来频繁"暴雷"的P2P金融事件，同一个实控人同时控制多家融资平台和投资平台，利用融资平台从普通投资者处获得资金，再利用投资平台转移资金从中获利。该行为已经涉嫌非法吸收公众存款罪。但由于实控人通过多层控股关系隐藏实际的企业控制行为，使得类似风险很难通过传统技术手段进行及时监控和预警。而应用风险预警系统的风险知识图谱对自然人和企业控制权、交易、设备上的复杂关联关系进行分析，就能够快速、准确地识别该类专业化、团伙化、隐蔽化的企业风险。

信用监管系统，运用企业数据和机器学习、人工智能技术，并结合专家经验形成信用分类评估模型体系，能够定期自动化地为全量企业进行信用分类，以描述某企业的信用状况，预测未来发生信用风险事件的概率。

第三，决策支持系统包括可视化展示系统、重点事件跟踪系统、综合分析系统和视频融合指挥系统。

可视化展示系统，在现有运行全貌屏、监管全景屏、风险全览屏、重点事件跟踪屏的基础上增加风险预警主题屏和大数据资产屏，为国家"互联网＋监管"系统建设可视化展示系统，实时呈现系统的运行情况，并能支持通过交互指令控制数字驾驶舱运转，为领导同志提供全局式的监管态势感知。

重点事件跟踪系统，面向各地区、各部门提供重点事件功能服务，通过制定重点事件指标体系，实现了对重点事件的详细演示，保障了对重点事件各个方面信息收集的有效性，为领导决策提供数据信息的支持。

综合分析系统，面向各地区、各部门提供监管信息功能服务，通过制定综合分析指标体系，实现了对监管信息的详细演示，保障了对监管各个方面信息收集的有效性，为领导决策提供数据信息的支持。

视频融合指挥系统，基于省部级监管单位的视频监管资源、物联网监管资源、远程大屏监管资源，实现在一个平台上非现场监管展示，有效发现防范苗头性和跨行业跨区域风险，同时具备向基层(市、县）延展能力。

截至 2019 年 11 月，监管事项目录清单动态管理系统共发布检查实施清单 177 万余条，为全国监管事项汇聚提供统一通道；监管效能评估评价系统建成包括 6 个一级指标、10 个二级指标、21 个三级指标的地方监管效能评估指标和模型，以及包括 4 个一级指标、8 个二级指标、18 个三级指标的国务院部门评估指标和模型，对国务院有关部门和地方监管工作情况进行监督，强化监管的"监管"；风险预警系统，围绕金融监管、市场监管、卫生健康等领域，构建 23 个风险预警模型并开展试运行，协助地方、部门及早识别风险点和企业违法违规线索；信用监管系统，从企业基本信息、经营行为、履约历史、监管信息和成长潜力五个维度收集并细化指标项，建立涵盖 20 个一级指标、50 个二级指标、107 个三级指标的指标体系。在国家"互联网＋监管"系统建设过程中，形成了完整、精细的标准规范体系，包括总体类、数据类、管理类、应用类、安全类共 5 类 19 项标准规范，以标准化促进国家"互联网＋监管"系统建设的规范化。

2019 年 9 月，国家"互联网＋监管"系统主体功能已基本建设完成，并于 10 月 16 日开始面向各省（自治区、直辖市）和国务院有关部门开展工作门户各应用系统的试运行工作。各地区各部门"互联网＋监管"系统建设方面，2019 年底，湖南"互联网＋监管"系统在全省上线试运行。该系统强化对各级各部门监管工作的监督，实现对监管的"监管"，并通过归集共享各类监管数据，及早发现防范苗头性和跨行业跨区域风险，完善事中事后监管，创新"双随机、一公开"等监管方式。截至 12 月 25 日，湖南省已通过数据共享交换平台向国家"互联网＋监管"系统推送各类数据达 2700 万余条，列全国第 5 位。省直 35 个单位及 14 个市州、123 个县市区分别开展本级监管事项目录清单梳理工作，通过国家、省"互联网＋监管"系统完成监管事项目录认领数达 94799 条，检查实施清单填报数达 79466 条，新增湖南地方目录审核数达 1253 条。2019 年 6 月，广西数字政务一体化平台"互联网＋监管"系统（贵港）试点运行正式启动，贵港市成为全国第一个正式启动"互联网＋监管"系统试运行的地级市。

此外，全国其他地区和国务院各部门的"互联网＋监管"系统也在逐步建设完善中，将全面实现监管工作的规范化、精准化、智能化。

案例：大数据监督探索政府治理体系新模式

沈阳市自 2017 年 8 月起，探索建立了集公示、监督、分析、决策、服务于一体的"正风肃纪大数据监督平台"（以下简称"平台"），依托"互联网＋大数据"技术，对权力运行的五大要素——资金、项目、物资、决策、权力（人）开展监督，并将监督工作与大数据深度融合，以高科技助力监督工作，探索实时监督、精准监督、全面监督，破解监督难题。

正风肃纪大数据监督平台包括备案平台、门户及业务平台、智能分析平台、云平台、信息安全平台等五大子平台，形成了完整的大数据监督体系。

1. 以数字化方式强化政府监督能力

平台以数字化的方式植入监督，将权力边界、工作流程标准化，部门权责以数字化形式体现，行权痕迹进行数字化存储，人为无法干预，有效控制行权过程中容易滋生的问题，堵塞监督管理中人力所不及的漏点，同时，通过数据比对实现对全市行权服务和管理的事前、事中实时监督。以工程建设招投标为例，平台可根据某工程项目建设的特点和要求，通过设置相应的参数，让暗箱操作的围标串标、转包分包等行为立即浮出水面，进行有效监管；在土地征收补偿方面，利用信息化手段导入各征收项目的基本信息和数据，将对被征收对象准确定位，真实再现征收前后的全景，形成征收项目大数据高分辨率动态地图，管住了虚增面积、无中生有、伪造被征收物骗取补偿款等问题。

在信息化大数据的帮助下，通过借鉴现实案例，在行权关键节点植入预警模块，实时预警，帮助干部"反腐抗癌"。以公车监管为例，以前纪检监察部门查处公车私用和私车公养问题，都依靠举报和抓现行，如今，通过公车 GPS 定位系统，所有公车具体出行轨迹都可以在大数据平台上一目了然，不仅如此，单位加油卡的使用信息是否与公车——对应等情况也可实时比对，轻而易举地杜绝了加油卡私用问题。

沈阳市政府要求市、县（区）两级政府职能部门明确"钱从哪里来、花到哪里去、干了什么事、有没有问题"，以确保数据源的安全、准确，压实主体责任。目前，沈阳的市民群众可以通过手机客户端和计算机登录平台，查询全市 13 个区县（市）和市直部门的所有资金、项目、政策依据、相关人员信息,对发现的问题一键举报;正风肃纪监督员可以通过"监督通"手机APP,将工作中发现的问题通过平台向纪检监察机关反馈。各级纪检监察机关和正风肃纪监督组对群众举报、监督员反馈的问题、平台分析发现的问题线索,及时调查处理,按时进行反馈,对相关职能部门办理的问题进行督查督办,实现群众、纪委监委和监管部门的实时互动和无缝对接。

2.以数字化方式优化政府治理体系

2019年7月起,沈阳市依托现有"正风肃纪大数据监督平台",选择发改、民政等六家单位为第一批试点单位,以数字化的方式精细梳理行权事项的流程、环节、权限,对项目、资金等方面的审批全流程进行标准化和量化,实现全流程再造,使经济运行更顺畅。

发改委作为经济综合职能部门,"国民经济大管家",是市委市政府重要的参谋部、规划部、协调部。但近几年,在对其巡察中,发现发改委在项目审批、资金监管等方面存在把关不严、监管不到位等问题。沈阳市纪委监委将市发改委作为全市完善监督体系推进治理体系建设第一批试点单位,坚持问题导向,以大数据监督平台进行数据比对发现的问题为基础,深挖原因,精准分析,查找出企业资质审核能力不足、项目虚假申报、资金"一拨了之"等九个方面问题。积极运用云计算、大数据等信息技术,建设"1+4+N"行权体系管理平台。即:建设1个集中统一数据库,将涉及发改委全部15亿元资金项目纳入其中;开发建设4个系统,分别为新兴产业资金管理系统、中央预算内资金管理系统、基本建设投资项目管理系统、电子政务项目管理系统;设立了包括对比、分析、监管、风险提示等若干个智慧化辅助模块,可以实现系统内全部项目比对分析、项目查重预警提示、项目监管提示等功能。平台预留了开放式接口，将逐步与招投标系统、信用信息系统、税务系统等进行对接，实现数据共享，提供更加完善的比对分析和智慧服务。

以数字化方式简化行权流程，可提升政府服务水平，体现以人为本，让百姓感受到办事方便、高效、便捷，真正感受到数字时代的来临，感受到政府服务更贴心。以某区县遗属补助办理申领为例，通过开发专项系统作为大数据监督平台的外延分支，对其流程进行数字化系统改造，百姓办理程序由原来的"一次咨询、三次核查、五地跑腿、八步办结"规范简化为"最多跑一次"。实现了"让数据多跑路，让群众少跑腿"，提升了老百姓舒适度和满意度。同时系统运用"大数据"分析比对，对办理过程进行事前、事中监督，未来还要将小专项系统进行复制，并与正风肃纪大数据监督平台联通，实现全流程监督。

以监督促进各部门不断细化完善自身数据资源，再将各部门数据进行统一汇聚管理，实现横向数据资源的互联互通，可大大提升政府服务效能。以沈阳市不动产登记办理事项为例，通过数据资源互联，实现了不动产登记与公安、市场监管、民政、房产、税务等部门信息共享，构建了信息化技术支撑的"一窗受理、并行办理"新模式。目前，沈阳市全部不动产登记事项可在5个工作日内办结；商品房登记业务实现全城通办；新的不动产统一登记平台上线运行，实现了不动产登记机构、登记簿册、登记依据和信息平台"四统一"。2020年，沈阳将全面深入推进"互联网＋不动产登记"的便民化服务措施，深化"一事一网一窗一次"改革。实施不动产登记、交易、缴税业务"一网办、一窗办、全城办"，4月底前将一般不动产登记事项压缩至3个工作日内办结，9月底前实现商品房办证和二手房买卖同城通办。

　　沈阳首创的正风肃纪平台，将纪检监察业务与现代信息技术深度融合，目前已涵盖沈阳全市13个区县（市）2332家单位的监督数据38亿条，其纳入资金总量达到2475.5亿元，形成以大数据监督平台为核心、以13个区县（市）分平台为延伸，以监督组、监督员为触角的立体式网络监督平台。将全市以往6600多个补贴资金名称统一整合为14个大类、544个小类的《沈阳正风肃纪监督补贴类资金目录清单》，实现每一笔资金的依据、来源、去向、发放全程可记录、可留痕、可追溯。整合各行各业大数据资源，汇聚行权信息的涓涓细流，用看不见摸不着的现代信息技术，科学建构起一条预防腐败、强化监察的万里长城和铜墙铁壁，真正为监督插上科技的翅膀。

　　未来，沈阳市将进一步挖掘好发挥好大数据监督平台的积极意义，扎实推进科技反腐、数据反腐和智能反腐，把监督牢牢挺在前面，以正风肃纪的实际成效切实增强人民群众的幸福感、获得感和安全感。

数字政府

第三章 数字政府激发经济发展新动能

一、推动优化营商环境

二、改进和强化市场监管

三、驱动制造业转型创新

当今世界正处于从工业经济向数字经济过渡的大变革时代。自20世纪90年代起，美国通过数字革命，创造了10多年的经济繁荣，欧洲、日本等地区和国家迅速跟进，产生了巨大的成效，数字化已成为当今全球发展最为强劲的驱动力之一。数字时代，我国经济社会正从高速增长阶段转向高质量发展阶段。数字政府是当前信息化架构下新型政府运行模式，作为数字中国体系的有机组成部分，它推动了信息化发展更好地服务经济社会发展，充分发挥了信息技术在优化营商环境、改进市场监管和激发市场活力方面的作用。通过深入推进"互联网＋"行动计划，全面深化"放管服"改革等措施，提高了各类市场主体的创新能力，为经济社会的协调发展提供了新动力，打造了新支撑和新引擎。

一、推动优化营商环境

营商环境一直被认为是一地乃至一国经济发展的重要软实力，对于招商引资以及经济发展的活力与质量都产生了重要的影响，在中国经济进入高质量发展阶段之后，其重要性愈加凸显。党的十九大和中央经济工作会议精神提出，改革创新体制机制，进一步优化营商环境，是建设现代化经济体系、促进高质量发展的重要基础，也是政府提供公共服务的重要内容。营商环境的优劣直接影响企业的设立和经营状况，并对其经济发展、财税收入、就业状况等产生重要影响。数字政府建设，通过打破政府部门"信息孤岛"，实现政府数据的汇聚、共享和应用，大幅提升了政府服务的效率，提供了经济发展的新动能，是优化营商环境的重要抓手。

世界银行自 2003 年起，通过测算开办企业、办理建筑许可、获得电力、登记财产、获得信贷、保护中小投资者、纳税、跨境贸易、执行合同、办理破产等 10 项指标及 45 个二级指标与最高分值的差距，每年发布《全球营商环境报告》，对全球 190 个经济体的营商环境评分排名。随着数字政府的建设和"放管服"改革的推行，中国营商环境优化效果显著。《全球营商环境报告 2020》显示，中国营商环境在全球排名第 31 位，较 2019 年的第 46 位提高了 15 位；从 2018 年的第 78 位，到 2019 年的第 46 位，提高了 32 位，中国营商环境排名连续两年大幅提升，近 6 年来，中国营商环境排名总计上升 65 位（见图 3.1），中国连续两年被世界银行评选为全球营商环境改善幅度最大的 10 个经济体之一。

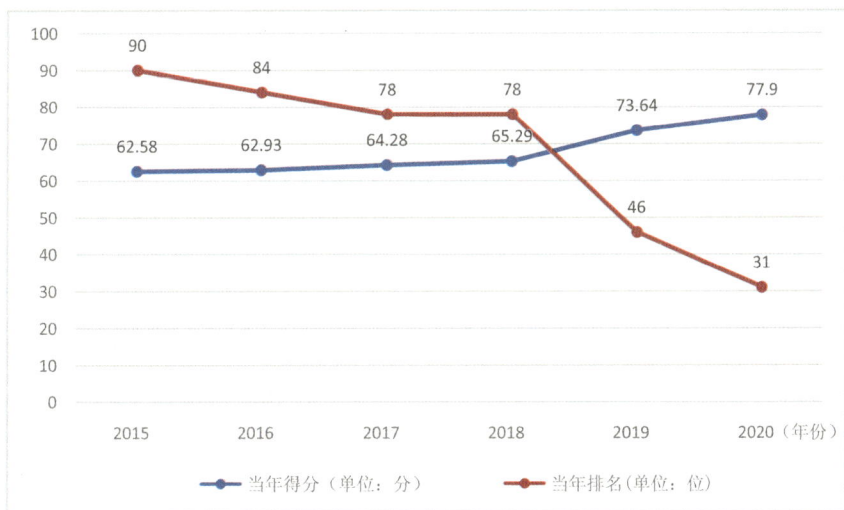

图 3.1　中国营商环境得分及排名变化曲线图

数据来源：《全球营商环境报告 2015—2020》。

《全球营商环境报告 2020》显示，我国得分为 77.9 分，9 个指标领域的改革举措获世界银行认定，8 项指标排名上升。其中，我国在建筑许可证办理流程中取得了显著改善，全球排名上升了88位，保护中小投资者排名提升36位，跨境贸易排名提升9位，排名的大幅提升意义重大，中国营商环境的持续优化，为市场主体投资兴业提供便利，也带来了中国市场更强的竞争力和吸引力。

表 3.1　中国营商环境指标领域得分、排名表

指标领域	2019 年得分	2020 年得分	上升得分	2019 年排名	2020 年排名	上升名次
整体	74.0	77.9	3.9	46	31	15
开办企业	93.4	94.1	0.7	28	27	1
办理建筑许可证	65.2	77.3	12.1	121	33	88
获得电力	92.0	95.4	3.4	14	12	2
登记财产	80.8	81.0	0.2	27	28	−1
获得信贷	60.0	60.0	0.0	73	80	−7
保护中小投资者	62.0	72.0	10.0	64	28	36
纳税	67.9	70.1	2.2	114	105	9
跨境贸易	83.4	86.5	3.1	65	56	9
执行合同	79.0	80.9	1.9	6	5	1
办理破产	55.8	62.1	6.3	61	51	10

数据来源：《全球营商环境报告 2019—2020》。

　　在影响营商环境的诸多因素中，开办企业、办理建筑许可证、登记财产等政府提供的服务占据了绝对的比重。政府作为公共服务和社会规则的提供者和制定者，是经济体最重要的一环，政府运行效率和成本的高低，直接决定着整个经济体效率和成本的高低。早年，国内政府的服务意识和服务效率一直是制约营商环境的短板，深受企业和

群众的诟病。党的十八大以来，新一届政府将"放管服"作为深化行政体制改革、切实转变政府职能的突破口，"放管服"改革作为政府管理经济社会方式的创新，驱动着政府从管理型政府向服务型政府的角色转变。

我国政府的数字化转型有多年政府信息化和电子政务建设的基础，数字政府需充分利用数据资源，实现公共服务便民化、经济决策智能化、工作协同平台化，推动社会经济质量发展，形成良性发展体系。随着数字政府建设的稳步推进，大数据、云计算、人工智能、区块链等新技术飞速发展，融入政府管理与服务的方方面面，政府信息化水平得到显著提高，政府部门积极利用前沿数字技术提升治理能力和促进经济发展，"最多跑一次""不见面审批""一网通办""指尖服务"等惠民利企的政府服务创新模式不断涌现，为企业提供了更好的生存和发展空间。

案例：北京打造"目录区块链"，进一步优化营商环境

2018 年北京大数据行动计划全面实施以来，北京市通过"上户口""立规矩""建闭环"等系列组合拳的运用，形成了一整套基于区块链、大数据的数据共享新格局、数据应用新机制和数据治理新秩序，为营商环境改革提供了有效的数据支撑和规则保障。借助区块链技术打造北京市"目录区块链"，破解数据共享应用难题，从而持续、健康、快速实现大数据对营商环境优化的支撑作用。

通过市委编办、市财政局、市经信局等部门协力攻关，严格依据部门职责确定部门数据责任，实现职责—目录—数据的强关联、严绑定，为数据、系统、应用上了"户口"，解决了数据缺位、越位的问题；同时，建立健全全市"三位一体"的目录体系，依托"目录区块链"将部门间的共享关系和流程上链锁定，建构起数据共享的新规则、

新秩序，共享单元下沉定位到"处室"，为共享、协同、整合立了"规矩"，解决了数据流转随意、业务协同无序等问题；最后，所有的数据共享、业务协同行为在"链"上共建共管，无数据的职责会被调整，未上链的系统将被关停，建立起了部门业务、数据、履职的全新"闭环"，解决了应用与数据脱节、技术与管理失控等问题。

北京市"目录区块链"促进了数据所有权与使用权分离，解决了政务数据共享交换中责权不清，机制不畅，信息泄密，不能、不敢、不愿随意共享等问题，促进了政务数据共享，提高了政务数据应用范围及流转效率。截至 2019 年 11 月中旬，目录链实现了北京市 50 余个委办局（市公安局、市税务局、市医保局等）上链，44000 余条数据项，8000 余个职责目录，1900 余套信息系统，2.7T 数据的共享，未来还会将 16 个区县的信息接入（已接入 3 家）。目录链成为领导的"驾驶舱"，同时通过可信数据共享实现"一网通办"，让"数据多跑路，老百姓少跑路"，为人民群众带来了极大的获得感。

"目录区块链"投入使用后，通过"链"上实时调用公安、民政等多个部门的户籍人口、社会组织等标准数据接口，推动不动产登记"一个环节、一天办结"，公众只需登录"北京市不动产登记领域网上服务平台"或者到不动产登记大厅就可以体验方便快捷的新流程。"12345"实现"接诉即办"，将"百姓吹哨""接诉即办"的后台数据在民众和政府之间、在部门和街乡之间形成"链接"，依职责完成打通，减少了以往人工派单流转过程中的推诿扯皮现象。

北京市在实现"马上办、网上办、就近办、一次办"的北京效率实践中，在兑现"有求必应、无事不扰"的北京服务过程中，"目录区块链"系统的身影无处不在，时刻彰显着北京的"大数据力量"。

2019 年 10 月 22 日，国务院总理李克强签署国务院第 722 号令，颁布《优化营商环境条例》，这是我国为进一步优化营商环境颁行的第一部专门行政法规，重点针对我国营商环境的突出短板和市场主体反映强烈的痛点难点堵点问题，对标国际先进水平，从完善体制机制的层面作出相应的规定，彰显了我国对进一步优化营商环境的意志和决心，体现了国家对保障各类市场主体平等、有序发展的高度重视，该条例自 2020 年 1 月 1 日起施行。2020 年，受新冠肺炎疫情等影响，企业困难凸显，2020 年 7 月 21 日，《国务院办公厅关于进一步优化营商环境更好服务市场主体的实施意见》（国办发〔2020〕24 号）的发布，提出了 6 方面 20 条举措，共 66 项具体的改革事项，进一步聚焦市场主体关切，加快打造市场化法治化国际化营商环境。可以预见，未来，中国的营商环境将持续改善，投资环境竞争力和吸引力会越来越强。

案例：南京市开启企业服务"范式变革"，打造营商环境样板城市

南京市是国家《"互联网＋政务服务"技术体系建设指南》起草编写单位之一，是政务服务事项标准化和政务服务便捷化国家专项试点城市。在《2020 年省级政府和重点城市网上政务服务能力调查评估报告》中，南京市位列重点城市第 2 名，其优异的成绩离不开多年以来在政务服务领域的持续创新和建设。

一流的营商环境呼唤一流的政务环境，为进一步优化企业等市场主体在市场经济活动中所涉及的体制机制性因素和条件，激发市场活力和社会创造力，2020 年 6 月 5 日，南京企业综合服务平台（以下简称"平台"）上线试运行。平台依托南京政务服务网，在现有"宁满意"工程的基础上，打造集"惠企政策、便企审批、利企服务、政企互动"于一体的"一站式"服务。平台汇聚了南京市各类为企服务创新成果，突出用户思维，注重用户体验，是践行市委市政府"四新"行动计划、深化"企业服务年"活动、夺取疫情防控和经济社会发展"双胜利"的又一创新举措。

1. 服务入口"一站式"呈现，涉企服务"一网打尽"

平台为在宁企业及投资者汇聚全市涉企政策、审批办事、综合服务及政企互动等内容，集成市、区（园区）功能板块以及各部门最新服务企业创新措施，为企业打造越来越完备的"集成式数字工具箱"。来宁投资企业无需到处打听，通过平台便可随时查询、办理所需的服务事项，在政务大厅设置的涉企审批综合窗口就能实现"一窗进出"，解决了企业跨市、区（园区）两级流转的问题和企业"多窗申报"反复跑的难题。

2. 办事手段"多样化"供给，政商关系"亲""清"透明

一是提供帮办代办服务，政商关系"零距离"。推行"代办制"、打造"受理前服务指导最优"是南京市委市政府进一步推进全市政务服务改革，优化服务效能，提升公共服务水平的一项重要举措。目前，全市、区（园区）设立代办服务中心15个，配有专（兼）职代办员600余名，构建了"二级机构、三级功能"代办服务网络，整合了全市代办队伍力量。投资建设代办服务围绕在宁企业投资建设项目申报审批的各环节，根据企业及投资者在平台内的服务需求与帮办申请，遵循自愿委托、免费代办、灵活定制、上下联动、依法合规、便捷高效的原则，为投资者提供政策咨询、申报指导、协调推进、帮办协办等专业服务。投资代办服务工作的开展，对提高项目审批时效，缩短项目建设周期，减轻企业办事负担具有重要的现实意义。

二是集成涉审中介服务，开启企业专属"服务中心"。平台对接南京市网上"中介超市"，遵循"开放、公平、公正、透明"的原则，针对涉企行政审批相关的中介服务事项，为项目单位和中介机构分别提供选取和承接中介服务的功能，实现涉审中介网上服务。企业可根据实际需要，在"中介超市"内发布中介服务需求，自主选取中介机构，助力营造公平、正义、便利的营商环境。目前，平台共入驻中介机构400余家，归集中介服务事项23项，已完成中介服务选取的项目近百个。

3. 办理过程"场景化"打磨，企业服务"一链通办"

平台围绕涉企办事全周期，将涉企事项归集识别后重新定义，大力推进涉企关联事项整合服务，打造丰富的企业服务"一件事"应用场景，将"办理一个事项"转变为"办成一件事"。目前，平台在"宁满意"工程"一链通"的基础上，上线企业开办、投资建设、不动产交易等多项"一件事"服务，解决了材料重复提交、办事来回跑、办证时间长等服务碎片化问题，目前，南京市企业开办办理时间从原来的12个工作日以上压缩至平均3个工作日以内，优化办事服务体验，重塑了办事效率和质量。

4. 专题服务"产品化"集成，惠企服务"全程闭环"

一是归集涉企服务政策，惠企政策"在线落地"。平台依托南京市"宁满意"工程"一栏通"改革成果，以政策专栏形式为企业汇聚各类政策专题，提供优惠政策发布、事项办理等服务，目前已开通"营商环境""创新名城""疫情政策发布""重大项目服务"等多个专栏。平台将根据政策分类与实时浏览量，主动向企业推送与之匹配的政策，并逐步搭建在线申报入口，做到政策事项可阅、可问、可办、可评，办事人"找得到、看得懂、办得快、可监督"。针对企业在查阅政策过程中产生的问题，平台还提供线上政策咨询服务，企业可通过政策咨询服务，向政策发布部门求助确认。

二是搭建政策兑现通道，惠企政策"快速兑现"。平台集中搭建政策兑现通道，供符合条件的企业在线申报。企业在查阅各部门发布的可兑现政策以及办理条件、申报时间、所需材料的基础上，可以通过平台进行在线兑现申报。目前，首批上线的政策兑现包括：科技创新券发放与兑现、南京市初创期科技企业经济发展贡献奖、高新技术企业培育奖励计划等。

三是打造综合搜索服务，对口内容"智能推送"。平台与南京政务服务网打通，提供涉企服务信息智能搜索功能。企业可随时通过关键字进行检索查阅，平台将审批事项、匹配政策、专栏专题等搜索结果集中反馈给企业。变原来定时、定点服务的人工窗口查询升级为随需、随行的24小时无休微型"政务网厅"，服务效率大大提升。

5. 政企互动"多渠道"畅通，企业需求"在线评价"

平台面向企业提供诉求处理、服务评价、综合调查等互动服务诉求，搭建了网上政企互动服务通道，依托全市"12345"热线、PC端、移动端、大厅窗口评价等多个渠道，提供涉企诉求处理服务；依托政务服务"好差评"机制，提供涉企审批综合评价服务，让涉企服务的实施时刻处于被检查、被反馈状态，以评促改、以评促优。针对涉企政策情况，不定期开展兑现落实、政策效果和满意度评估，为南京市进一步优化营商环境提供决策参考，助力营商环境长效提升机制建设。

6. 优化机制体制保障，为平台落地推广"保驾护航"

为确保服务和权力高效、规范行使，南京市融合政府侧需求，在优化组织机构、完善项目管理模式、统一运维、健全电子政务管理制定规范等方面进行机制体制保障。首先，明确了推进建设的体制机制，统筹协调、分工明确、工作有序，并建立了统一的平台管理和运营机构，推动技术融合、业务融合、数据融合，打通信息壁垒；其次，采用管运分离建设模式，进一步完善了项目综合绩效考评办法；再次，通过健全电子政务管理制定规范，明确了电子证照、电子印章、电子文件等在政务服务活动中的效力问题，并建立了相应的管理规范；最后，梳理形成了可量化、自动评价的监督考核指标，实施动态考核、公开发布，为推动建设工作提供有效抓手。

南京市通过企业综合服务平台的建设，从"一站式"服务入口、"多样化"服务供给、"一件事"服务通办、政策在线兑现、互动评价等环节，精细打磨涉企服务的"子场景"，构建了覆盖企业全生命周期的闭环服务体系。

平台的推出，更好地满足了企业的服务诉求，向企业提供了专属的信息和服务获取渠道，助力南京市建设有获得感的"数字政府"，为优化地区营商环境的赋能，为提升经济实力提供了强有力的服务支撑。

二、改进和强化市场监管

政府之于市场的监管，包含了监督和管理两个内涵。市场监管的本质是纠正市场失灵，让市场按照正确的方式运行。传统手段下，政府对于市场的监管无外乎资质准入、行政性检查等方式，但是随着数字经济诸多新模式的推行，市场主体的增长愈加呈现多元化、快速化，政府监管的客体从以往的线下实体企业，逐渐延伸到线上和线下交易结合的商业模式，市场监管的任务越来越重。传统的政府市场监管力量，受限于监管人员编制的增长速度，远远无法跟上市场主体增长速度，传统监管机制的"碎片化、割裂化、错位化"，已经难以适应市场瞬息万变的形势下对于市场监管的需要，难以确保市场秩序的有序运转。为了适应更加复杂的市场环境，推动市场经济体制的全面深化改革，必须重新审视政府的市场监管职能及其履行方式。

以大数据、云计算等为代表的新一轮科技革命和产业变革，促进了技术、资源、产业和市场的跨时空、跨领域融合，网络经济、分享经济、线上线下互动等新产业、新业态、新模式不断涌现，颠覆了许多传统的生产经营模式和消费模式，其带来的"财富"固然令人欣喜，但是与其相应的"陷阱"也无处不在。以网络购物为例，电子商务乘着互联网的东风迅猛发展，拓宽了产品的销售渠道，改变了人们的消费习惯，但是商品质量问题却凸显了出来。据国家市场监管总局在2019年"3·15"国际消费者权益日发布的最新数据显示，2018年全国市场监管部门共收到消费者投诉、举报、咨询1124.96万件，其中，网购投诉高速增长，全国市场监管部门共受理网络购物投诉168.2万件，同比增长126.2%，投诉问题主要为：虚假广告、假冒伪劣、质量不合格、经营者拒不履行合同约定等，平台的虚拟空间性，使得不良商家为获暴利不惜铤而走险。

网购问题仅仅是互联网时代市场监管难点的一个缩影。除此之外，还存在着诸如：盗版侵权、价格违法行为和食品药品安全等问题；企业的主体责任意识不强，消费者维权难的问题；市场竞争不充分与过度竞争并存，垄断现象与不正当竞争行为时有发生，尤其是行业垄断、地方保护、市场分割等比较突出的问题；市场信用体系不健全，信用意识淡薄，各种失信行为比较普遍的问题；行业协会、中介组织监督和约束作用发挥不足，公众监督缺乏，推进社会共治不足的问题；以及最为关键的政府职能转变不到位，市场监管体制机制不适应经济发展需要的问题；等等。这些问题影响着市场机制作用的发挥，影响着资源的优化配置，影响着我国经济的健康发展，对市场监管提出了新要求、新挑战。

市场监管部门面对的是全程全域、全生命周期的"大市场"，要实施的是量大面广、统一高效的"大监管"，要提供的是发展为先、质量至上的"大服务"。在服务和监管领域拓展时，就要求政府部门在工作方式和手段上进行更积极的创新，而这些都离不开数据和平台的强有力支撑。2018年8月，《国务院办公厅关于印发全国深化"放管服"改革转变政府职能电视电话会议重点任务分工方案的通知》（国办发〔2018〕79号）中提出了构建"互联网＋监管"的目标任务；2018年11月，《国务院办公厅关于加快"互联网＋监管"系统建设和对接工作的通知》（国办函〔2018〕73号）文件发布，明确2019

年9月底前，国家"互联网＋监管"系统与政务服务平台同步上线运行，国家及各地"互联网＋监管"的建设正式提上日程；2019年3月，《国务院办公厅电子政务办公室关于印发各省（自治区、直辖市）"互联网＋监管"系统建设方案要点的通知》（国办、电政函〔2019〕56号），明确了"11223"的基本建设内容。

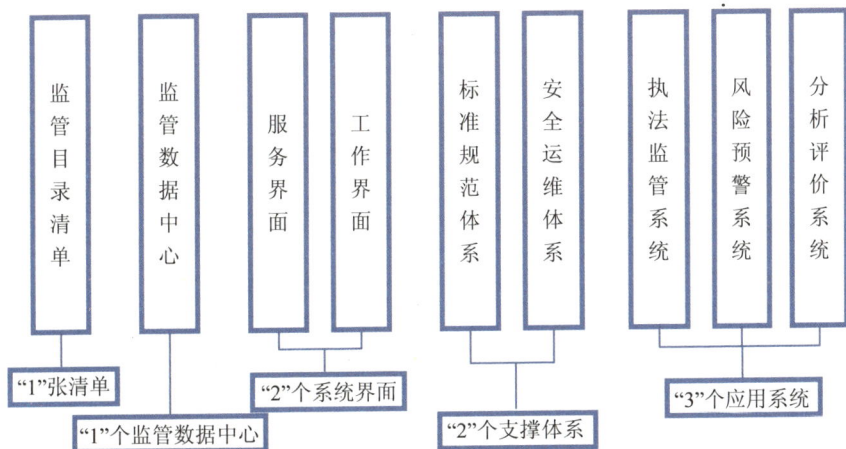

图3.2　各省（自治区、直辖市）"互联网＋监管"系统基本建设内容

数字政府的推进，对市场监管而言是战略机遇。用现代理念引领市场监管，用现代科技武装市场监管，用现代监管方式推进市场监管，发挥市场配置资源的决定性作用和更好发挥政府作用，力促实现市场监管精准化，营造公平竞争的市场环境。主要体现在以下几个方面。

（一）大数据助力精准市场监管

市场监管部门的核心竞争力离不开对数据资源管理、加工和运用的能力。通过对大数据进行渗透式、全景式运用，打通综合监管部门、行业监管部门的数据通道，实现各级部门市场监管信息互联互通，汇聚整合来自多渠道的市场主体准入、生产、行为等多维数据信息，促进数据有序采集、有效交集，使市场监管真正数据活起来，逐步形成市场主体景气指数、食品药品安全舆情等专题分析，对市场主体在经营过程中涉及的风险主动预警，全面提升监管风险预判和处置能力，同时，通过涉企信用信息的归集，建立健全企业信用监管机制，发挥企业信用监管的作用，强化企业责任意识，推动企业诚信经营，增强企业自我约束机制，发挥信用在经济运行中的基础性作用，促进社会信用体系建设。

⤴ 案例："灵鲲"平台，助力深圳打响金融安全战略保卫战

随着互联网和金融科技的高速发展，各种创新形态的金融产品和服务不断涌现并借助互联网快速传播。新兴金融机构数量多、涉众金融风险危害大，在形成普惠成效的同时也埋下了风险隐患。与众多地方金融监管所面临的问题一样，深圳市金融监管治理存在"三难"：早期预警难、穿透识别难、监管覆盖难。因此，深圳意识到，必须加强功能监管，更加重视行为监管，通过智能化科技手段，遵循穿透式理念，同时构建跨部门联合发现、预警、处置机制，才能有效主动地防控金融风险。为此，深圳市引入了金融安全产品——"灵鲲金融安全大数据平台"（以下简称"灵鲲"平台）。

"灵鲲"平台整合深圳市42个单位近500项行政资源数据，联合海量大数据，以及银行和非银行支付机构非法集资资金账户线索数据，有效地打破了信息壁垒。同时，根据深圳市金融监管的实际需求，针对新型网络化金融犯罪趋势，"灵鲲"平台充分利用大数据和金融"黑产"的技术积累，建立多维度的监测预警模型，实现对网络借贷、众筹、交易场所、外汇交易、虚拟币交易、大宗商品交易、期权交易、微交易、贵金属交易等十大重点领域，以及多种形式传销平台的精准预警，最后以风险指数的形式直观展现，努力实现非法金融

"早识别、早预警、早发现"。

针对金融风险排查，"灵鲲"平台通过建立线上线下、多方联动的金融风险预警处置协同机制，统筹督促各区（新区）建立"412"风险防控清单，从风险领域、区域、机构、高管等维度梳理重点风险源，提前做好事中防控、事后应对应急预案。此外，派出所、街道办运用"灵鲲"平台，将风险企业信息实时传送给街道民警、网格管理员，提高了金融风险网络化排查效率。

在"灵鲲"平台的支撑下，深圳市地方金融风险监测预警体系得到进一步完善，平台试运行期间，"灵鲲"已对深圳25万多家类金融企业做了初步分析，并对其中的11354家做了重点分析，识别出多家风险企业，市金融办已对其中有重大犯罪嫌疑的企业预警并移交处置。针对近期爆发的P2P网贷偿付危机，"灵鲲"平台及时预警一批高风险企业。通过交叉对比，提前预警发现线上传销平台"云集品"，该团伙以"共享经济""新销售"为幌子，骗取财物，严重扰乱经济社会秩序，涉嫌组织、领导传销活动犯罪，该案件已于2019年3月被深圳警方破获。通过账户资金异动线索分析，预警兆云数字资产（深圳）有限公司线下发行虚拟货币，1个月时间向社会公众融资8000多万元，目前该公司已被立案调查。

"灵鲲"平台也推动了监管部门的跨区域协同合作，实现多省市联动防控。2018年下半年以来，"灵鲲"平台已向上海、四川、福建等多个省市移交当地的风险企业线索60家，吸引北京、天津、河北等20多个省市交流学习，协助国家处非办分析风险企业20家。例如，发现江西某公司发布日化收益率超过2.3%的投资理财产品，用于境外项目投资，投资人数以每周超8%的比例增长，涉嫌非法集资和传销，深圳市政府迅速将风险线索移交属地部门处置，有效对潜在的金融风险进行了防范和控制。

（二）业务协同促进高效市场监管

在数字政府转型过程中，"双随机、一公开"监管机制的全面推行，提高了政府部门对企业监管的规范性、公正性和透明度。同时，社会治理模式正从部门单兵作战转向多部门协同管理和全社会协作治理，有了数据共享的基础，推动政府间的业务协同是必然的趋势。通过建立综合监管部门和行业监管部门联动的工作机制，有助于形成优势互补、分工协作、沟通顺畅、齐抓共管的监管格局。在部分综合执法领域，建立起部门协同、联合监管的工作机制，提高执法效能，建立政府部门的"随机联查"制度，发挥跨部门联合惩戒的作用，切实减轻分散检查对企业造成的负担。数字政府的建设，使跨行业、跨区域、跨层级的执法协作成为可能，为形成促进行业发展和统一市场协同发展的格局提供了先决条件。

另外，通畅的投诉举报渠道，降低了消费者的维权成本，有助于营造安全放心的市场消费环境；健全的商标品牌与知识产权保护体系，为营造公平有序的市场环境提供了可能。以上的种种措施，在数字政府带来的对于市场监管职能改造与重塑下，快速落地运用，进一步地激发了社会和市场活力，为建立准入宽松便捷、风险主动发现、执法跨界联动的多元共治市场监管体系保驾护航。

┏┛ 案例：安徽省住建厅：数字化转型提升住建市场监管效能

2017 年以来，安徽省住建厅开始以"住建工作开展到哪，信息化就要延伸到哪"为出发点，依托云计算、大数据、物联网等先进的信息化技术手段，将地理信息、互联网与住房城乡建设工作深度融合，按照数据资源是核心、GIS 地图服务是承载、业务板块是主体、信息门户是服务、云平台是基础的建设思路，总体对安徽省住建厅信息化建设进行"五个一"总体规划，即一个数据资源中心、一张 GIS 地图服务、一个业务工作平台、一个公共服务门户、一个私有云平台，全面提升住房城乡建设行业服务品质和科学治理能力。

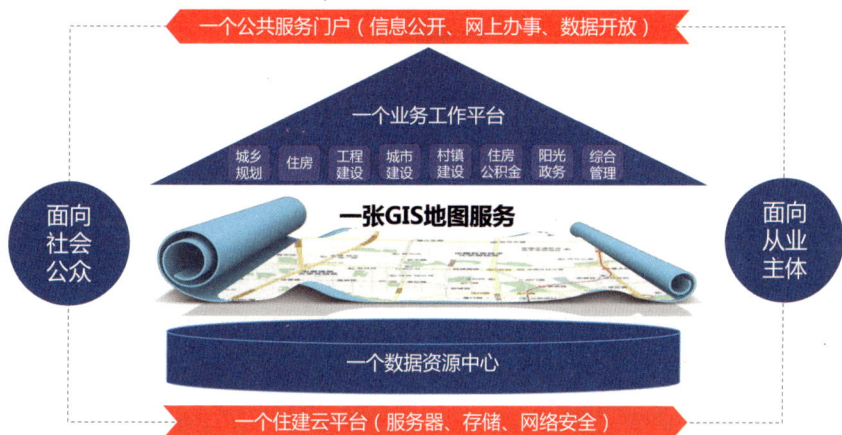

图 3.3　安徽省住建厅"五个一"总体规划

1. 夯实数据基础，提升服务效能

安徽省住建厅建设了私有云平台，并逐步推进住建厅各类业务上云，建立了安徽省住建行业大数据中心，通过归集整合各地行政管理产生的信息资源数据，以数据应用为导向，做到数据应采尽采、一数一源，纵向整合主管部门分散隔离的信息数据资源，横向打通职能部门之间"数据壁垒"，形成"条线内部门共享""平级跨部门共享""跨层级和跨区域共享"的信息资源共享共用的新格局。目前已归集数据共约 520 万条，项目数据 74099 条，从业企业数据 38534 条，从业人员 1402792 条，信用数据 23376 条，保障房 220 万多条数据，房地产 4 万多条数据，乡镇建设 50 多万条数据，建设规划信息 15 万多条数据，实名制 75 万条数据。

2. 深化技术运用，加速行业数字化转型

安徽省住建厅通过深化大数据、区块链、GIS 技术的运用，加速安徽省住建行业数字化转型。通过建设 GIS 地理信息系统，实现住房城乡建设行业空间数据在线可视化分析，并以 GIS 地理信息系统为载体，进一步完善安徽省住建行业八大业务板块应用（城乡规划、住房、工程建设、城市建设、村镇建设、住房公积金、阳光政务、综合管理）建设，以打造丰富的行业场景、满足各个部门日常业务所需为目标，重塑了业务流程。通过精简办事材料，推动网上业务办理模式的创新，并依托资源中心的实时数据，快速改变了以往各类信息数据重复录入、信息不联、信息不准的业务工作局面，实现各项业务在办理过程中需要其他相关系统提供信息。平台根据项目、企业、人员等关键信息，自动对所需业务数据进行在线调用、比对、核验，实现厅各业务处室与省直部门之间在业务协同办理、数据共建、共享、共监管上的整体联动，形成了互联互通、资源共享、协同联办、有效监管的业务信息化运行体系，极大提升了业务办理及市场监管效能。

图 3.4　安徽省住建厅综合管理平台总体架构

3. 数据综合运用，助力行业发展

在加强数据深入挖掘和应用方面，安徽省住建厅充分发挥大数据

在监督履职、技术反腐、改进行业治理方式中的作用，在信息资源分析决策中的应用，借助智能搜索引擎等先进技术、第三方服务机构的专业力量，逐步建立完备的舆情监测、分析、研判和处置工作机制，为政策制定提供有力的数据支撑。根据行业数据标准规范要求，综合运用大数据、区块链等先进技术提升行业数据采集的力度，为跨部门、跨区域、跨层级的业务协同、数据共享提供基础服务支持。探索建立"大住建"政务微博和微信矩阵，变"独唱"为"合唱"，汇聚正能量，打造住建系统新的发声渠道。开展行业信息化发展课题研究，以及空间地理信息在住房城乡建设行业应用课题研究，提升全省住房城乡建设行业信息化发展科学水平和行业治理能力，将安徽省住建行业信息化建设成果逐步向智能化服务、智慧型监管方面延伸，为全国政府管理部门数字化转型带来了成功的实践。

三、驱动制造业转型创新

当前，全球经济社会发展正面临着全新的挑战和机遇，上一轮科技革命的传统动能逐渐减弱，导致经济增长内生动力不足。随着国家层面大力倡导数字政府建设和"互联网＋"战略，为数字技术与传统制造业的深度融合创造了先决条件，以大数据、云计算、人工智能、物联网为代表的新技术，在实体经济各个领域快速渗透并且开花结果，新技术带来的泛在互联、全面感知、智能优化、安全可控，为制造业注入了新的活力，对行业的发展理念、生产工具、生产方式，甚至产业形态都带来了重大的变革。制造业是国民经济的主体，是立国之本、兴国之器、强国之基，是实体经济的骨架和支撑。制造业的数字化转型，将成为振兴国民经济、发展数字经济的主战场，其顺应了技术产业变革历史规律的客观需要，有利于促进实体经济的转型升级、培育经济增长新动能，更是推动我国经济高质量发展的重要举措。

（一）我国制造业数字化转型进展

加快制造业数字化转型是国家战略要求，是应对全球竞争的战略选择。《中国制造 2025》《机器人产业发展规划（2016—2020 年）》《国务院关于深化制造业与互联网融合发展的指导意见》《信息化和工业化融合发展规划（2016—2020 年）》《智能制造发展规划（2016—2020 年）》《高端智能再制造行动计划（2018—2020 年）》等文件的发布，表示了政府以新一代信息技术武装制造业，推进智能制造，促进产业转型升级，培育有中国特色的制造文化，实现制造业由大变强的决心。其中，《智能制造发展规划（2016—2020 年）》明确了我国制造业智能化转型的两大时间节点和十项重要任务。在这些政策的指引下，未来制造业的数字化转型将持续深化，发挥出我国制造业大国和互联网大国的优势，进而形成叠加效应、聚合效应、倍增效应[①]，开辟数字中国建设的新蓝海。

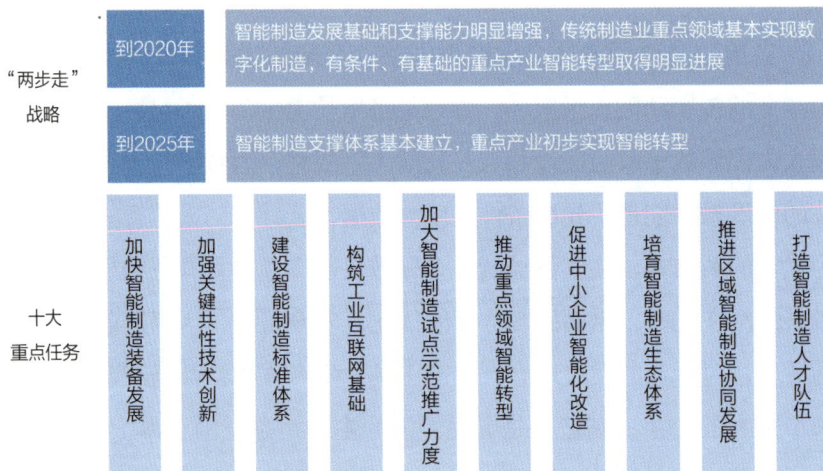

"两步走"战略		
到2020年	智能制造发展基础和支撑能力明显增强，传统制造业重点领域基本实现数字化制造，有条件、有基础的重点产业智能转型取得明显进展	
到2025年	智能制造支撑体系基本建立，重点产业初步实现智能转型	

十大重点任务
加快智能制造装备发展 · 加强关键共性技术创新 · 建设智能制造标准体系 · 构筑工业互联网基础 · 加大智能制造试点示范推广力度 · 推动重点领域智能转型 · 促进中小企业智能化改造 · 培育智能制造生态体系 · 推进区域智能制造协同发展 · 打造智能制造人才队伍

图 3.5 《智能制造发展规划（2016—2020 年）》战略及重点任务

---

① 《数字经济：中国创新增长新动能》：叠加是产业竞争优势的叠加，聚合是竞争优势叠加融合催生的化学反应，倍增是这种化学反应产生的放大的经济发展新动能。

从《中国制造信息化指数》可以看出我国制造业整体处于从工业2.0向工业3.0过渡的发展阶段。国际数据公司（IDC）发布的《2018中国企业数字化发展报告》显示，我国消费行业数字化程度相对较高，而制造业数字化程度较低，超50%的制造企业尚处于单点试验和局部推广阶段。近年来，我国信息化、工业化（以下简称"两化"）融合发展水平持续上升，如图3.6所示，根据《中国两化融合发展数据地图（2019)》显示，2019年全国两化融合发展水平达到了54.5，两化融合发展水平总体保持稳定增长态势。

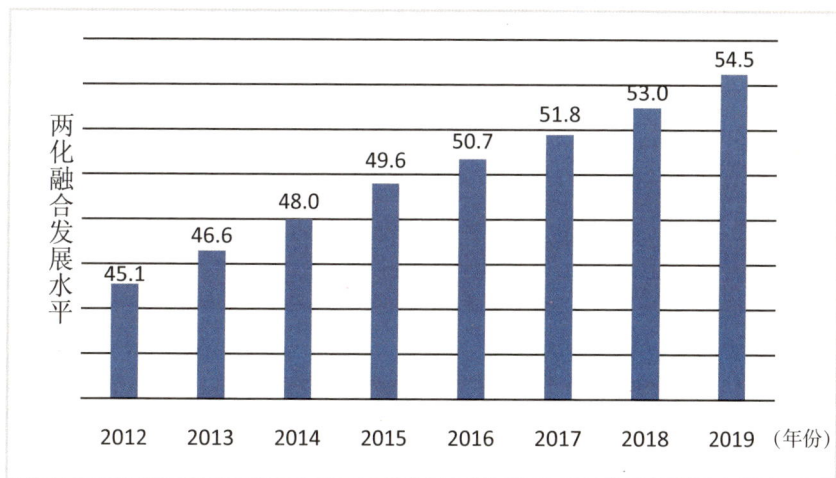

图3.6 2012—2019年全国两化融合发展水平演进情况

数据来源：工业和信息化部发布的历年《中国两化融合发展数据地图》。

从细分指标看，如表3.2所示，研发、制造、营销等环节的数字化指标值较高，集成互联指标、智能协同指标较低，说明制造业数字化改造进展较快，而网络化、智能化方面的数字化转型进展较慢。相对于制造业基础较好的发达国家来说，我国大部分制造业企业处于较低发展阶段，我国制造业的数字化转型，既包括尚处于工业1.0和工业2.0阶段的企业通过信息化（数字化）改造实现工业3.0，也包括少数已经达到工业3.0阶段的企业，将大数据、人工智能等技术深度应用于供应、制造、销售、服务等环节，实现工业4.0，进入网络化、智能化发展阶段。而美国、德国等发达国家，数字化水平较高，其数字化转型的重点是网络化、智能化，如德国发展工业4.0，美国推进工业互联网。

表3.2 全国两化融合发展全景图 (2018)

内容	指标	大型企业	中型企业	小微企业	总体水平
总体水平	总分	61.4	51.7	42.7	53.0
	基础建设	69.7	59.7	48.5	60.5
	单项应用	62.4	51.6	41.6	53.1
	综合集成	52.0	40.6	32.0	42.8
	协同与创新	44.7	36.4	32.6	38.7
发展阶段	起步建设	27.4%			
	单项覆盖	50.2%			
	集成提升	17.4%			
	创新突破	5.0%			
关键指标	信息化投入占比	0.23%	0.29%	0.26%	0.25%
	生产设备数字化率	50.5%	44.5%	35.3%	45.9%
	数字化研发涉及工具普及率	82.9%	74.8%	58.5%	67.4%
	关键工序数控化率	57.1%	45.3%	30.5%	48.4%
	关键业务环节全面信息化的企业比例	62.1%	53.6%	41.3%	45.8%
	应用电子商务的企业比例	67.8%	61.0%	53.1%	58.8%
	实现管控集成的企业比例	36.6%	25.9%	18.4%	20.4%

续表

内容	指标	大型企业	中型企业	小微企业	总体水平
关键指标	实现产销供集成的企业比例	47.9%	35.7%	20.5%	24.7%
	实现产业链协同的企业比例	13.1%	10.0%	7.2%	7.8%
新模式新业态	重点行业骨干企业"双创"平台普及率	75.1%			
	实现网络化协同的企业比例	33.7%			
	开展服务型制造的企业比例	24.7%			
	开展个性化定制的企业比例	7.6%			
	智能制造就绪率	7.0%			

数据来源:《中国两化融合发展数据地图（2018）》。

（二）制造业数字化转型的机遇

埃森哲的研究表明，"灵便组织、数据驱动、主动颠覆和数字化风险成为托起企业数字化的四大基石，带动企业快速成长"。随着数字技术与制造业的加速融合，正为传统制造业带来新的机遇。

1. 数字技术为制造业提供新动力

随着移动互联网、工业互联网、开源软硬件等新技术的广泛应用，面向大企业及中小企业的各类创新创业平台不断涌现，创新组织的小型化、分散化、逆向化已经成为不可忽视的趋势，传统的大企业主导的由供给向需求正在向以消费者为中心转变，带来了创新资源配置模式的改变，数字技术对于创新资源的优化配置不断地激发了制造业的创新活力，制造业的创新迭代速度正前所未有地加快。

2. 数字技术拓展制造业发展新空间

新一代数字技术与传统制造业的融合发展，极大地提升了劳动力、资本、土地、管理等生产要素的配置效率，增强了产业供给能力和水平，催生出一批以智能制造、新能源、新材料为代表的新兴产业，成为经济发展新热点和投资新方向；同时，作为支撑智能制造发展的工业互联网、工业云、物联网、智能机器人等关键软硬件设施，开辟了制造业发展的新领域，进而带动了信息基础设施建设；最后，随着互联网的普及，推动消费者形成了新的消费习惯，以智能穿戴、智能家居等为代表的新产品不断涌现，不断刺激新的信息产品和服务消费需求。数字技术的引入，无论是在经济增长，还是在产业投资、信息消费等层面，都为制造业发展开辟了新空间。

3. 数字技术催生制造业新模式、新业态

数字技术与制造业的深度融合，通过产品全生命周期管理、精准供应链管理、网络零售等方式，构建了产业价值链新体系，催生了诸多新模式、新业态和新产品。借助工业互联网平台，制造企业从单打独斗向产业协同转变，得以开展协同制造、众包设计和供应链协同，有效降低了资源获取和调配的成本。通过互联网平台获取用户需求，制造企业可以开展以用户为中心的个性定制和按需生产，满足市场的多样化需求。在此过程中，消费者的角色从原来被动地接收产品转变为参与生产制造全过程的产销者角色，大批量集中生产方式被分散化、个性化定制生产方式替代。

4. 数字技术重塑制造业国际竞争新格局

数字技术与制造业的加速融合，引发了基础设施、生产方式、竞争格局的变革。在智能制造生态系统中，互联网等新技术推动制造业过程中的人、机器、产品形成泛在高效的共同体，由多方参与协同攻关、制定标准、适配能力，这一共同体的运转决定了数字经济时代制造业的国际竞争格局。

案例：建设城市工业大脑，推动产业协同创新发展

2020年12月，银川市工业和信息化局与中国联通签署合作协议，打造银川市智慧工业大脑，发挥中国联通在数据中台、AI（人工智能）模型、大数据挖掘等领域的实践经验和技术优势，聚焦银川优势特色产业，以精准化服务企业为目标，构建50多个细分产业图谱，运用全量企业数据、3000万条专利数据、1.5亿条人才数据、规模以上企业智能诊断等海量数据，刻画产业/企业画像，把握重点企业/行业的发展趋势，分析预判企业、园区、产业未来发展方向、技术爆发点、关键变革性技术等，建立精准招商库，精准靶向施策，为银川抢占工业经济发展先机与制高点提供数智支撑。

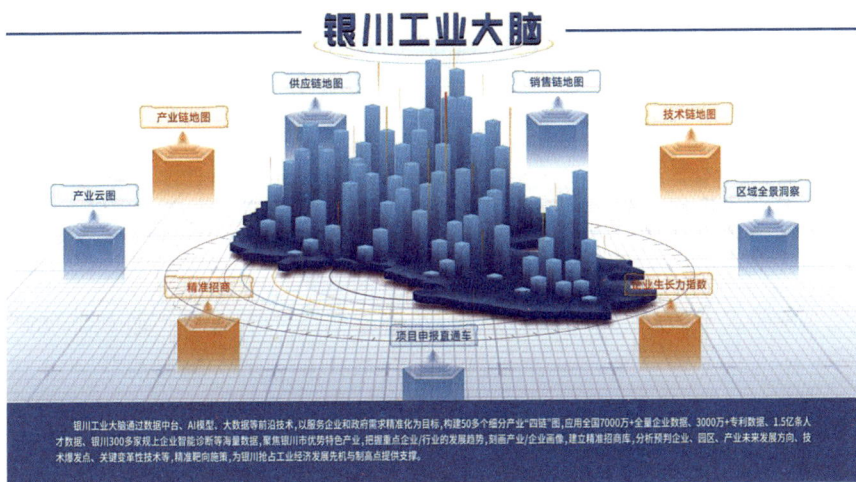

图 3.7　联通工业大脑

1.政府引导和赋能产业数字化，推动中国"智造"转型升级

《中共中央关于制定国民经济和社会发展第十四个五年规划和二〇三五年远景目标的建议》中明确提出，要发展战略性新兴产业，

推动互联网、大数据、人工智能等同各产业深度融合，提升产业链供应链现代化水平。银川市工信局深入贯彻习近平总书记视察宁夏重要讲话精神，以"揭榜挂帅"方式建设银川市工业互联网平台（工业大脑），明确揭榜攻关重点任务和预期目标，以智能化激发工业经济发展新动能，推动经济体系优化提升。

2.加快发展现代产业体系，以智能化激发工业经济发展新动能

银川市资源富集，产业聚集，目前已形成全球最大的单晶硅棒、硅片生产基地，国内最大的工业蓝宝石晶棒、半导体大硅片、石墨烯三元正极材料及导电浆料生产基地。联通公司因地制宜，着力打造区域工业经济"四链"保障体系，绘制重点产业的产业链、供应链、技术链和销售链图谱，形成战略性产业专题库。联通工业大脑平台筑牢 PaaS（平台即服务）基础，推进"5G+数字化工厂"、供需对接和协同制造，通过"智能算法＋模型"，提升地方政府对工业经济的可视化、可预测、可管控的智能管理和政府决策水平。

产业链地图。挖掘并形成国内外市场主体全景动态数据库，梳理产业链招商图谱、产业投资地区和重点企业名单及画像信息，能够提供产业链全景图、产业链现状图、产业专题库三大功能，将产业分析需求标准化处理，支持对产业图谱进行标注和分析，辅助解决产业招商定位不准、目标不清等问题。

供应链地图。围绕供应商、服务商，找准本市重点产业上下游配套资源，形成本地工业产业供应链地图。提供企业与第三方服务机构的服务撮合对接功能，强化市域供应链保障机制。

技术链地图。结合本地重点产业布局情况，在技术层面收集相关企业的全量知识产权信息，形成技术库。分析预判企业、园区、产业未来发展方向、技术爆发点、关键变革性技术等。

销售链地图。根据本地区的工业产业分布及归类，找准各类企业的销售路径。通过产业电商，建立销售链地图，拓宽企业销售渠道。

3. 发挥工业大脑价值，助力企业高质量发展

联通工业大脑平台借助"精准化、快捷化、全面化、稳定化"的产业数据库，找准银川市重点产业上下游配套资源，协助企业之间线上完成供需交易。通过联通自主知识产权的企业生长力评级体系，构建企业"一站式""项目申报直通车"，大幅节约了企业和政府的人力资源和时间成本。通过实施企业智能诊断，用数据为区域产业"造影"，动态监测区域经济发展的脉动，挖掘经济发展新引擎、新动能，为政府部门工作提供科学有效的决策依据，服务区域经济高质量发展。

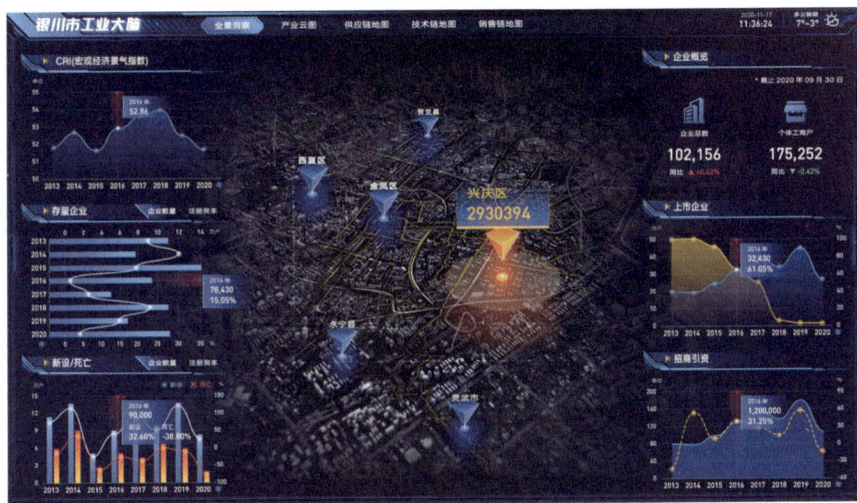

图 3.8 联通工业大脑——区域全景洞察

区域全景洞察。建立 CRI（经济景气指数）模型，绘制存量企业、

新设企业、死亡企业的数量和注册资本变化趋势，提供企业概览、上市企业及招商引资情况，对区域经济发展态势实时监测。

产业云图。以区域全景为基底，以工业产业为纵深，剖析产业门类，分析产业结构、产业布局，开展产业统计分析，呈现产业发展态势。提供加工制造业、战略新兴产业等产业报告，对银川产业布局提供分析研判工具。

产业精准招商。结合本区域产业特点，提供招商辅助服务，支持优企挖掘、企业画像、关联图谱、信用报告、名单管理、企业监控等功能。

企业生长力指数。以国内外关于企业竞争力和经营发展能力评估等理论与方法为基础，结合机器学习等大数据前沿技术，基于本区域内产业、企业、社会环境等海量数据，构建企业生长力指标体系，形成7大维度136个子指标，力求全面、客观、准确地反映企业在成长过程中的变化特点。

项目申报直通车。服务区域企业，实现一键线上申报，提供了企业服务前台、政策查询、企业信息维护、政策申报、政策发布、政策审核申请等功能，节约政策申报过程中企业和政府人力资源和时间成本。

当前，在疫情防控常态化、全球经济形势日益复杂的背景下，我国已有多省市探索产业经济治理实践的新手段，例如浙江、广东等地提出实施"链长制"，由政府领导"挂帅"，针对地方经济发展的主导或特色产业，以"补链""强链"为目标，以"链主企业"为核心，构建自主可控、安全可靠的全产业链生态。联通工业大脑打造了产业四链保障和政企互动生态，面向政府提供产业发展转型的服务抓手，面向企业提供一企一案的智能服务，是助力发展区域战略性新兴产业、提升产业链供应链现代化水平的有益实践。各地政府在谋划产业转型升级战略时，也应紧密结合问题导向，精准施策，走出真正的

"新路子"，释放更大创新效能。

（三）制造业数字化转型仍面临的挑战与对策

与世界发达国家先工业化、后信息化的发展进程不同，我国在工业化还未完成的时候，就迎来了信息化发展的浪潮，面临着实现工业化和加快信息化的双重使命。这给推进制造业数字化转型带来了挑战。

1. 缺乏权威数据标准

制造企业在日常的经营过程中，每天都会产生和使用大量的数据，这些数据包括了企业经营管理数据、设备运行数据、外部市场数据等。但是，由于工业设备种类繁多、应用场景复杂、所遵循的协议各不相同，导致产生的数据格式差异大、难兼容，最终出现很多业务"数据孤岛"，导致垂直分割，阻碍集成应用的实现。虽然在全国信息技术标准化技术委员会、智能制造综合标准化工作组等多个从事制造业标准研发的机构的努力下，制定了《国家智能制造标准体系建设指南》《工业互联网平台标准体系框架（版本1.0）》等技术标准，但是由于具体标准的研制和推广工作才刚启动，市场接受度不高。

2. 关键技术受制于人

我国制造业存在着大而不强的特点，自主创新能力相对薄弱，关键工业软件、底层操作系统、嵌入式芯片、开发工具等技术领域基本都需要从国外引进，我国能够生产的工业传感器与控制产品大多集中在低端市场；控制系统、平台数据采集开发工具等领域的专利多为外围应用类，缺少核心专利。同时，跨区域、跨领域的政产学研协同能力不足，以企业为主体的制造业创新体系尚不健全，技术有效供给不足，供给质量不高，许多科技成果难以直接用于生产。此外，虽然我国信息基础设施供给能力显著增强，但发展不平衡矛盾依然突出。

3. 缺乏数据开放与共享

随着数字经济发展，企业的日常经营越来越依赖于外部的数据，其中包括：产业链上下游企业信息、政府监管信息、公民需求信息等，企业通过收集这些数据，进行分析利用，从而能够更好地指导企业下一步的发展方向。但是这一切的前提是这些数据能够很方便地被获取，而目前，政府、事业单位等管理部门的数据仍处于内部整合阶段，对社会公开的内容非常有限，数据的质量无法保证，并且大部分地区仍未制定配套的数据共享规范；在社会数据方面，对于社会数据如何采集并加以利用也缺乏具体的规范，企业过度采集和开发社会数据价值还会涉及侵犯隐私等问题。互联网时代，在数据的利用上，各种信息窃取、篡改而导致的数据安全问题，单纯依靠技术难以保障，数据安全问题也是在制造业数字化转型过程中不容忽视的重要内容。

4. 缺乏高端复合型人才

制造业的数字化转型，需要将数字技术引入到制造业的各个环节，对兼具互联网技术又了解行业专业知识的复合型人才提出了很高的要求，具有极高的技术门槛。传统工业企业缺少精通云计算、大数据、物联网、人工智能等新一代信息技术的人才，而互联网企业对于制造业生产的流程、专业知识也知之甚少，单纯依靠数字技术，而忽视工业属性，融合应用的难度大大增加，只有把数字技术和人员、生产设备和制造场景等紧密联结起来，以现实需求为统领，支撑更加高效的业务活动，数字化转型才具有生命力。所以，高端复合型人才的缺乏掣肘着我国制造业的数字化转型。

以上的种种挑战，都不同程度地拖慢了我国制造业数字化转型的进程，之所以称之为挑战，是因为这些问题的解决都不是一蹴而就的，需要政府、企业乃至消费者的共同努力。

第一，政策扶持层面。通过出台技改贷款贴息、搬迁补助、加速折旧、产业引导基金投资等支持鼓励政策，推动制造业数字化转型；引导中小企业通过"上云"提升数字化水平；培育工业互联网平台试点，发挥示范作用，鼓励、支持优势企业提高工业互联网应用水平。

第二，核心技术层面。加大对通信、网络、人工智能、核心器件等领域的技术研发资助力度，加强底层操作系统、嵌入式芯片、人机交互、工业大数据、工业传感器等核心技术攻关。建立健全政产学研互动机制，完善政府采购制度，从需求侧拉动技术发展，增加企业牵头的科研项目数量，帮助新技术、新产品进入市场。

第三，企业认知层面。需要增强制造企业的内生能力。树立数字化转型意识，夯实数字化转型基础和条件，制定数字化转型战略，培育推广智能化生产、网络化协同、个性化定制、服务化延伸等新模式新业态，加快创新生产方式、组织形式和商业范式，实现数字化转型能力的跨层提升。

第四，人才培养层面。长期以来，我国制造业企业以注重培养专业化人才为主，导致数字化转型中的复合型人才十分短缺，现阶段必须着重培养既了解制造业技术、业务和流程，又能够掌握和应用数字技术的复合型人才，提升数字化转型有力的人力资本支撑。

第五，数据共享层面。随着制造业进入全面数字化转型阶段，融合发展将成为常态，出现产业融合化、组织平台化、标准通用化等一系列数字化转型新特征，因此必须加强解决方案、平台组织和标准协议等方面的支撑能力，促进工业数据标准制定与应用，促进数据的开放共享。引导行业组织、企业研究制定工业数据的行业标准、团体标准、企业标准。同时，提升制造企业多层次、多样化工业现场的互联互通互操作，为提升转型集成能力夯实基础。

第六，数据安全层面。强化工业数据和个人信息保护，明确数据在使用、流通过程中的提供者和使用者的安全保护责任与义务。加强数据安全检查、监督执法力度，提升威慑力。打击不正当竞争和违法行为，引导、推动行业协会等社会组织加强自律。

数字政府

第四章　数字政府提高公共服务新水平

公共服务有广义和狭义之分，本章讨论的公共服务主要在狭义范畴，即使用了公共权力或公共资源，满足公民生活、生存与发展的某种直接需求的服务，涵盖了就业服务、社会保障、医疗卫生、教育科技、体育文化等领域。数字政府是政府适应数字化发展的治理新形态，涵盖了数字化公共服务体系建设，通过一体化数字基础设施的集约化建设，支撑公共服务体系数字化再造；通过营商环境的优化，创建优良的公共服务多元供给格局。数字政府建设有利于公共服务转型升级，促进公共资源优化配置，推动信息化创新成果与公共服务深度融合，助力实现基本公共服务均等化、普惠化、便捷化。

一、夯实数字化公共服务基础

公共服务是政府的基本职能，新时代中国公共服务模式的典型特征是"基本公共服务均等化"。本节在分析公共服务的内涵和服务模式发展沿革基础上，结合国家对政府职能和数字政府治理目标、架构，阐明了数字政府和公共服务的关系，即数字政府助力构建良好的公共服务供给环境，提供一体化 ICT 基础设施，为公共服务效率的持续提升夯实了数字化基础。

（一）公共服务的内涵和我国模式选择

公共服务的内涵分为广义和狭义。公共服务是政府的基本职能，服务内容、形式、模式的转变与国家经济发展水平和意识形态密切相关，其服务模式的演变具体体现在价值取向、组织结构、供给方式、技术手段等各方面。

1. 公共服务的内涵和分类

广义公共服务的范畴大致等同于政府职能。狭义的公共服务是指国家权力介入或使用公共资源，满足公民生活、生存与发展的某种直接需求，能使公民受益或享受。公共服务可分为基础公共服务、经济公共服务、公共安全服务、社会公共服务。基础公共服务是为公民及其组织提供从事生产生活活动需要的基础性服务，如提供水、电、气，交通与通信基础设施，邮电与气象服务等。经济公共服务是为公民及其组织即企业从事经济发展活动所提供的各种服务，如科技推广、咨询服务以及政策性信贷等。公共安全服务是为公民提供的安全服务，如军队、警察和消防等方面的服务。社会公共服务则是指为满足公民的社会发展活动的直接需要所提供的服务，如公办教育、公办医疗、公办社会福利等。

2. 我国公共服务发展沿革

新中国成立初期，公共服务强调满足普遍偏低的低层次的公平。改革开放以后，公共服务中政府与市场的社会职责定位开始逐步分离，中央政府也逐步将公共服务供给决策权分解到各级地方政府。21世纪初开始，在长期经济社会压力积聚推动作用下，公共服务模式再次转型。2003年，党的十六届三中全会提出加强政府社会管理和公共服务职能，"公共服务"开始逐步成为中国各级政府议事日程的关键词。2006年，党的十六届六中全会把逐步实现基本公共服务均等化作为建设社会主义和谐社会的重要目标和基本任务。2007年，党的十七大把建设服务型政府和完善公共服务体系作为建设中国特色社会主义民主政治的重要组成部分，最终确立了新时期中国公共服务模式发展的新方向。"基本公共服务均等化"是这一时期基本目标：全体公民都能公平地获得大致均等的基本公共服务，核心是促进机会均等，重点是保障人民群众得到基本公共服务的机会，而不是简单的平均化。

（二）数字政府与公共服务的关系

数字政府是在电子政务建设量变积累基础上，在信息化技术高速发展和直接驱动下，政府利用信息技术，通过内部履职活动的数字化，为民众、市场、社会组织等提供整体协同、智能高效的服务，是政府适应社会数字化发展的治理新形态，也是破除条块分隔，向整体政府转型的推进方式与实施路径。

党的十九届四中全会提出："完善政府经济调节、市场监管、社会管理、公共服务、生态环境保护等职能。明确完善公共服务体系，推进基本公共服务均等化、可及性。建立健全运用互联网、大数据、人工智能等技术手段进行行政管理的制度规则。推进数字政府建设，加强数据有序共享。"以上表述延伸出数字政府与公共服务的关系，即数字政府通过政府内外部履职的数字化转型，为公共服务提供一体化数字化基础设施，优化多元化公共服务供给环境，构建综合数字化的公共服务体系，创新各种数字化应用，以实现整体政府下的无缝公共服务的供给目标。

（三）数字政府为公共服务数字化提供集约化基础设施

数字政府信息化架构设计与数字政府的职能设定相适配。为公共服务信息化发展提供统一的数字基础设施和数据资产管理配套体系。采用分层设计，遵循系统工程理念，构建上接国家、下联市县、横向到边、纵向到底全覆盖的ICT基础设施体系，持续开展应用系统建设和数据治理，支撑包含公共服务在内的数字政府业务体系的整体运行，实现应用系统、应用支撑、数据服务、基础设施、安全、标准、运行等体系的集约化和一体化建设运营。

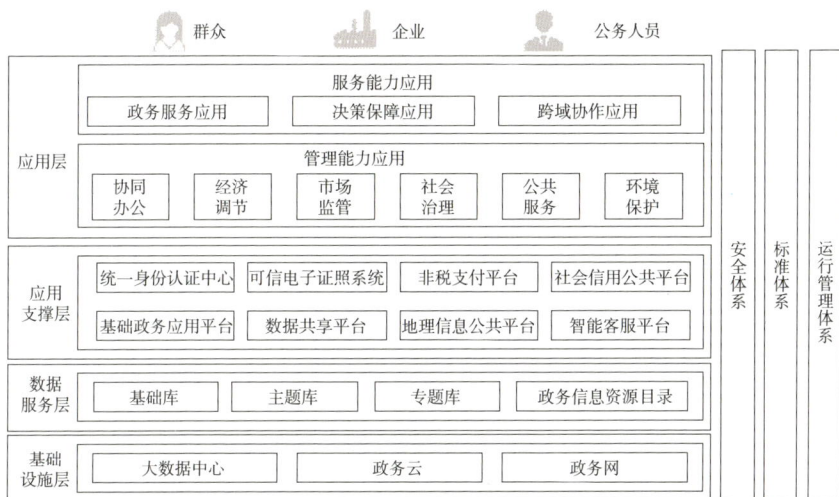

图 4.1 数字化基础设施对应用层的支撑

1. 应用层

对应政府基本职能设定，分为服务能力应用和管理能力应用。服务能力应用包括政务服务应用、决策保障应用、跨域协作应用，管理能力应用包括协同办公、经济调节、市场监管、社会治理、公共服务、环境保护等。

2. 应用支撑层

为各类应用提供支撑的平台。典型支撑平台包括：

统一身份认证中心。接入、整合多种认证方式和认证源，实现全省统一的身份认证核验，做到全省一号通用。

可信电子证照系统。提供电子证照发证、用证、电子印章认证、身份认证、数字签名认证和信息加解密等服务，解决办事过程中证照多次重复提交、证照文件验证等问题。

非税支付平台。提供统一的网上非税支付渠道，支撑非税业务网上缴费，实现随时随地便捷支付。

社会信用公共平台。实现全省社会信用信息互联互通及跨部门、跨行业、跨区域的记录、整合和应用，为信用公示、信用红黑名单管理等信用业务与服务提供支撑，形成社会共同参与的社会信用信息联动机制。

移动政务应用平台。为行政办公移动化提供支撑，让公务人员可在移动端处理办公和协同审批等事务。

数据共享平台。在全省大数据中心的基础上实现数据的交换、共享，建立政务信息资源共享目录，支撑政务数据资源实现跨层级、跨区域、跨部门的共享交换和协同应用。

地理信息公共平台。基于数据共享平台支撑全省统一的省、市、县多级地理信息服务体系，为全省各级部门、社会公众提供地理信息数据的共享与服务，为城市公共管理、应急处理、公共服务以及科学决策等提供"一张电子地图"的地理信息数据。

智能客服平台。实现统一的业务管理和绩效考核，为政务服务应用提供预约、客服（咨询和服务评价）、物流等运营支撑能力，包括政务服务预约、业务咨询、用户评价、投诉处理等功能。

除上述八大应用支撑平台外，还包括 API 网关、服务总线等各种应用支撑服务。

3. 数据服务层

构建大数据中心，包括各部门的专业应用系统相关的基础信息库，在基础信息库之上建设的主题库，面向业务建立的专题库，以及政务信息资源目录、元数据管理等数据服务内容。

4. 基础设施层

大数据中心。汇聚各部门数据、地市数据、行业数据，形成政务大数据资源池，实现数据资源开放利用，通过数据治理提升数据质量和价值、加强数据管理。

政务云。建立数字政府云平台统一框架和标准规范体系，提供信息化的基础支撑能力，为各类业务应用提供安全、稳定、可靠、按需使用、弹性伸缩的云计算资源能力。

政务网。建成省、市、县、镇、村五级全覆盖的统一电子政务外网，对接整合各部门业务专网，实现统一、高速、稳定、安全、弹性的网络通信环境。

5. 安全体系

从管理机制、保障策略、技术支撑等方面构建全方位、多层次、一致性的安全防护体系，加强数据安全保护，切实保障数字政府信息基础设施、平台和公共服务应用系统平稳高效安全运行。

6. 标准体系

建设数字政府标准规范体系，指导开展政务信息化规范建设运营，实现标准统一、互联互通、数据共享、业务协同。

7. 运行管理体系

完善对信息基础设施、平台和应用系统运行维护以及相关的服务流程管理、维护服务评价，加强系统建设和应用的绩效考核、投资效益评估、运营改善等，形成分级管理、责任明确、保障有力的数字政府运行管理体系。

（四）数字政府为公共服务供给提供优化营商环境

数字政府改革建设是优化公共服务营商环境的着力点和突破口，有利于处理好政府和市场的关系，使市场在公共服务资源配置中起决定性作用。持续改善投资和市场环境，进一步激发公共服务市场主体活力，降低市场运行成本，营造稳定、公平、透明、可预期的营商环境，促进公共服务供给的优质高效和多元化发展。

1. 推动公共服务投资及建设项目领域营商环境优化

一是建立完善的投资建设项目管理系统。在国家和地方现有信息平台基础上，整合形成"横向到边、纵向到底"的工程建设项目审批管理系统，覆盖各部门和市、县、区、乡镇（街道）各层级。地方工程建设项目审批管理系统要具备"多规合一"业务协同、在线并联审批、统计分析、监督管理等功能，在"一张蓝图"基础上开展审批，实现统一受理、并联审批、实时流转、跟踪督办。加快推进各级工程建设项目审批管理系统与一体化在线政务服务平台、网上中介服务超市、投资项目在线审批监管平台等相关系统平台的互联互通。实现统一审批流程，统一信息数据平台，统一审批管理体系，统一监管方式。

二是破除公共服务项目招投标隐性壁垒。推动公共服务招投标相关数据在公共资源交易平台、数据共享交换平台、电子证照库、统一认证平台、法人库之间的按需高效流转。实现国家、省、市公共资源交易平台互联互通，提升电子招投标比例。持续推进"一门式、一网式"政务服务创新。

三是相关企业高效获取公共资源。全面推进供水、供电、供气服务进驻政务服务中心，实行"一站式"服务。政府侧和企业侧共同制定数据和流程对接规范，实现企业侧营销系统、政府侧建设项目审批管理平台、认证平台等的对接和接口改造。加快推送水电气包装流程再造，压缩材料简化流程。支撑政府侧重新梳理获取水、电、气涉及的政府侧审批事项，并对事项进行标准化、流程重构，压缩办理时间。

2. 数字政府支撑公共服务企业商事制度改革

一是推行商事登记全程电子化和智能化。全面实施行政审批"网上申请、网上受理、网上审核、网上发证"，推进部门间信息共享互认，推动全程电子化商事登记区域、业务、市场主体全覆盖，更大力度推广电子营业执照等涉企电子证照应用。建设商事登记智能申报系统和智能审批系统，使自然人投资者可进行智能申报、智能审批、自助打照。推行"人工智能＋自助终端"申报、签名、审核、发照、公示、归档全流程电子化，实现商事登记"免预约""零见面""全天候""无纸化""高效率"办理。在行政服务中心实体大厅设立线上线下互动服务平台，大力推行手机端、PC 端、一体机的智能审批应用，使符合智能审批条件的商事主体全部通过智能审批申办路径。

二是助力多证合一和证照分离。数字政府通过一体化网上政务服务平台建设，一方面从全面梳理整合各类涉企证照事项入手，通过减少证照数量，从根本上推动涉企证照事项的削减；另一方面推进各类涉企证照事项线上并联审批，优化线上、线下办事流程，实现"一网通办、一窗核发"，压缩企业进入市场前后的各类涉企证照事项。在此基础上，通过多证合一平台梳理归集，实现市场主体基础信息、相关信用信息、违法违规信息归集共享和业务协同；整合各相关主管部门证照分离的工作方案，统筹推进"证照分离"和"多证合一"改革，通过取消、备案、告知承诺等多种方式实现"证照分离"工作落地。

三是推动监管模式转型升级。深入推进"互联网＋监管"。基于国家和地方"互联网＋监管"系统，联通汇聚全国信用信息共享平台、企业信用信息公示系统等重要监管平台数据，以及各级政府部门、社会投诉举报、第三方平台等数据，形成全面覆盖各地区各部门、各类市场主体的信用信息"一张网"。推行以远程监管、移动监管为特征的非现场监管，通过物联网、视联网等监管方式实现监管规范化、精准化、智能化。运用大数据、人工智能等技术，加强对风险的跟踪，及早发现防范苗头性和跨行业跨区域风险。大力推进信用监管信息公开公示，做到"应公开、尽公开"，加强信用信息安全基础设施和安全防护能力建设，确保信用信息安全。

四是推动丰富的利企服务。电子证照应用。大力推动电子营业执照在移动端的应用，解决在刻章、开户、办税、招投标等领域企业身份认证及电子签名问题。优化人才服务。建设优化人才工作综合管理平台，推动重大人才工程项目纳入平台统一办理。建设人才服务专区，实现人才服务事项一门受理、一网办理、一站服务。优化科技创新业务综合管理。通过信息系统整合和数据共享，实现科技金融服务、科技项目审批等业务的全流程、一体化管理。推进涉企政策在线服务。建立跨部门涉企政策"一站式"网上发布和综合服务平台，实现政策不用找——精准推送、看得懂——有解读、可交互——对接发布处室、一键办——对接事项流程等。

二、建设数字化公共服务体系

数字化公共服务体系建设属于数字政府总体架构中的应用层范畴。数字政府通过统筹公共服务体系有关方面的信息化，制定相关的信息标准和数据交换标准，构建相关的应用系统、支撑平台和服务门户，促进中央和地方、政府和社会的互动合作，加强各级公共服务资源有效整合，为社会公众提供均衡、优质、高效、有用、方便的公共服务，助力支撑基本公共服务均等化总体实现。本节先纵向从公共服务各垂直领域入手介绍重点建设内容，再横向从数字政府建设角度给出公共服务数字化一体化解决方案。

（一）数字化教育公共服务

数字政府支撑和推动完善加快义务教育均衡发展，保障所有适龄儿童、青少年平等接受教育，不断提高国民基本文化素质。重点体现在教育信息化建设方面。

教育信息化建设鼓励探索网络化教育新模式，对接线上线下教育资源，扩大优质教育资源覆盖面。加快推进"三通两平台"（即"宽带网络校校通、优质资源班班通、网络学习空间人人通"，教育资源公共服务平台、教育管理公共服务平台）建设与应用，推进数字教育资源普遍开放共享。面向教育发展落后地区和特殊人群，提供公益性数字教育资源服务。支持国家级优质教育资源平台建设。建立个人学习账号和学分认证平台，为学习者提供学分认定服务。加快教育大数据建设与开放共享。发展现代远程教育和在线教育，实施"互联网＋教育培训"行动，支持"互联网＋教育"教学新模式，发展"互联网＋教育"服务新业态。

此外，数字政府支撑乡村教师支持计划、中西部中小学首席教师岗位计划、学前教育行动计划、高中阶段教育设施建设、新型高校智库建设推进计划、学分银行建设等重点任务／项目的信息化应用系统建设和大数据共享交换。

（二）数字化劳动就业公共服务

数字政府支撑和推动就业优先战略，推动大众创业、万众创新，健全覆盖城乡的公共就业创业服务体系，推动实现比较充分和更高质量的就业。重点体现在以下方面。

第一，全民社会保障信息化建设。建设面向人人的公共就业创业服务平台，推进公共就业服务全程信息化，实现各类就业信息统一发布和信息监测。以"12333"电话咨询为重点，为社会公众提供政策咨询、信息查询、信息公开、在线受理和投诉举报等服务。

第二，就业和社会保障服务平台建设。推动流动人员人事档案信息化服务，建立健全行业人力资源需求预测和就业状况定期发布机制，完善人力资源市场供求分析预测能力。

此外，数字政府支撑职业技能公共实训基地、省市级人力资源服务设施中信息化应用系统建设和大数据共享交换。

（三）数字化社保公共服务

数字政府支撑和推动构建全覆盖、保基本、多层次、可持续的社会保险机制，保障公民依法从国家和社会获得物质帮助。重点体现在以下方面。

第一，全民社会保障信息化建设。建设部门和省级公共服务信息化平台，支持各类业务系统和各类服务渠道的统一接入、有序整合和统筹调度，推动电话、网站、移动应用、短信、自助服务一体机等多种渠道的协同应用，实现一个窗口对外、一条龙服务。构建统一规范的人力资源和社会保障信息资源库，推动人力资源和社会保障相关业务系统向部、省两级集中，实现跨业务、跨地区、跨层级、跨部门的信息共享和业务协同。积极实施"互联网＋人社"行动，促进劳动就业、社会保障、人才服务等工作与互联网深度融合。开展网上社保办理、个人社保权益查询、跨地区医保结算等互联网应用。

第二，社会保障卡工程。全面发行和应用社会保障卡，实现社会保障一卡通，支持社会保障卡跨业务、跨地区、跨部门应用，建立社会保障卡应用平台和覆盖广泛的用卡终端环境，健全社会保障卡便民服务体系。完善社会保障卡规范管理和安全保障体系。

此外，数字政府还支撑省、市级社会保障服务设施中信息化应用系统建设和大数据共享交换。

（四）数字化医疗卫生公共服务

数字政府支撑和推动建立健全覆盖城乡居民的基本医疗卫生制度，推进健康中国建设。重点体现在以下方面。

第一，人口健康信息化。以全民健康保障信息化工程和健康中国云服务计划为基础，建立人口健康信息平台。推进居民电子健康档案应用。积极利用移动互联网提供在线预约诊疗、健康咨询、检查检验报告查询等服务，提高重大疾病和突发公共卫生事件防控能力。完善中西部地区县级医院电子病历等信息系统功能，加强县级医院的远程诊疗信息系统建设，健全基于互联网、大数据技术的分级诊疗信息系统。

第二，食品药品安全治理体系建设。完善食品安全协调工作机制，健全检验检测等技术支撑体系和信息化监管系统。

此外，数字政府还支撑基层医疗卫生服务能力提升、疾病防治和基本公共卫生服务能力强化、妇幼健康服务保障、中医药传承创新、医疗卫生人才培养、健康医疗大数据应用发展工程、基层信息化能力提升工程、智慧医疗便民惠民工程、健康扶贫信息支撑工程等重点任务／项目的信息化应用系统建设和大数据共享交换。

（五）数字化社会公共服务

数字政府支撑和推动建立完善基本社会服务制度，为城乡居民提供相应的物质和服务等兜底帮扶。重点体现在以下方面。

第一，城乡社区公共服务综合信息平台建设。推进城市社区公共服务综合信息平台建设，构建社区公共服务综合受理窗口；拓展社区公共服务综合信息平台应用，构建线上线下多样化服务格局。依托农村社区综合服务设施设立信息化服务网点、加强益农信息社建设，推进信息进村入户工作，推动综合信息平台向农村社区延伸。结合或依托社区公共服务综合信息平台，建立覆盖城乡、开放便捷的社区数字化学习公共服务平台及体系。

第二，智慧社区信息系统建设。推动社区公共服务、志愿服务、便民利民服务等社区服务信息资源集成。推动社区养老、社区家政、社区医疗、社区消防等安保服务和社区物业设备设施的智能化改造升级，强化社区治安技防能力。大力发展城乡社区电子商务，发展线上线下相结合的社区服务新模式，依托农村社区综合服务设施和益农信息社，探索农村电子商务与农村社区服务有机结合的推进策略。

第三，社会救助经办服务体系建设。加强社会救助管理信息系统与居民家庭经济状况核对系统的整合、集成，提升基层社会救助经办服务能力。

第四，公共法律服务体系建设。加强在线法律援助综合服务平台和便民窗口、法律服务中心（站、工作室）、"12348"法律服务热线等基础设施建设。通过信息化手段强化基层普法阵地、人民调解组织、司法鉴定机构建设，健全服务网络。

第五，养老服务体系建设。搭建养老信息服务网络平台和老龄工作信息化平台，推广应用便携式体检、紧急呼叫监控等设备。支持各地积极推进养老服务综合信息平台在城市社区全覆盖、在农村地区扩大覆盖，推进信息惠民服务向老年人覆盖、数据资源向社会开放，更好地服务于老年人。

第六，建立和完善公民婚姻信息数据库。探索开展异地办理婚姻登记工作。

此外，数字政府还支撑社会福利服务设施、殡葬服务设施、自然灾害救助物资储备体系、社会工作者队伍建设、居家社区养老服务工程、老年宜居环境建设示范行动、老年教育机构基础能力提升计划、智慧健康养老服务推广工程等重点任务／项目中的信息化应用系统建设和大数据共享交换。

（六）数字化文体公共服务

数字政府支撑和推动构建现代公共文化服务体系和全民健身公共服务体系，促进基本公共文化服务和全民健身基本公共服务标准化、均等化。重点体现在以下方面。

第一，数字文化服务平台建设。推动全国文化信息资源共享、数字图书馆博物馆建设等公共数字文化工程建设。提高公共文化大数据采集、存储和分析处理能力。科学规划公共数字文化资源，建设分布式资源库群，实施"互联网＋中华文明"行动计划，开发特色数字文化产品。

第二，广播影视服务体系建设。为广播电视数字化覆盖、广播电视无线发射台站、全国有线电视网络互联互通平台、国家和地方应急广播体系、基层广播电视播出机构制播能力、广播电视和视听新媒体监管平台等建设提供 ICT 基础设施和大数据治理能力。

此外，数字政府还支持公共文化服务体系、广播影视服务体系、新闻出版服务体系、遗产保护服务体系、公共体育服务设施中的信息化应用系统建设和大数据共享交换。

（七）数字化残疾人公共服务

数字政府支撑和提供适合残疾人特殊需求的基本公共服务，为残疾人平等参与社会发展创造便利化条件和友好型环境。重点体现在残疾人服务信息化方面。

完善残疾人人口基础信息和基本服务需求信息数据管理系统。依托中国残疾人服务网，搭建残疾人就业创业网络服务平台。加快推进智能化残疾人证试点。鼓励支持服务残疾人的电子产品、移动应用软件等开发应用。

此外，数字政府还支撑残疾人服务体系建设、县域残疾人综合服务能力提升、特殊教育基础能力提升、残疾人服务专业人才培养、"互联网＋科技助残"行动的信息化应用系统建设和大数据共享交换。

（八）数字化住房保障公共服务

数字政府支撑和推动建立健全基本住房保障制度，更好保障住有所居。重点体现在支持公共租赁住房、城镇棚户区住房改造、农村危房改造中的信息化应用系统建设和大数据共享交换。

（九）数字政府一体化公共服务解决方案

传统方式下，公共服务各部门信息化建设缺乏统筹和统一规范，系统难互通、数据难汇聚、发展不均衡，无法适应公共服务发展的要求。数字政府推动数字化公共服务体系建设的关键路径是集约化和数据共享，通过综合 ICT 资源供给、统一公共支撑能力构建、跨部门协作流程的疏通，以及系统性的数据治理和共享交换体系建设，形成一体化公共服务解决方案，拓展公共服务渠道的边界，构建"一站式"

综合服务平台，打造全领域智能公共服务解决方案。

案例：数字政府一体化公共服务体系方案

在数字政府建设中，通过先进的信息化手段提高公共服务效率和质量，让公众能更便捷、更高效、均等地享受公共服务，提升公众的获得感、满意度和幸福感，是数字政府一体化公共服务体系建设目标。

数字政府综合公共服务体系总体功能框架如图 4.2 所示。

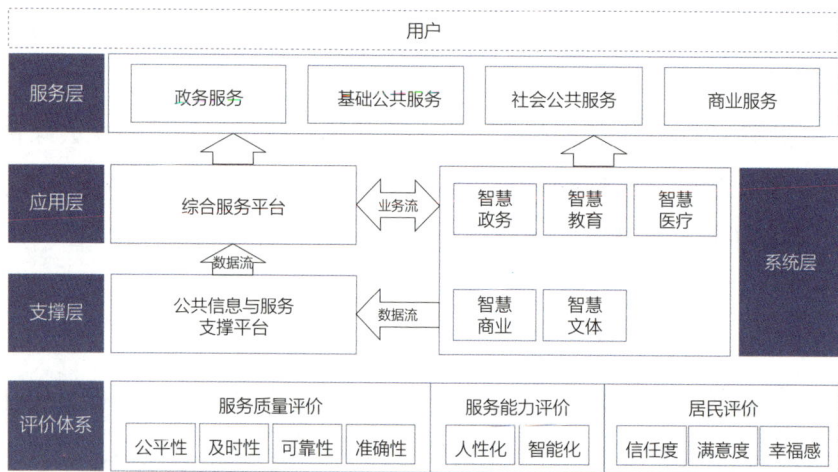

图 4.2　综合公共服务体系总体功能框架图

1.综合服务平台

综合服务平台属于数字政府技术架构的应用支撑层范畴，是各类公共服务的归一化窗口，其业务流需要与各公共服务领域对接，实现统一认证、统一服务受理、统一工作流、统一标准规范、统一监督评价。

2.公共信息与服务支撑平台

公共信息与服务支撑平台位于数字政府总体技术架构中的数据服务

层。作为部署各行业应用的使能平台，对下接入各种数据资源，对上支撑各种行业应用。实现基础数据以及各领域公开和共享数据的统一接入和访问，为各应用信息系统提供所需的共性服务，如信息资源共享、数据交换、数据挖掘分析、业务访问、业务集成、安全可信和运维管理等。

公共信息与服务支撑平台与各领域公共服务智能化系统对接，采集各领域数据，并对数据进行加工、存储，同时，采集数据进行建模、整合、关联等，构建大数据库。对各领域服务进行服务聚集、服务整合等。

3. 各领域公共服务设施智能化

在统一的 ICT 资源和系统性数据共享基础上，可以方便地构建各种公共服务应用系统，包括智慧政务、智慧教育、智慧医疗、智慧养老、智慧商场等。对内实现各自领域的智能化，包括业务智能化和管理智能化，对外与公共信息与服务支撑平台对接各类城市公共信息与服务资源，与综合服务平台对接业务流程，实现城市公共服务的统一接入。

（1）基础公共服务智能化

基础公共服务包括供水、供电、燃气、交通、通信等基础公共服务，每个领域各自都有智能化系统，如智慧能源（涵盖了供电、燃气的智能化）、智慧交通等，基础公共服务智能化侧重于对城市居民提供更加便捷的服务，综合服务平台是居民最直接的公共服务入口，集成水、电、燃气、交通、通信等基础服务层面功能，如业务办理、查询、缴费、故障报修等，城市居民可通过"一站式"窗口最便捷地使用基础公共服务。

（2）社会公共服务智能化

社会公共服务包括教育、医疗、文化、体育、商业等与广大市民日常生活息息相关领域的公共服务。

智慧教育：智慧教育包括教学管理智能化和教育教学智慧化两个层面。

——教学管理智能化：通过在校园内部署视频监控、电子围栏、一键报警、人脸识别、智能巡更、学生一卡通（定位）等系统，提高学校的治安管理水平，提升学校服务效率。家长可通过综合服务平台实时了解学生所处位置，获取学生到校通知，实时查看学校食堂监控等。

——教育教学智慧化：通过云计算、物联网、大数据等技术应用打造网络化、数字化、个性化、终身化的教育体系，为城市居民提供面向全时空、全受众的智能学习服务，构建在线智能教师、虚实互动实验室，教学环境智能化，接入智慧教育综合服务平台，大数据学校评价体系，通过智慧教育体系建设，消除空间界限，解决优质资源集中化问题，提供普惠、均等的教育服务，提高知识学习效益。

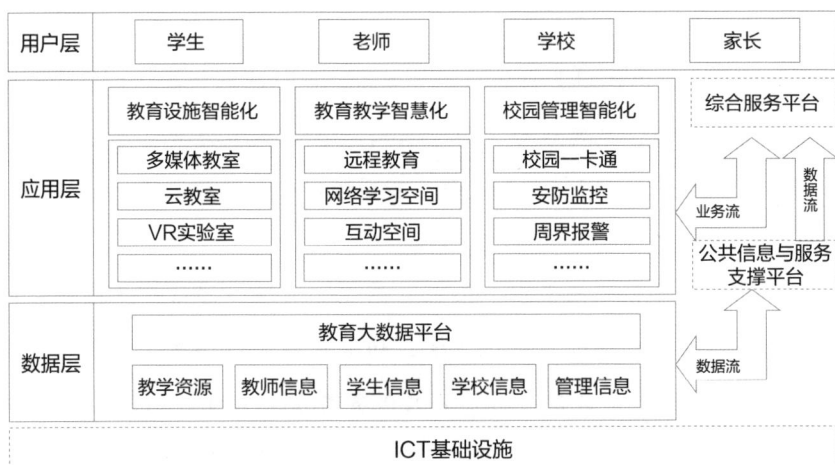

图 4.3　智慧教育体系架构图

智慧医疗：通过先进的信息化技术、人工智能、传感技术等高科技应用，构建智慧医疗体系。提供覆盖全生命周期的预防、治疗、康复和自主健康管理一体化健康信息服务。建设全民健康信息平台，健康医疗大数据应用中心，个人健康档案和医疗机构档案，构建健康数据共享机制，提供远程医疗和精准医疗，构建健康需求预判，错误诊断预警，患者流量有序引导，疾病敏感信息预警机制。

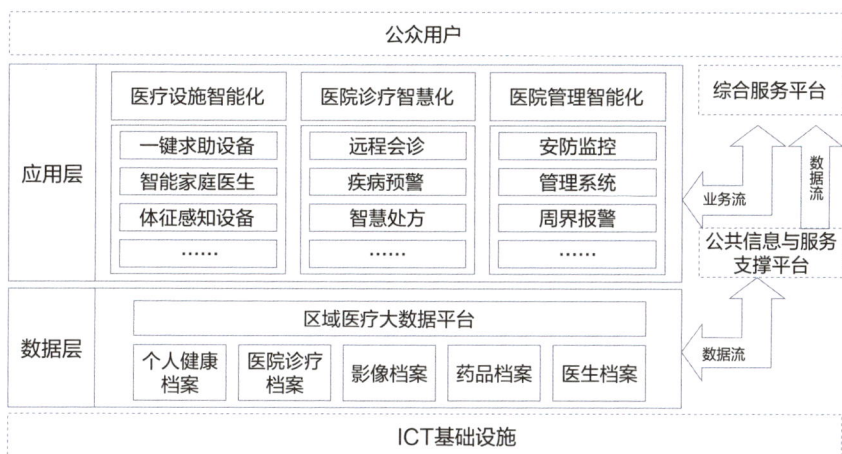

图4.4 智慧医疗体系架构图

智慧养老：以会员卡、老年人优待卡或社会保障卡为载体，完成老年人管理、服务单位管理、服务人员管理、服务过程管理、养老（财政）收支管理、智慧养老服务调度、可视化养老决策支持等。

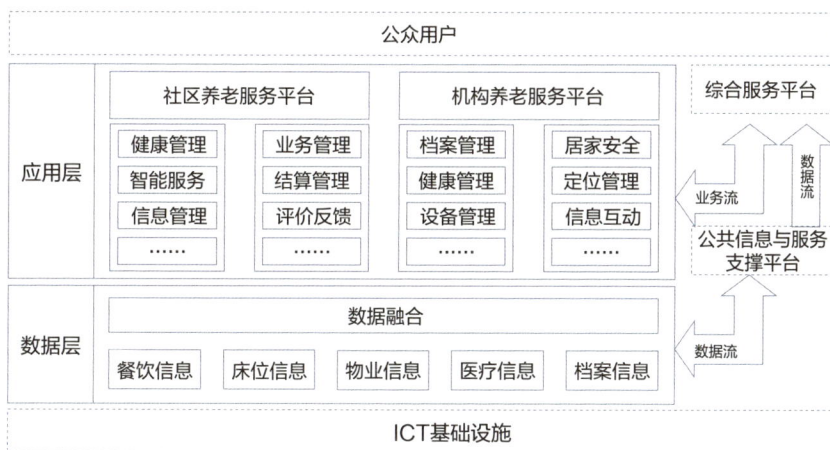

图4.5 智慧养老体系架构图

文化体育设施智能化：将先进信息化技术应用到文化设施建设中

是未来发展趋势，文化设施智能化建设包括智能城市科技馆、智慧图书馆、数字体育馆等设施的智能化建设。

——智能城市科技馆：面向公众科普宣传教育的主阵地，同时也是智慧城市建设成果的重要展示阵地，运用诸如AR／VR等最先进的展示方式，通过展览、培训、影视播放等多种形式对外辐射城市理念，智能城市科技馆对接综合服务平台，提供场馆介绍、展示预览、票务预订等服务，满足多样性、多层次需求，丰富文化宣传教育模式。

——智慧图书馆：运用现代化信息技术打造数字化图书馆，将图书馆各项管理服务和书籍数字化，并与公共服务平台实现对接，提供图书检索、预览、在线订阅、在线借阅等服务。

——数字体育馆：将信息化技术应用到体育馆中，将体育馆资源和服务数字化，通过与公共服务平台对接，实现体育场所最新资讯、状态查询、场馆预订、赛事门票预订购买等服务。

(3) 商业服务智能化

商业服务包括综合商场、市场、便利店等设施，运用现代化信息技术、人工智能、物联网感知等先进技术，打造智能化商场、智能市场、智能无人便利店等商业服务设施，结合城市智慧物流体系打造具有区域特色的自动化无人配送电子商务体系，让商业服务触手可及。

图4.6　商业服务智能化体系架构图

案例：腾讯云"WeCity 未来城市"，聚焦智慧城市解决方案

中国经济 40 多年高速发展成绩斐然，城市发展已经进入后城镇化时代。后城镇化将围绕更智能的宗旨推进高质量和高效率的城市化，数字化是未来城市发展的核心动力。

2019 年 7 月 16 日，腾讯云发布全新政务业务品牌——"WeCity 未来城市"。"WeCity 未来城市"以腾讯云的基础产品和能力为底层，为数字政务、城市治理、城市决策和产业互联等领域提供解决方案，并通过微信、小程序等工具触达用户。可以说，"WeCity 未来城市"是基于新的人城关系，提出的以人为中心的城市治理模式，是智慧城市的进化之道。

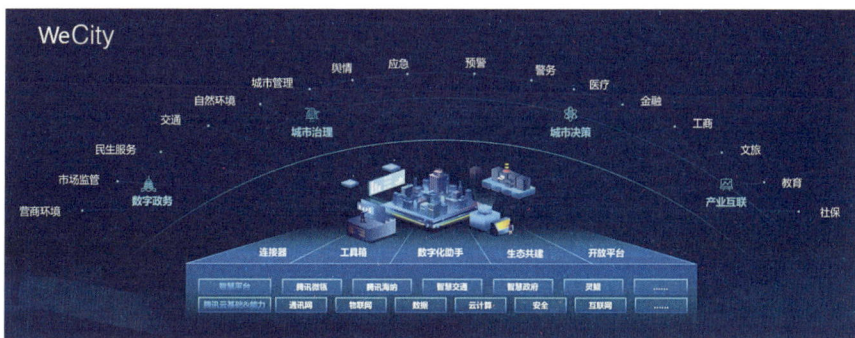

在后疫情时代经济恢复以及国内外双循环的背景下，未来城市发展既需善用数字技术加强社会治理和综合服务，更需兼顾打造新经济增长极的目标。基于此，"WeCity 未来城市"在 1.0 基础上迎来 2.0 的迭代、演进，从公共服务的数字化向经济社会的全面数字化升级，即以新空间为载体，充分发挥新服务和新治理的支点效应，培育打造经济社会发展的新动能。

未来城市在经济社会全面数字化目标驱动下，其内涵和外延在空间、服务和治理三个维度进行了全新扩展，推动技术架构进行全面升级，见下图。

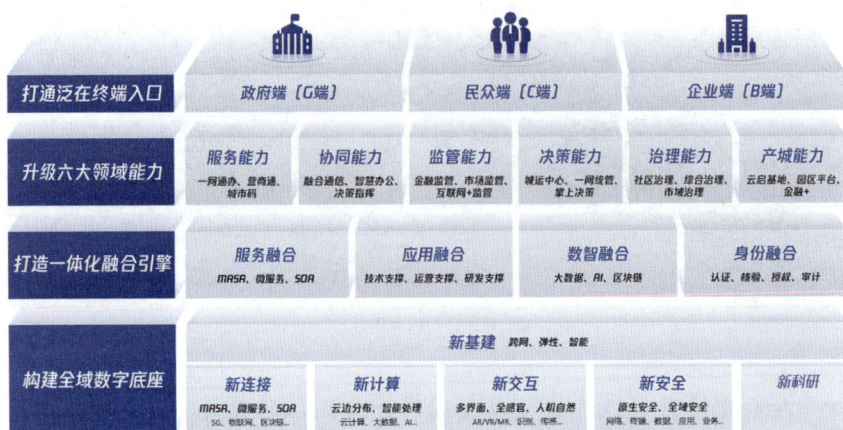

一是构建全域数字底座，打造跨网、弹性、智能的数字化新型基础设施，公有云和私有云资源更好整合，全面构建经济社会发展所需要的新连接、新计算、新交互、新安全和新科研等泛在支撑能力；二是打造一体化融合引擎，为生态提供面向多元服务架构的服务融合平台、基于云原生的应用融合平台、适配城市复杂巨系统高效数据供给

和高阶智能供给的数智融合平台，以及面向万物互联可信安全的身份融合平台，构建未来城市的可拔插、一体化能力基座；三是升级服务、协同、监管、决策、治理、产城六大领域能力，打通泛在终端入口，连接政府、民众和企业/机构三端流量，通过万物感知互联和城市数字模型将现实世界的时间、空间、事件等全域数据要素融合投射到网络空间，在网络空间中构建数字孪生城市，基于大数据和人工智能技术深度解构城市，洞察各类实体和现象之间的联系和规律，通过智能应用全面提升城市多领域能力。

案例："WeCity 未来城市" 落地长沙市超级大脑项目

此前，腾讯云已经成功中标长沙城市超级大脑项目，长沙是腾讯云智慧城市解决方案 "WeCity 未来城市" 的首个落地项目，依托腾讯在云计算、大数据、人工智能、物联网等领域的技术积累与资源优势，建设 "数据大脑平台""互联网＋政务服务" 一体化服务平台，以及 "我的长沙" 移动综合服务平台，打造长沙本地化智慧应用。在政务民生、党建、医疗、文旅等方面，全方位服务长沙城市生活的方方面面，助力长沙社会经济发展，并通过将相关数据的整合与共享，打破数据壁垒，为长沙城市创新和城市治理能力的提高助力。

在政务民生方面，通过建设长沙市 "互联网＋政务服务" 一体化平台，实现 "数据多跑路，群众少跑路"，助力政府提升服务能力以及公共服务水平；针对企业常见问题，优化营商环境，降低办事成本；针对民众过去办事难、办事慢等问题，以后只需动动手指，就能实现 "指尖办事"，提升群众的使用体验与效率。

在智慧党建方面，打造 "微信＋党建" 的党建新模式，实现指尖党建新时代，全方位实现线下转线上，提升党建工作效率和质量。未来，党员将可以在任何时候、任何场景安全地开展党建活动，通过微信或企业微信，就能快速学习最新的理论知识；图文推送可以更快捷高效地传达党建资讯，数字化党建触手可得。

在智慧医疗方面，将围绕长沙市民、医疗机构以及政府，全方位助力医疗行业智慧升级。针对市民服务，通过打造个人电子健康卡的"统一入口"，为市民提供更优质更便捷的医疗服务，检查结果不互认，换家医院所有检查流程全部重新检查一遍，既耗时又耗人的问题将成为过去。面对医疗机构，将建立智能诊疗平台，拉通各级医院医疗资源，打造全面医疗网络。围绕政府侧，也将通过医疗大数据的汇聚，加强政府宏观管理，优化医疗资源配置，打造健全的安全保障体系。

在智慧文旅方面，将通过打造一套文旅公共服务体系、一个文旅大数据中心，以及多个文旅主题应用，甚至足不出户就能通过 AR／VR 近距离看长沙。通过智慧文旅的各项智能体验，真正让本地人和游客轻松看到长沙，领会长沙并记住长沙。

↗ 案例："WeCity 未来城市"落地江门人才岛

为加快融入粤港澳大湾区建设，支持江门抢占粤港澳大湾区发展机遇，推动江门产业转型升级，腾讯与江门市蓬江区人民政府携手加速腾讯"WeCity 未来城市"在江门人才岛的融合落地，助力江门人才岛打造成为珠三角高品质人才培养示范基地、粤港澳大湾区创新发展示范区、国际人才云基地。

江门作为粤港澳大湾区重要节点城市之一，资源要素丰富、区位条件优越、产业基础扎实、发展后劲十足，目前正立足省委赋予江门的"两个定位"（珠江西岸新增长极和沿海经济带上的江海门户），全力主攻大平台、大项目、大通道、大民生，推动经济社会各项事业发展不断迈上新台阶。其中，江门人才岛是江门瞄准未来，致力打造的一个科创要素集聚、产业优势突出、基础设施完善、生态环境优美的未来之城，这与腾讯"WeCity未来城市"发展理念不谋而合。

江门人才岛项目于2018年正式启动，目前已相继完成概念性规划、总体规划及控制性详细规划的编制（修编），并开展了环岛公园、旧村改造、学校升级改造、水系改造、片区基础设施等建设。此次签约后，江门人才岛将借助腾讯"WeCity未来城市"在数字政务、城市治理、城市决策和产业互联等领域的优势，共同推动江门人才岛产业创新发展。

在数字政务领域，双方将围绕数字政府建设的总体规划思路，并依托腾讯在云计算、大数据、AI智能等方面的核心技术优势及数字广东的建设经验，为江门人才岛打造政务服务新体验，提高政府政务服务水平，加快实体经济数字化转型。

在城市治理和城市决策方面，腾讯将在江门人才岛落地WeCity城市运营管理中心。通过接入交通出行、公共安全、生态环境、民生民情等信息，腾讯为江门人才岛建立统一的城市综合运行监测平台、城市运行业务联动平台、应急指挥平台和综合展现平台，大幅提升当地的城市治理水平。同时，WeCity城市运营管理中心还能为入驻江门人才岛的企业提供全方位的智能化服务，最大程度满足企业的服务需求。

在产业落地方面，腾讯充分利用自身在智慧文旅、智慧交通、智慧医疗等行业积累的能力与经验，将信息技术与各行各业深度融合，打造新产品、新业务与新模式，推动江门人才岛产业创新升级，为江门人才岛城市服务和产业发展创造最佳建设路径，实现产业互联。

此外，腾讯还将与江门人才岛合作打造高标准的国际人才数据中心，共探双方能够实现互惠互利的合作模式。同时推进建设腾讯创新中心，为江门人才岛引入腾讯系生态合作伙伴，扶持江门人才岛创新产业发展。值得一提的是，腾讯还与江门人才岛共建腾讯云人才实训中心，对云计算、人工智能等领域专业人才进行培养，打造"科技＋管理"的全产业链人才生态。

三、创新数字化公共服务应用

在数字政府建设过程中，"百姓爱不爱用"是一个硬指标。要让用户真正用起来，关键在于让数字政府变得更有温度，能实实在在地解决问题。本节从全球公共服务应用发展趋势出发，对当前国内数字化公共服务应用变化趋势加以总结，对各地推进应用多样化和新技术应用情况进行分析。

（一）全球公共服务应用发展趋势

从全球公共服务应用发展来看，一是建设以用户为中心的共享型、包容性的公共服务应用模式成为共识，如美国大型开放式网络课程（MOOCs）的兴起，倡导"以用户为中心、共建服务创新"理念，使得身处世界各地的人，只要能上网，就能获得优质的教育资源。二是大多数发展中国家应用新技术推动数字包容，多渠道提供公共服务。联合国80%的成员国，提供了惠及妇女、儿童、青年、残疾人、老年人、土著居民、贫困人口或其他弱势群体和社区的具体计划和倡议。三是采用简单但非常有效的技术为目标群体提供精准服务，收到了良好的效果。各国在充分利用传统的邮局、呼叫中心等非数字化服务供给渠道的同时，借助互联网、大数据、云计算、物联网等新技术，增加数字化服务供给渠道，逐步实现公共服务的"后台"数字化和业务协同。

（二）服务形式入口汇聚上移，服务渠道终端多样化

随着各地数字政府建设和全国一体化在线服务平台建设的稳步推进，在线公共服务入口不断向省级上移，"多服务汇聚、全流程在线"和"入口上移、服务下沉"成为当前数字化公共服务应用发展的基本态势与方向。各地区把加快推进一体化政务服务平台建设作为深化"放管服"改革的关键举措，整合对接各级网上业务办理系统、实体大厅运行系统，着力打造省级一体化政务服务体系。

政务服务 APP、小程序、微信、微博等新应用渠道，作为政府为公众提供政务服务的新途径正在加速打造。移动政务服务的兴起和电子政务手段的飞跃式发展，为政府管理带来了前所未有的契机，以"智能化、移动化、一体化、便利化"为标志的政务服务新模式不断涌现。根据中央党校（国家行政学院）电子政务研究中心统计数据显示，目前，全国已建设 32 个省级网上政务服务平台体系，其中已上线政务服务移动端省级行政区域有 31 个。从产品角度看，APP、小程序、政务服务网和协同办公系统，成为地方政府部门面向民众和企业的标配。

（三）服务应用主题多样化，服务范围跨区域协同

应用创新以"公共服务"为出发点和中心环节，不断扩大服务应用范围，围绕企业、团体和群众需求提供服务，让广大群众有更多获得感。各地区都把跨地区跨部门跨层级的信息共享开放作为下一阶段建设重点，推进政务信息资源的信息共享，在网络通基础上加快实现数据通。

从具体的实践成果来看，跨区域协同的建设内容主要分为三个层次。

一是立足已有建设成果，推广优秀经验，缩小地方之间数字化公

共服务的水平差异。如 2019 年 9 月 19 日，《国务院办公厅关于做好优化营商环境改革举措复制推广借鉴工作的通知》发布，要求将北京和上海在优化营商环境方面形成的 13 项典型经验做法在全国复制推广，另有 23 项改革举措供全国借鉴。此类政策旨在立足"放管服"改革具体任务要求，以简审批优服务便利投资兴业、着力解决企业和群众关心的热点难点问题为重点，推进数字政务建设与营商环境质量、地方经济发展需求相衔接，政务服务持续向"难、堵、痛"点等高价值领域进行创新扩散。

二是在地理位置、建设水平、社会环境相近的区域推进公共服务的跨区域协同。随着政府的数字化转型，部分区域以政务大数据驱动为支撑实现跨区域服务协同，如广东提出的"电子证照粤港澳互认"服务，江浙沪鄂提出的"长三角无感漫游"特色服务，以及江浙沪徽提出的长三角"最多跑一次"税务服务等。

三是以"跨省通办"为抓手，推进全国一体化的政务服务协同体系建设。2020 年 9 月，国务院办公厅印发了《关于加快推进政务服务"跨省通办"的指导意见》，强调依托全国一体化政务服务平台和各级政务服务机构，着力打通业务链条和数据共享堵点，推动更多政务服务事项"跨省通办"。《意见》设立了 140 项全国高频政务服务"跨省通办"事项清单，提出 2021 年底前基本实现高频政务服务事项"跨省通办"的要求。

（四）以新技术应用创新为突破，大幅提升数字化的能力

部分区域以新技术应用创新为突破，以信息技术为牵引的新技术，像 5G、大数据、人工智能、区块链、物联网等技术的快速发展，大幅提升数字化的能力，推动数字政府改革转型，助推数字经济发展。

1. 5G 应用方面

2019 年正式进入 5G 商用元年后，北京、广东、上海等多地省级政府相继出台加快 5G 产业发展行动计划，其中"5G ＋智慧政务"是各区域重点推进的行业应用场景。如广东省从优化政府服务效率、提升社会治理水平、服务美好生活和助力产业升级几个领域推进 5G 技术应用在数字政府建设方面的实践和探索。

2. 人工智能应用方面

政府将人脸识别、语音识别、算法推荐等应用于政务服务领域，支持人工智能技术发展，推进服务型高效政府构建。如浙江省部分地区推出的城市综合服务机器人，设有语音、视觉、触觉等多类型交互入口和中英文双语会话模式，可帮助用户查询交通、旅游、住宿等多种实用信息。与市政系统打通后，这款机器人还将变成虚拟的智能办公大厅，可办理房地产过户、公积金、水电费、车辆违章等一系列流程化政务。

3. 区块链应用方面

"区块链＋数字政府"也进入应用探索阶段，助推政务工作更加公开、透明、高效，让普通民众更了解并自愿参与到社会治理中来。如国家税务总局深圳市税务局将区块链技术应用于电子发票，于 2018 年 8 月开出全国首张区块链电子发票。同时，通过新技术在"数字政府"的深化应用，培育新动能、催生新业态，加强对"数字经济"的引领作用。

📑 案例：国家政务服务平台，"一站式"办理全国事

近年来，一些地方和部门依托平台创新政务服务模式，"只进一扇门""最多跑一次""不见面审批"等改革措施不断涌现，但同时，政务服务平台建设管理分散、办事系统繁杂、事项标准不一、

数据共享不畅、业务协同不足等问题较为普遍，政务服务整体效能不强，办事难、办事慢、办事繁的问题还不同程度的存在，需要进一步强化顶层设计、强化整体联动、强化规范管理，加快建设全国一体化在线政务服务平台，全面提升政务服务规范化、便利化水平，更好为企业和群众提供全流程一体化在线服务，推动政府治理现代化。

按照国家推进"互联网＋政务服务"有关部署要求，国家政务服务平台作为全国一体化在线政务服务平台的总枢纽，直通31个省（自治区、直辖市）和新疆生产建设兵团，以及40余个国务院部门的政务服务，重点发挥公共入口、公共通道、公共支撑等三大作用，为全国各地区各部门政务服务平台提供统一身份认证、统一证照服务、统一事项服务、统一政务服务投诉建议、统一好差评、统一用户服务和统一搜索服务等"七个统一"服务，实现支撑"一网通办"、汇聚数据信息、实现交换共享、强化动态监管等四大功能，解决跨地区、跨部门、跨层级政务服务中信息难以共享、业务难以协同、基础支撑不足等突出问题。该平台主要有以下亮点。

一是跨地区办理：国家政务服务平台小程序积极响应国务院政策要求，开通了"跨省通办"服务专区，事项覆盖就业、社保、医疗、养老、居住等领域，囊括全程网办、异地代收代办、多地联办三种模式，并接入京津冀、长三角、粤港澳大湾区、川渝等区域"跨省通办"服务，为公民和企业提供更加便捷高效的政务服务。

对群众而言，"跨省通办"让生活更便捷。以往，当办事涉及公积金、社保医保、证书办理等事项时，需要辗转于居住地与户籍所在地，造成了跨区域"办事难、办事慢、办事繁"。现在通过"跨省通办"专区，诸多事项实现异地办理，群众畅享网上办事便利。

对企业而言，"跨省通办"让营商环境更优。以往，企业跨省迁移一般需要15个工作日，现在通过长三角服务专窗，线上线下融合办理，企业迁移变更、税务迁移、银行开销户、公章注销等在1个工作日内就可完成。

在国家政务服务平台的支撑下，长三角成为全国率先开启区域政务服务一体化的"试验田"。除了长三角地区，打破区域界限的"不见面办事"也在向更多地区"延伸"。广东深化建设"跨省通办、省内通办"工作，主动与福建、江西等地积极对接，首批上线的"跨省通办"服务达470项，并且围绕粤港澳大湾区进一步拓展不动产、税务、商事登记等领域政务服务的"跨境"办理。此外，广东省还与北京市、海南省、河南省、江西省签署合作协议，大力推进跨区域数据共享应用，共同提升四省一市跨区域政务服务水平。

二是跨部门协同："套餐式"服务让办事省心省力。国家政务服务平台是全国一体化政务服务平台的总枢纽。为了让广大群众体验更快捷的服务，国家政务服务平台积极协调部委等有关部门，推动公民相关信息共享互认，支撑实现相关服务认证的"一站式"办理。打破部门界限，优化办事流程的"一站式""套餐式"集成服务，在各地还有很多。依托全国一体化政务服务平台数据共享支撑，浙江、河南等省推出新生儿出生"一站式"联办服务。以河南省郑州市为例，市民只需通过"郑好办"APP新生儿"一件事"模块，就能办理新生儿落户、医保参保、社保卡申领等一系列事情，并且通过流程再造和业务梳理，依靠数据共享，由原先需要提交9项材料减至只需提交1项材料。可以预见的是，进多门、跑多网、耗时长的办事经历将逐渐成为历史，"部门协同办"将取代"群众来回跑"，老百姓办事将更加省心省时省力。

三是跨层级共享："数据多跑路"让复工出行更安心。在常态化疫情防控下，人们复工、返岗、出行、出差离不开"健康码"的保驾护航。现如今，全国绝大部分地区已实现"健康码"互通互认，这正是数据跨地区、跨部门、跨层级共享所带来的便利。各地区向国家政务服务平台共享本地区"健康码"信息，同时，国家政务服务平台汇集卫生健康、移民管理、民航、铁路等部门的多源数据，与地方共享，通过让"数据多跑路"，为常态化疫情防控期间群众健康安全出行搭建起了一条"数字抗疫"的便捷通道。疫情期间平均每天访问量达2200万次，日均注册用户数超42万，每天防疫健康信息码亮码超570万。

"国家政务服务平台"微信小程序上线试运行近两年以来，联通了22个省级政务微信小程序，累计办事量达35亿件，累计访问量超110亿次，实名注册用户数超2亿人，成为当前累计访问量最高、实名注册用户数最高的国家级政务服务小程序，全国每4个在线政务服

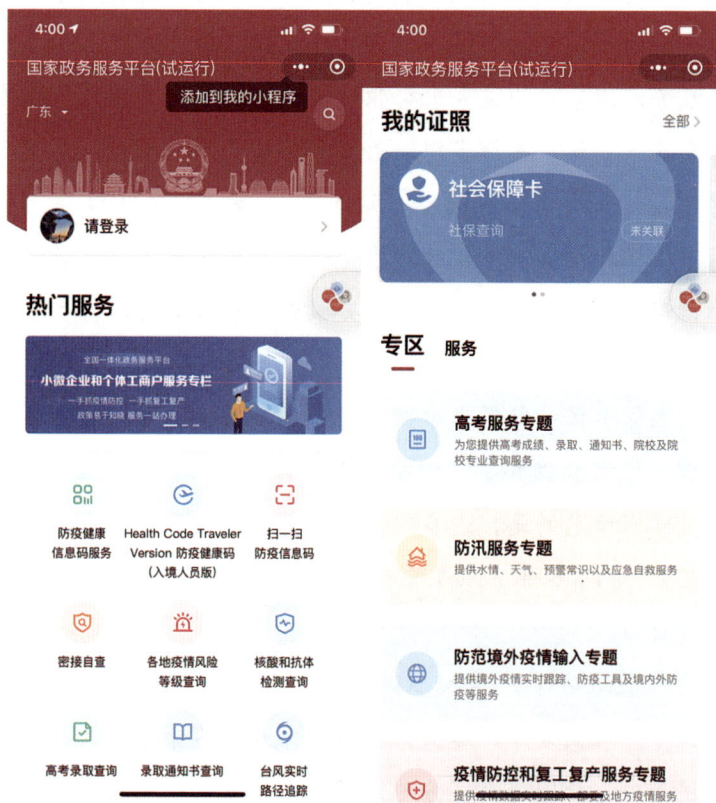

务网民，就有 1 个是"国家政务服务平台"微信小程序用户。"国家政务服务平台"微信小程序作为人们的"贴身政务助手"，累计接入部委、省级、地方部门高频热门公共服务应用近 1000 项，服务覆盖方方面面，包括电子证照、教育、助残、司法、民政等多领域服务，也凭借着"掌上办事"的高效与便利，得到了用户高频使用。为推动解决疫情期间复工复产难题，平台推出"小微企业和个体工商户服务专栏"，为全国小微企业、个体工商户提供"一站式"政策查询和办事服务，助力疫情防控和有序复工复产。

案例：腾讯"防疫健康码"，改变智慧城市的疫情管理系统

2020 年初以来，新冠肺炎的突发，让世界各地都陷入了一场与病毒这个看不见的敌人的战争。在中国防控疫情过程中，始终面临既要防止疫情扩散，又要尽量兼顾社会经济平稳运行的重大矛盾。根据政府疫情管理和用户需要，腾讯作出快速响应，提供多种科技方案，对解决上述问题作出了积极贡献。

为了防止流行病的传播，中国各地政府部门需要及时了解居民的健康状况，最初考虑通过向居民发放纸质健康通行证用于日常出行核验，但使用纸质证件会导致在生产、分发和验证过程中有交叉污染的风险。

因此，腾讯公司与政府部门积极探讨解决方案，希望通过科技手段实现出入证的数字化。2020 年 2 月 9 日，腾讯"防疫健康码"率先落地深圳，深圳成为中国首个推出"健康码"的城市。居民通过疫情服务微信小程序进行实名认证，并自主申报个人健康状况和行程信息之后，即可申领自己的防疫健康码，凭码即可出入社区、办公楼、交通卡口、公共场所等地方。防疫健康码的推出，对于政府部门开展疫情精准防控和有序复工复产起到了积极作用。

纸质文件

健康码

　　同时，对于社区网格员而言，要查阅一个发热患者的历史行程，过去的做法是从堆积如山的表格里去逐行寻找，才能拼凑出一个人的完整行程，但如果在一个区域普及健康码，那么每一次扫码其实都标注了这个人的位置信息，大大提高了查找速度和工作效率。

　　目前，腾讯已经支持国家政务服务平台上线全国防疫健康信息码，并在北京、广东、四川、云南、天津、贵州、上海、重庆、黑龙江、广西、湖南、湖北、青海、海南等近 20 个省级行政区的 300 多个市县上线地方防疫健康码。同时，基于《全国一体化政务服务平台防疫健康信息码接口标准》，腾讯也正在推动全国一体化政务服务平台"防疫健康信息码"与全国各地健康码的互信互认，实现一码通行。截至 2020 年 9 月，腾讯防疫健康码已经有 9 亿用户，累计亮码人次超过 160 亿，累计访问量超过 480 亿。

图 4.7　全国防疫健康信息码界面

　　为了做好在华外籍人士的疫情防控管理和服务工作，腾讯也推出国际版健康码服务，提供英语、日语和韩语三种外语版本，方便外籍人士使用。目前，在广州和黑龙江等地，外籍人士可以通过微信小程序领取专属的国际版健康码，不用再找专门的翻译进行引导、出门还得随身携带护照和出入证明，国际版健康码让外籍人士也可以凭"码"轻松出行。

图 4.8　防疫健康码的韩语、日语、英语版本

除此之外，结合疫情防控工作的阶段性需求，腾讯还上线了疫情线索上报、发热门诊导航、医院空余床位查询、在线免费问诊等多项疫情服务。而且，在进入复工复产的新阶段，腾讯也快速推出学生复学码、企业复工码、居民消费券等多项服务，为复学复工复产以及提振消费提供创新实践。

数字政府

第五章　数字政府推进
社会治理现代化

一、建设"城市大脑"，发挥政府的社会治理主导作用

二、推进治安与网格管理智能化，构建基层社会治理新格局

三、以区块链技术为支撑，打造数字信用新体系

当前，数字中国建设正在如火如荼地进行中。作为新时代国家信息化发展的重大战略，"数字中国"于 2018 年首次被写入政府工作报告。数字经济、数字政府和数字社会"三位一体"，构成了数字中国的基本框架。经过近两年的发展，数字中国建设将云计算、大数据、物联网、移动互联、人工智能等新兴技术广泛应用于人们生活和社会治理的各个方面，为我国高质量地创新发展提供了新动能。

作为数字中国建设的基底，数字政府是互联网时代政务管理变革的趋势，也是推进社会治理现代化的发力点，这其中不仅包括信息技术的改进、数据治理能力的增强、政务服务质量的提升、业务流程的优化，还有政府治理理念的转变。数字政府建设已经将过去各部门条块分割、封闭独立、互不兼容的局面彻底改变，使得政务服务过程中的数据共享及有序流动得以实现，公共服务和社会服务更加智能化和人性化，人民群众可依据需求快速地办理各项行政业务，真正地实现"群众少跑腿，数据多跑路"。

党的十九届四中全会对治理能力现代化提出了具体的目标要求，即"建立健全运用互联网、大数据、人工智能等技术手段进行行政管理的制度规则"。就是通过数字政府建设，积极推进社会服务与管理的数字化转型，进一步实现国家治理体系和治理能力现代化。数字政府建设是政府运用互联网、大数据、人工智能、区块链等信息技术解决公共问题、提供公共服务、实施公共治理的过程和活动。就其本质而言，数字政府就是政府服务的数字化、智慧化。因此，数字政府建设是当前推动国家治理体系和治理能力现代化的着力点和突破口，是推进"放管服"改革的重要抓手，也是促进政府职能转变的重要动能。

数字政府中的大数据平台通过对各类数据的汇聚及精准分析，可准确地掌握社会运行状况，用数字技术重构现实社会的思维模式和治理模式，为政府实施社会治理、制定相关政策和发展规划提供了可靠的决策依据，有效地保障社会活动的有序运行。

近年来，我国社会治理的问题与矛盾在数字政府推进的过程中凸显，主要体现为：当前，智慧城市的建设使得老百姓体会到了数字政府建设带来的便民惠民措施，城市管理的各项数据已经汇聚起来，那么如何让这些数据资产的价值最大化，灵活解决城市中交通、医疗、应急等各项民生问题，满足人民日益增长的物质文化需求；目前，我国已初步形成共建共治共享的社会治理格局。在现代社会治理中，政府是社会治理的主导力量，与此同时，企事业单位、社会组织、城乡社区居民组织、社会公众等都成为参与社会治理的重要力量。作为社会治理的基本单元，如何将基层社会治理工作做得扎实，如何有效协调社区基层治理力量都是我们需要考虑的问题；此外，作为社会治理中的一个重要环节，数字信用体系建设尤为重要，在互联网时代，从国家的整体信用体系建设到个人的信用信息管理，通过数字政府建设在可信、安全、可控等方面为社会治理模式带来一些创新改变，在提升社会治理公信力的同时提升政务服务效率。

当前，我国正经历百年未有之大变局，社会治理领域面临一系列新矛盾和新挑战。打铁还需自身硬，我们迫切需要深化改革，大力推进数字政府建设，实现国家治理体系和治理能力现代化转变。

本章将从社会治理的中枢指挥——城市大脑、基层社会治理新格局、数字信用新体系三个方面，结合国内的优良实践，详细介绍数字政府来如何推动社会治理现代化的建设。

一、建设"城市大脑"，发挥政府的社会治理主导作用

社会治理是社会建设的一项重大任务，也是国家治理的重要组成

部分。政府要发挥社会治理的主导作用，但是政府的主导作用不是包办一切，而是健全社会治理的体制机制，完善社会治理的政策法规，引导和支持社会力量积极参与社会治理。

推进社会治理现代化，首先需要良好的顶层设计作为核心保障。"城市大脑"探索了一条利用数据创新驱动社会治理的新路径。它为"智慧城市"安装一个人工智能中枢，将数据作为战略价值的核心，通过网络协同来治理城市问题。随着我国城市发展进入新时期，着力解决城市病突出问题，提升城市环境质量、人民生活质量、城市竞争力，建设宜居、富有活力、各具特色的现代化城市成为一项重点工作。

而对于大多数城市来说，关键信息往往被埋藏在各个职能部门的不同系统中，城市管理者无法获得管理所需的清晰视图，很难整体协调工作。作为城市管理者，迫切需要通过"城市大脑"横向拉通各类政务网、互联网、物联网数据，进行综合数据分析和价值挖掘，高效智能地推进城市治理工作。

（一）"城市大脑"提升城市管理水平

在全国大力建设数字政府的重要时期，如何更好地推动城市建设、提升城市管理水平，一直是主政一方的领导干部极为关心的问题。此外，如何利用创新技术智能化、精细化地管理城市、提升政务服务水平、提高人民满意度、打造城市品牌等也至关重要。下面，我们通过一个实例来看智慧的"城市大脑"如何来提升城市管理水平。

案例：吴江"城市大脑"提升城市管理水平

苏州市吴江区，素有"鱼米之乡""丝绸之府"的美誉，地处长三角黄金腹地，拥有良好的产业基础与经济发展前景。在新一轮的数字政府建设中，吴江运用"物联""数联""智联"三联一体化建设理念，通过"145工程"建设实现古老吴江的智慧转型，解决当前城市发展面临的挑战，带动产业发展实现结构化转型，优化城市管理，改善提升民生福祉，促进区域生态绿色一体化发展。

吴江"145工程"建设，即"1中心"——打造智能、协同化发展的城市运行管理中心（即"城市大脑"），提升综合管理能力；"4大领域"——持续深化产业、生态、综治及民生四大领域的建设，融合贯通，编织智慧吴江创新应用；"5大平台"——以政务云、大数据、物联网、GIS、视频管理构筑坚实的数字底座，为全区各个部门的信息化建设提供支撑，极大地提升了政府的服务能力。

吴江"城市大脑"作为数字政府的运行和指挥中枢，依托吴江区现有信息化建设基础，科学整合多种信息资源，构建"民生网""产业网""综治网""生态网"四张网，对吴江区实现全方位、高效能监管，逐步建立一个产城融合发展前提下的现代化、高效率城市管理与应急新模式。其建设产生了多方面价值，主要体现在以下四个方面。

一是实现运行态势全局掌控。通过全面覆盖的物联网基础设施和智能化的视频监控体系，实现城市运行状况自动感知。基于数据可视化技术，围绕城市运行、产业发展的关键领域，以高度可视化、图形化的方式实时展示城市运行体征数据，展示城市运行全貌。

二是实现各类事件协同处置。完善吴江区突发事件处置体系，按照预先设定的标准化处理流程，构建具有监控预警、指挥调度、部门联动等功能的城市突发事件处置平台，实现吴江区针对交通、综治、旅游、生产的突发事件处置联动。

三是实现风险隐患科学预防。根据预先设定的吴江区运行综合指标，对城市运行过程中收集到的信息进行实时分析比对，提前预知城市运行中在交通、综治、旅游、生产、产业发展中的各项风险，减少事故及风险发生。

四是城市发展智慧决策。依托城市运行、产业发展中收集到的各类数据，针对城市治理、产业发展的重点领域和市民关注的热点问题进行专题分析，为重大政策制定和政府决策提供依据。

吴江"城市大脑"的建设，体现了长三角一体化背景下前瞻的产城融合发展新模式，实现了政府对基础设施管理的自动化和智能化，对产业发展的科学化、精准化、智慧化。吴江"城市大脑"既方便了政府部门日常工作及市民日常生活需求，又为吴江产业高质量发展提供了平台支撑，打造了产城融合新型智慧发展城市标杆。

（二）智慧城轨让城市大脑更畅通

作为"智慧城市大脑"的神经系统，我国轨道交通行业发展迅速，诸多领域在规模上已位居世界前列。城市轨道交通的智能化建设，不但为人民群众带来了便捷智能的交通体验，也进一步推动着社会治理现代化的变革。

党的十九大明确"交通强国"的战略目标，提出智慧城轨建设是加大自主创新技术发展、强力推进交通强国的重要抓手之一。当前，武汉市政府制定了"世界级地铁城市"的宏伟目标，为此，武汉地铁以"智慧地铁、文化地铁"为理念，运用云计算、大数据、人工智能、5G 等新型数字化手段推动武汉地铁建设，遵循智慧城轨规范，做好顶层框架设计。

📑 案例：武汉地铁智慧城轨验证平台

武汉地铁智慧城轨验证平台遵循"13531"为城市轨道交通信息

化总体框架，即打造 1 个智慧城市轨道交通门户网站；构建生产（应急）指挥、企业管理和乘客服务 3 个中心；拓展运营生产、运营管理、企业管理、建设管理和资源管理 5 大领域；依托安全生产网络、内部管理网络和外部服务网络 3 张应用网络；搭建 1 个由云计算、大数据等组成的基础设施平台。

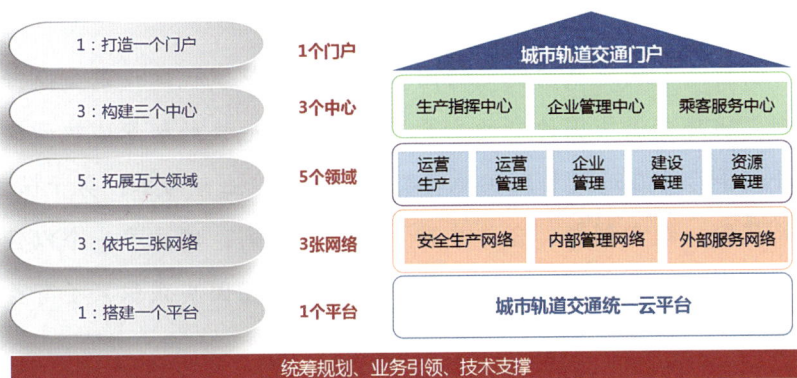

图 5.1　智慧城轨信息系统平台建设的总体框架

通过智慧城轨验证平台，有效实现企业专业数据整合，以及客流、行车、设备数据的集中统一，便于形成企业级数据统一视图，实现企业数据标准化；通过大数据管控提升运营管理能力，实现客流、设备、行车、票务等信息的实时统计分析，帮助运管人员及时了解城轨运营具体情况，在保证地铁路网安全运营的前提下，不断提升运能、降低成本；辅助规划科学决策：结合客流数据、商圈居住数据、市政规划数据等，提供新线路规划的数据支持，同时可预测新增线路对路网的影响。此外，全面掌握细粒度原始数据、智能整合内外部信息，打通壁垒，形成"数据资产化"管理理念，支持数据服务和数据运营需求。从业务视角，建设"准、快、全、统、通"的智能数据服务和数据应用体系，为城轨生产运营提供数字化、智能化支持。

在城轨建设及运营智能化的同时，人民群众切切实实感受到了智慧的出行体验。智慧城轨结合客流、行车等数据为乘客提供实时路网信息，方便乘客进行出行选择。同时，结合地铁线站周边商业、医疗、教育、旅游等资源信息为乘客提供所需信息查询服务；采用人脸识别的过闸技术方便乘客快速出入站，监测准确率达到了98%。采用视频方式检测车站通行流量，缓解车站拥挤程度。引入红外监控技术提升防火能力，及时发现火患等。

创新求发展是我国既定的国家战略，智慧城轨建设是交通行业创新、实现交通强国使命的主要抓手，武汉地铁的智慧城轨示范工程验证平台旨在通过脚踏实地的实践，本着"业务为本、勇于探索、先导试验、摸索创新、合作共赢"的基本原则，建立了一个以数字化为导向的创新实验平台，为我国创新交通强国实践积累了有益的经验。

（三）大数据助力新时代精准扶贫高质量发展

在社会治理现代化建设的进程中，攻坚扶贫是一项十分重要的工作。党的十九大明确把精准脱贫作为决胜全面建成小康社会必须打好的三大攻坚战之一，2020年更是全面建成小康社会，决战脱贫攻坚的收官之年。习近平总书记指出，当前，脱贫攻坚已到了决战决胜、全面收官的关键阶段。各地区各部门务必咬定目标、一鼓作气，坚决攻克深度贫困堡垒，确保农村贫困人口全部脱贫，同全国人民一道迈入小康社会。要采取有效措施，巩固拓展脱贫攻坚成果，确保高质量打赢脱贫攻坚战。为此，湖北省聚焦"准""实"二字，下足绣花功夫，深入开展扶贫领域腐败和作风问题专项整治，坚决纠正扶贫工作中的形式主义、官僚主义，坚决反对弄虚作假、数字脱贫，坚决查处贪污挪用扶贫资金等腐败案件。

📑 案例：大数据精准发力，"微腐败"难逃"火眼金睛"

为持续扩大湖北省扶贫政策落实监督检查工作成果，湖北省纪委监委联合烽火通信从顶层设计出发，充分运用云计算、大数据、人工智能等新兴技术，建立了集大数据比对、分级监控、智能高效、统计分析等功能于一体的湖北省扶贫大数据监察系统。该系统通过汇聚扶贫领域核心数据，利用大数据技术，从复杂多样的海量数据中快速获取有价值的信息，实现扶贫决策精准化、扶贫监管科学化，解决好"扶持谁""谁来扶""怎么扶"等问题，助力新时代精准扶贫高质量发展，保障扶贫攻坚战胜利收官。

1.基层扶贫"远、软、难"，监管手段急需升级

自精准扶贫工作开展以来，在扶贫工作的开展过程中，普遍存在诸如扶贫对象识别方法局限、扶贫对象识别标准差异、扶贫对象监督机制不健全等"远、软、难"的问题，制约了扶贫工作精准化、高效化。同时基层扶贫领域涉及对象多，单笔金额小，监管死角多，导致腐败问题时有发生，"微腐败"现象屡禁不止。这不仅造成了国家政策落实的不到位、国有财产的损失，更使得人民群众尤其是困难群众对扶贫工作产生不满，对政府形象及扶贫效果造成了极其不好的影响。

同时，传统扶贫监察受限于监察对象广、关系复杂、信息量大、监察力量相对薄弱等因素，造成执纪监督一线工作人员工作量大、效率较低、捕捉线索难度大等问题，如何让从事扶贫监察的工作人员从复杂多样的海量数据中快速获取有价值的信息，真正做到扶持对象精准、项目安排精准、资金使用精准、措施到户精准、因村派人精准、脱贫成效精准，成为新时代扶贫监察急需解决的问题。

2. 大数据为扶贫监督插上科技的翅膀

针对监察系统存在的难点、痛点，十八届中央纪委六次全会上提出"建设覆盖全国纪检监察系统的信息平台，建立情况明、数字准、可监控的数据库，为监督插上科技的翅膀"。湖北省纪委监委按照"分步实施、务实推进"总体要求，充分运用大数据技术、"互联网＋"等信息化手段，建设大数据监察系统，并把大数据技术运用到扶贫领域，通过扩大信息采集渠道、提高数据分析能力和加工效率，为扶贫决策提供精准、有效、可靠的数据支持，助力精准扶贫。

例如，湖北省随县殷店镇谢家湾村村干部吴某将儿子的户口迁移到自己妹夫、同村贫困户徐某名下，骗取扶贫资金3563元。吴某本以为能瞒天过海，没想到却在大数据面前现了形。随县纪委监委通过"扶贫大数据监察系统"发现吴某儿子的名字同时出现在多条信息中。由此，吴某造假的问题浮出水面。"将易地扶贫搬迁、教育扶贫资助资金、扶贫小额信贷资金等12项受惠人员信息，与工商、税务等数据一比对，结果一目了然。"省纪委监委第一执纪监督室工作人员表示，发现这一问题并提供线索的正是扶贫大数据监察系统。该系统依托湖北省省级政务云楚天云平台，汇聚整合全省范围的人口、户籍、住房、车辆、税务、社保、公积金和婚姻等近22亿条扶贫领域核心数据，通过湖北省大数据能力平台解决数据集中共享，并按照数据来源进行分域建模的原则，建设公安、人社、民政等主题仓库，实现系统内部数据的整合和沉淀，从而形成省市县三级互联互通的，集大数据比对、分级监控、智能高效、统计分析等功能于一体的扶贫大数据监察系统。

相比传统受理群众举报后开展核查、明察暗访抽查等方式，扶贫大数据监察系统具有快捷、全面、准确、主动等多种优点，建立个性化的大数据比对模型，并通过不断的数据训练优化和历史数据验证，不断提升大数据比对模型的精准度，发现异常数据，查找背后隐藏的一系列违纪违规的问题线索，为调查核实指明方向，助力一线执纪监督人员在精准扶贫领域练就"火眼金睛"，大幅提高了纪检机关主动发现问题的能力。

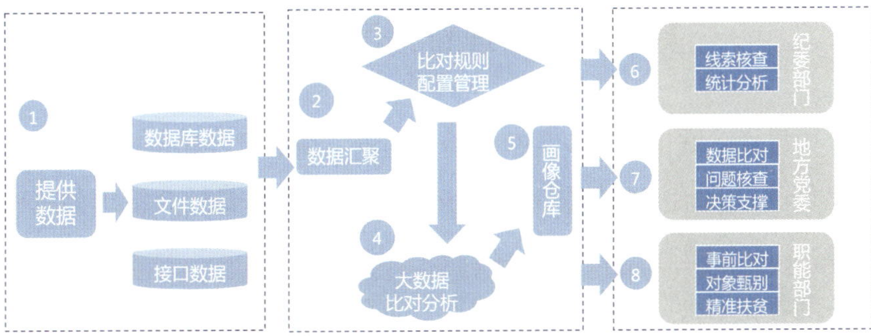

图 5.2 监察系统业务流程图

3.大数据助力新时代扶贫监察高质量发展

扶贫大数据监察系统自 2018 年 7 月运行至今，已成为湖北省深入推进扶贫领域监督执纪问责工作的重要工作手段。目前，该系统已实现汇集精准扶贫领域数据 93 项共 21.37 亿条，运用该系统对住房安全保障、贫困村提升工程、教育扶贫、健康扶贫、生态扶贫、社保兜底保障、金融扶贫等 7 个方面 19 个精准扶贫项目政策落实情况开展监督检查。监管扶贫专项资金超过 500 亿元，制定比对规则 300 余条，建立了 31 个大数据比对模型，通过数据比对发现问题线索 43.99 万条，经过认真核查之后，严肃查处了一批领导干部、财政供养人员和村干部贪污套取、虚报冒领、优亲厚友和截留私用的违纪问题。

未来，随着大数据技术的创新发展，大数据理念的深入贯彻落实，基层扶贫监察工作将全面拥抱云计算、大数据等新兴技术，有效提高扶贫监督工作精准度，助力精准扶贫工作高效落实。为基层扶贫工作人员减负赋能，提升群众获得感和对政府服务满意度，为全面建成小康社会，打赢扶贫攻坚战提供强有力的数字化保障，助力新时代扶贫监察工作高质量发展。

二、推进治安与网格管理智能化，构建基层社会治理新格局

如果说"城市大脑"为社会治理提供了顶层设计和指挥中枢，那么良好的社会治安防控体系和社区网格化管理将是社会治理的基础保障。

随着党中央"推动社会治理重心向基层下移"工作的落实，以及数字政府建设的进一步深化，我们要善于把党的领导和我国社会主义制度优势转化为社会治理优势，同时也要注重动员各种社会力量参与社会治理，发挥社会组织作用，实现政府治理和社会调节、居民自治良性互动，形成有效、管用、节约行政成本的社会治理机制，努力打造共建共治共享的社会治理格局，增强社会治理的预见性、精准性和高效性，这对增强人民群众的获得感、幸福感、安全感具有重要意义。

社会治安防控体系建设，是针对不同公共安全风险的不同特点，实施精准防控，全面提升立体防控、快速处置、精准打击和便捷服务能力；是打造坚强有力的基本作战单元为指引，大力推动警力下沉、重心下移、保障下倾，动员社会力量参与治安防控，把社会治理的触角向基层延伸，全面提升社会治安整体防控效能，为基层社会治理提供保障。

网格化管理是运用数字化、信息化手段，以街道、社区、网格为区域范围，以事件为管理内容，以处置单位为责任人，通过城市网格化管理信息平台，实现市区联动、资源共享的一种城市管理新模式。

其本质上是一种信息化、数字化管理模式，主要运用现代化的云计算、大数据、人工智能等先进技术，对每一个网格实施动态管理。目前，各地纷纷因地制宜，积极构建城市治安防控体系和网格化管理体系，打造共建共治化、精细化和全方位的管理，高效地满足社区治理和居民的需要。

站在新的历史起点上，在国家治理现代化和大数据智能化战略的大背景之下，如何整合社会资源，动员各方力量，创新社会公共安全治理模式，对于加强新时代的公安工作至关重要，更是建设更高水平"平安中国"的关键一步。

（一）公安大数据建设，助力"数字政府"打造平安中国

党的十九大以来，党中央确立了全面建设公安大数据的战略方向。大力推进实施公安大数据战略，为履行新时代使命任务提供有力支撑。各级公安机关积极响应中央政策，在公安大数据的建设上不断进行探索和实践，在"打、防、管、控、服"上均取得了显著的成效，为打造安全、稳定、和谐的"平安中国"提供了坚实支撑。

近年来，各地公安机关在推进新技术应用的过程中面临着一些难题。其一，公安机关现有数据资源庞大，但是数据系统壁垒严重，使得数据共享不充分，业务流程衔接不畅；其二，缺少有效的数据挖掘工具和分析方法，无法实现多维数据的关联融合，发掘数据背后的价值；其三，当前公安信息化系统在实际应用中没有发挥出最优效能，例如民警要查询一组完整的信息时，需要登录不同平台，且权限也存在因人而异、因岗而异的情况。一线民警往往存在不想用、不会用、不敢用的畏难情绪。

公安部门将"数据警务"纳入"数字政府"整体规划，大力推进改革强警和科技兴警"双轮驱动"，把数据资源汇聚共享作为大数据

智能化建设的基础工程，持续推动信息化、数字化和科技化技术与公安工作深度融合。通过公安大数据建设创新警务工作机制，提升警务实战能力；实现情报指挥勤务一体化，提升应急处突能力；创新警务服务管理模式，提升社会治理水平，促进执法规范化建设，使公安工作智能化、高效化、精细化、服务化，打造智慧警务，全面服务"数字政府"。

南京市公安局依托大数据平台数据支撑能力，面向基层社区管理工作，建设开发南京公安智慧警务实战平台。平台充分利用大数据、可视化等先进技术，打造了"智能围区"模块，基本解决了"基础数据繁杂、数据挖掘不深、走访针对性不强、管控力量薄弱、治安态势感知不够、情报服务缺位"等掣肘社区民警工作的痛点问题，实现了社区警务从被动应对处置向主动预测预防的转变，有效提升基层活力和治理水平。

大数据平台重点突出可视化、关联性和智慧输出的设计理念。一是可视化。依托 PGIS 数字地图，实现数据一张图展现、工作流程化展现、风险预警实时推送，把数据分析结果、高危风险点、治安态势等警格、网格要素全部以图形化、流程化方式展现，让数据和风险鲜活起来，更直观地进行展示。二是关联性。将公安内网、互联网、业务专网数据和泛在感知数据进行超级关联融合，实现要素信息全面融合、行为偏好全面挖掘、动态轨迹全面掌控，为基层社区"打防管控"提供精准情报服务。三是智慧输出。通过搭建智能模型，从数据中挖掘异常，预警预知预测各类风险隐患，并智能推荐解决问题的参考方案，真正做到让数据说话、敌未动我先知。

平台自建成以来，日均向民警推送轨迹预警信息约 3.4 万条、违法犯罪线索约 33 条、新生风险警情约 41 条。与此同时，平台已面向全警提供服务，并为全市社区民警开通高级权限。平台投入实战以来，已支撑保障了新中国成立 70 周年大庆、国家公祭仪式、全国两会、上海进博会等系列重大安保活动，并在社区民警日常管理工作中，实现了各类风险隐患的及时预警、精准预测，极大地提升了管控效能。南京公安通过"一张图"实现多维数据的超级融合、超级关联、超级可视，为社会综治夯实基础管理，为"数字政府"建设提供强有力支撑。

传统的案件侦查模式下，办案民警会收集犯罪现场的各类证据，对犯罪嫌疑人进行问询，通过对各类犯罪要素的摸查，结合多年来的业务经验，从而挖掘案件破获的突破口。在大数据模式下，一方面，公安机关可以对长期的地域性、特征性的警情、案件进行特征化标签处理，将各类案件警情进行细节刻画，实现对案件串并联，精准锁定犯罪嫌疑人；另一方面，可以形成对潜在的各类风险要素进行精准把控，对可能发生的案件、警情实现预测性侦查，指导警力资源合理配备，有效提升社会安全管理效能。

上海智慧公安创新应用大数据、云计算、人工智能等前沿技术，基于业务知识和经验指导数据治理工程，在应用实战中实现用户与信息的有效交互，利用多维度、多形式的精准情报信息支撑指挥调度，利用模型算法、碰撞分析实现风险点的智能预测预警，发挥"一处情报、多点服务"的情报价值，为指挥调度工作提供立体化指挥服务，让犯罪嫌疑人"无处可藏、无路可逃"。上海市应用智慧公安取得了巨大的成效，在上海进博会期间，上海智慧公安平台共提供了7万余次查询服务，向全市数十个应用提供API支撑，日均调用高达205.2万次，是去年同期的20余倍，民警智能助力基层，屡建奇功。

（二）"微警务"打造基层服务利器

如今，"微警务"已经成为基层服务的利器，公安警务作为大众息息相关的领域，因技术变革带来了创新和突破，通过多部门数据的汇聚融合，使人民群众不出门就能办理各项手续，动动手指就能轻松完成护照、身份证的办理，也可以让民警足不出户就能了解到辖区的警情和群众的需求。科技的力量打破了传统服务领域时间与空间的限制，而越来越"智慧"的警务系统和设备，也让很多从前民警需要耗时耗力计算、统计、分析的工作，如今只需轻点一下鼠标便可解决。

山西公安打破固有信息壁垒，整合公安数据和社会数据资源，依托"一云多网、两级中心"大数据架构，推出了公安审批服务"一网通、一次办"平台，构建了"服务集成—数据汇聚—信息流转—网通和网上预约—综合受理—限时审批一次办"的服务模式，具有"全省域、全覆盖、全流程"三大特点。平台涵盖了公安户政、治安、交管、出入境等375项审批服务事项，实现了数据支撑、智能指引、一网通办，成为引领全省提升公共服务水平的"排头兵"，让群众实实在在感受到便利、快捷、贴心。例如，在户口类业务上，平台提供在线办理户口申报，户口迁入与迁出，户口注销与恢复，流动人口管理等服务；在车管类业务上，平台不仅支持在线办理驾驶证业务，机动车业务，预估车辆及考试预约，还能在线处理交通违法、缴纳罚款业务。

（三）大数据为疫情防控添翼

2020年1月，新冠肺炎疫情暴发，公安部部长赵克志强调，"把疫情防控作为当前最重要的工作、最紧迫的任务来抓"，"迅速启动战时工作机制，充分发挥职能作用，积极配合卫生健康等部门，狠抓疫情防控和维护稳定各项措施的落实"。

在疫情防控的关键时刻，如何运用大数据支撑疫情态势研判、疫情防控部署以及对流动人员的疫情监测、精准施策？如何进一步做好疫情防控大数据支撑服务工作，加强联防联控，坚决打赢这场疫情防控攻坚战？这对各地公安机关提出了严峻考验。

在疫情狙击战处于艰苦对峙的阶段，通过数据互通、数据共享，让大数据在战疫过程中充分发挥作用，实现疫情的及时报送、上下联通、灵活运作，有效服务政府的联防联控机制。南京市公安局一方面，通过对疫情暴发地区来南京的高危旅客信息，与公安内部的大数据进行比对，向社区联防联控工作人员快速推送疫情核查信息，精准识别到哪些人是重点关注人员，为排查工作节省了大量人力物力，更重要的是提高了工作效率；另一方面，通过对疫情相关的人员、车辆等数据信息的碰撞比对，可以准确找到哪些人与确诊病例有过密切接触，进一步了解这些人可能的去向，将这些信息交由指挥中心，指令基层民警上门核查情况。这些数据信息都及时上报给南京市新冠肺炎疫情联防联控工作指挥部，有利于及时掌握疫情，科学决策。

（四）智慧安保让城市更安全

在开放的城市环境中，安全没有边界，城市的安全管理不再是局部安全水平的提升，而是通过提高整体安全水平，建设覆盖全城的安保系统，从而扩大城市掌控面，不留盲区。未来，人工智能、物联网、大数据乃至区块链等新技术都将使城市的安保系统发生潜移默化的改变。我们将不仅仅能看得更清晰，更可以提前预判；不仅仅可以获得视频，更将获得与整个城市的深入物联，采集更富有数字化信息的数据。

数字化技术助力武汉军运会智慧安保升级。举办大型国际赛事，是对一个城市市民的文明程度、城市环境的治理状况、城市经济建设的规划水平等城市综合能力的大检阅，对城市的发展将起到不可估量的促进作用。第七届世界军人运动会于 2019 年 10 月 18 日至 27 日在中国武汉举行，共设置射击、游泳、田径、篮球等 27 个大项、329 个小项。来自 109 个国家的 9300 余名军体健儿参赛，这是中国第一次承办综合性国际军事赛事。与此同时，高规格、大规模的赛事给军运会安保工作带来了巨大挑战。武汉市政府及湖北公安机关坚持向科学技术要战斗力，充分运用全省"智慧安保"的建设成果，在指挥调度、社会面管控、军运场馆及军运村内外巡查中部署科技支撑力量，全面提升军运会安保工作，以优异成绩顺利完成军运会安保重任。

为了能做到预防、预警和处置突发事件，军运会智慧安保建设思路就在于对"人、车、证件、手机、事件"等数据的采集和深度挖掘。通过将三维可视化平台与技防系统、物防体系和人防单兵设备的数据连接，可连通多个外部系统，将所有信息进行集中展示和处理。与各种系统和设备集成，将"智慧城市"中各个子系统的数据集中到统一平台，实现全方位的统一管理，彻底消灭"数据孤岛"，最大程度发挥各子系统的功能和投资效用，从而成倍提高管理效率，实现多种智能化应用为军运会服务。

在场馆建设时，军运会安保领导小组就将安全保障纳入场馆整体规划中。在原有安保基础设施涉及的无线通信、视频监控、入侵报警、网安防范、电子巡查、实名管控和安全审计等系统基础上，进一步升级安防体系，运用先进的物联网、智联网科技，将街面的卡口、视频监控、证件读取等前端智能感知设备，与后台的智能比对、车辆识别、电子巡查、防暴安检等智能应用系统融合，实现场馆和安防系统"一体化"，打造强大的"智慧安保"平台，实现资源一网打尽、指挥一屏展示、一键调度、一呼百应的目标要求。

"警务科技与信息化融合，最大的变化是'呼得通、处置快、看得见'"，武汉开发区（汉南区）分局表示，"这些设施能提升军运会安保国际化水平，受益的将是普通市民，他们最大的感受是更安全"。军运会安保既是一场能力大考，更是一场政治大考、作风大考；既是一次使命之战，更是一次荣誉之战。

当前，随着我国城市化进程不断提高，城市人流、信息流高速增长，社会结构更为多样化，治安形势和执法环境日趋复杂。社会公共安全体制机制也需要不断推陈出新，需要大力推进社会治安防控体系建设，使用更智慧的科技和数字化手段提升防控效能，维护社会稳定和安全。

（五）数字街道办激发城市末梢活力

在网格化管理中，作为城市基础组织的"末梢神经"，街道办事处具有管理事务多、服务人群多、电子政务系统多、处理问题杂、民生问题细、管理人员少等特点。因此，借助数字政府建设，提升街道办事管理和服务能力的意义重大。

📑 案例："数治尧化"提升街道办管理和服务能力

小街道也能有大作为——南京栖霞区尧化街道在深化"放管服"改革中，通过信息化手段加快基层综合信息平台建设，建立健全数据信息辅助科学决策和社会治理机制，强化政务服务模式创新，优化政务服务体验，提升街道社会治理水平和地区人民群众满意度。

1."数治尧化"让旧街区换新颜

南京栖霞区尧化街道曾经是南京市的一个郊区，到处是破旧拆迁安置房，外来人口多、居民组成复杂。而如今的尧化街道城市功能完善、百姓安居祥和、社会文明有序，已成为南京市的现代化新城区。

基层治理的"最强大脑"，群众出门就有"百事通"，24小时"不打烊"的"政务银行"，"淘宝式"政务服务体验，"不见面审批"，奇葩证明不再有，社区养老更便捷等，这一张张标签，一项项建设成果都与尧化街道以提升街道社会治理水平和地区人民群众满意度为目的，以"善政、兴业、惠民"为核心理念而实施的"数治尧化"项目息息相关。

尧化街道政府与烽火一起为"数治尧化"项目设计制定了"1＋3＋N"的系统架构，即建成1个全街情数据中心；搭建3个智慧平台（"慧分析"——数据分析展示平台、"慧治理"——城市治理平台、"慧指挥"——应急指挥平台）；配套 N 个应用系统，对人民群众提供更贴心的服务，对基层工作人员工作开展提供更有力的支撑。

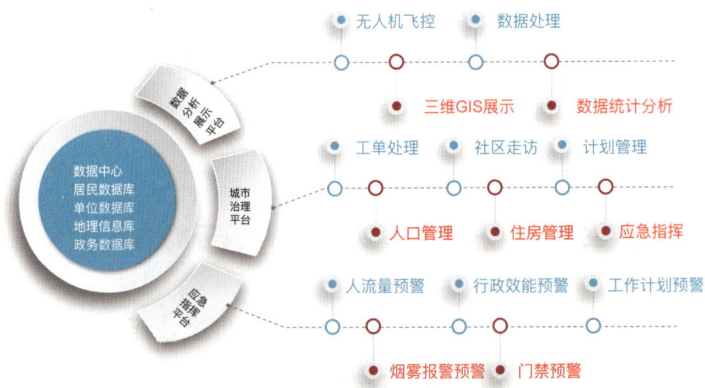

图5.3 "数治尧化"整体架构：1＋3＋N

2. 全域信息一张屏，基层治理有了"最强大脑"

用技术手段为基层治理赋能，用技术手段将基层工作人员从烦琐的事务性工作中解放出来，用技术手段使得治理更加精准，在"数治尧化"项目中，最重要的一项工作就是对原有党群服务中心进行改造，建成全域指挥中心——整个街道的"大脑"。全新的指挥中心里有一块30平方米的高清无缝大屏，上面实时展示着街道的各类信息，基层工作人员在"大脑"的辅助下，从容地处理着全街道的信息化工作流转、数据分析及应急处置等各项工作。

想要"大脑"运转起来，必须拓宽数据获取渠道，整合各部门业务信息系统，构建一体化数据库，实现数据信息共享。尧化街道网格员通过手机APP上报的讯息，老党员工作室收集的社情，居民通过"12345"反映的工单，这些信息都涓流汇海，接入到尧化街道全域智能指挥中心，经过清洗、融合，成为"大脑"中的神经元。

这颗"大脑"运用了区块链理念，集成了人口、法人、地理信息及政务四类数据库，实现数据跨域收集共享，以及二维、三维地图的监控接入和人房关联展示，目前已收集各类数据10万条。与此同时，"大脑"还具备强大的智能分析功能，通过对"12345"、城市管理、综合执法、网格化管理等数据的分析诊断，找出城市治理的盲点难点，为预见潜在问题、制定决策实施、把握发展趋势提供基础支撑，并生成民情诊断书作为政策制定和治理决策的重要参考。

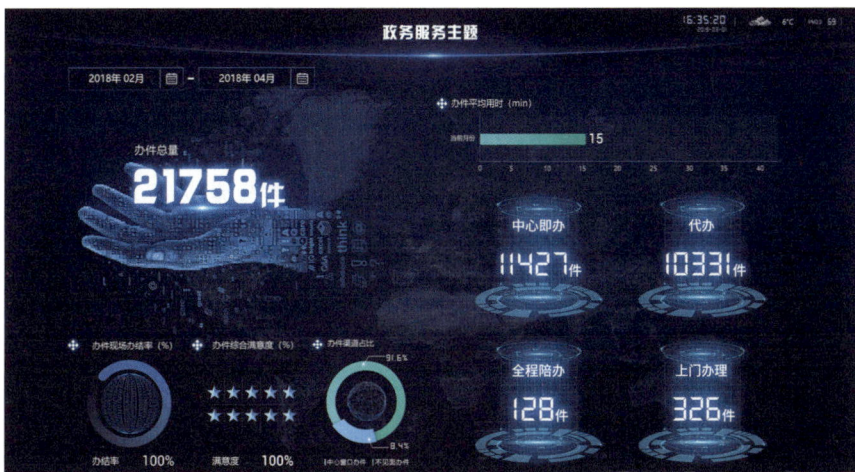

图 5.4 "数治尧化"智慧街道综合展示平台

3. 全科社工进网格，街头巷尾活跃"百事通"

尧化街道为民服务中心出台全科社工轮岗机制，实现了街社互动服务模式。每个网格员负责500户，人手一部对讲机，一本全要素网格电子书。吴边社区的网格员率先装备升级，点开手机小程序可以"打卡签到"，遇到问题"一键上报"。装备升级的背后，是网格员的角色转变。

"我们打造全要素网格，就是要把普通网格员培养成全能网格员，口袋书里写明了28大类、134项政务服务事项、18项执法巡查标准。"此外，"老年卡、医保卡、营业执照、健康证……各种为民代办业务，光靠一个社区两名全科社工跑不过来。现在把网格员升级为全能选手，居民不用跑社区，找到网格员就能把事办了"。尧化新村社区社委会委员张敏敏说，这一改变让居民有了最直接的获得感。

全要素网格的打造，让服务真正延伸到百姓家门口，这项工作正在尧化街道全面推行。"以往一到年底，街道窗口业务量会猛增，但去年就很平稳。更多的老年居民在全要素网格员帮助下，用上了'不见面审批'，学会了手机上办事。"尧化街道便民服务中心负责人钟玉芝说，这一改革不仅给服务窗口减负，更是让为民服务提速增效。

依托线下"全要素网格"和线上"掌上云社区"，推行"网格＋网络"双网治理模式，建立基层党组织领导、社会组织引领、居民广泛参与的多元协商自治机制，尧化街道形成了"线上线下聚民需、多元参与解民忧"的自治体系，有效实现从被动服务向主动服务转变。

注重用户思维，强调服务体验。在推进下沉一线、社工"全能"的同时，尧化街道"全科政务"的改革品牌也在不断迭代升级。

4. 数字"时间银行"，创新社区居家养老

时间银行是指志愿者将参与公益服务的时间存进时间银行，当自己遭遇困难时就可以从中支取"被服务时间"。时间银行的宗旨是用支付的时间来换取别人的帮助，而银行是时间流通的桥梁。

南京市尧化街道将时间银行模式与最需要帮助照顾的老年人相结合形成时间银行养老模式，该模式是志愿者在年轻时参加服务，到年满60周岁及以上直系亲属需要服务时，可以使用之前存储的时间进行兑换，实现互助养老、爱心循环的模式。

临近中午，是吕秀英一天中最忙碌的时候，姚坊门居家养老服务中心正要开饭。在她所居住的南京市栖霞区尧化街道王子楼社区，共有300多位年龄在60岁至85岁之间、对居家养老有需求的老人。76岁的陈惠英老人就是其中的一位。

"我一个人住，每天做饭对我来说挺费事的。现在，每天只要花3元钱，就能在养老中心吃上热乎营养的饭菜。"陈奶奶从吕秀英手里接过自己的饭盒——有鸭肉、花菜、青菜、茄子，还有蛋花汤以及酸奶，丰富的菜品搭配，让老人吃得很满意。

作为时间银行成立后的第一批志愿者，吕阿姨的时间银行卡里已经存了835个小时。截至2019年10月31日，在位于王子楼社区的尧化街道时间银行总行，共吸收了1484名"储户"，累计时间存款47229小时，为4262名服务对象提供146615次服务。

尧化街道不断探索多元化的增值服务。来自企业、大学生等社会志愿者们的服务时间，将存入团队账户名下。这些时间"积蓄"，既可以兑换成街道提供的团队建设、活动支持等方面的相关服务，也可以捐到"总行"用来帮扶需要服务的高龄老人。

尧化街道政府运用集成化和系统化思维打造的现代治理信息化平台，为街道的各项行政决策和公共服务提供强大有效的数据决策支持，实现了工作效能和服务实效的双提升。后续，尧化街道将从两个方面进行提挡升级：一方面，实现信息化在街道各项工作中的全面运用和数据可视；另一方面，实现一个APP融合街道全部工作，完成大数据信息的授权查看和一键调取，全面实现"数据说话、多维分析、信息指挥、高效督办"的新模式，探索切实可行、高效运转、可持续推进的基层治理机制。

三、以区块链技术为支撑，打造数字信用新体系

社会信用体系是社会主义市场经济体制和社会治理体制的重要组成部分。它以法律、法规、标准和契约为依据，以健全覆盖社会成员的信用记录和信用基础设施网络为基础，以信用信息合规应用和信用服务体系为支撑，以树立诚信文化理念、弘扬诚信传统美德为内在要

求，以守信激励和失信约束为奖惩机制，目的是提高全社会的诚信意识和信用水平。

在数字经济时代，健全和优化社会信用体系尤为重要。社会信用体系建设与数字政府建设高度合一，政府及相关企业作为数字信用体系的参与者与建设者，应抓住两者的天然联系，打造信用建设与数字转型生态共同体，积极推进建设与转型步伐，更好地服务于国家治理体系和治理能力现代化。

当前，社会信用体系建设是推进国家治理体系和治理能力现代化的一项重要任务。互联网时代，社会生活习惯与行为方式都发生了巨大变化，固有的社会治理方式难以适应互联网社会的现实需求，而移动互联带来的全新的生活样态又将社会行为进一步透明化，为此，与之相适应的监督、管理与服务模式的革新势在必行。信用体系建设涉及全行业、各地区，能够全面关联线上行为与线下行为，而区块链技术的发展与应用为新时期数字信用体系建设提供了可能。

建设现代化的社会治理能力需要构建共建、共治、共享的社会治理新格局，而区块链技术在数字世界里，它恰恰就是围绕着数据的记录、组织和传播这样一种共建、共治、共享技术，所以它对整个数字世界的治理起到了基石的作用。为此，区块链技术在便捷、高效、权威、可信、安全、可控等方面给社会治理模式带来一些创新改变。区块链用技术方式解决了信用问题，因为上链的信息不可篡改，具有公信力，同时带来了效率的提升。

（一）区块链技术打造数字化的社会信用体系

目前，我国社会信用体系建设虽然取得一定进展，但覆盖全社会的征信系统尚未形成，社会成员信用记录严重缺失，守信激励和失信惩戒机制尚不健全，伪造票据等时有发生。为此，需要利用区块链技术打造数字化的社会信用体系，为社会信用管理提供坚实的基础。

案例：区块链电子票据为百姓谋便利

区块链会在电子票据生成、传送、储存和使用的全程中都盖上"戳"，如果一张电子票据已经报销，就不可能再报第二次了，因为它已经被区块链盖上"已报销"的"戳"，并且这些"戳"可追溯、不可篡改。

蚂蚁区块链与浙江省联手打造全国首个区块链电子票据平台，为普通民众就医带来了方便与快捷。在蚂蚁区块链技术的支持下，浙江省第一个实现了医保异地零星报销"掌上办"，也已成为全国电子票据改革速度最快、开票量最多、开票金额最大、区块链技术应用最早的省份。

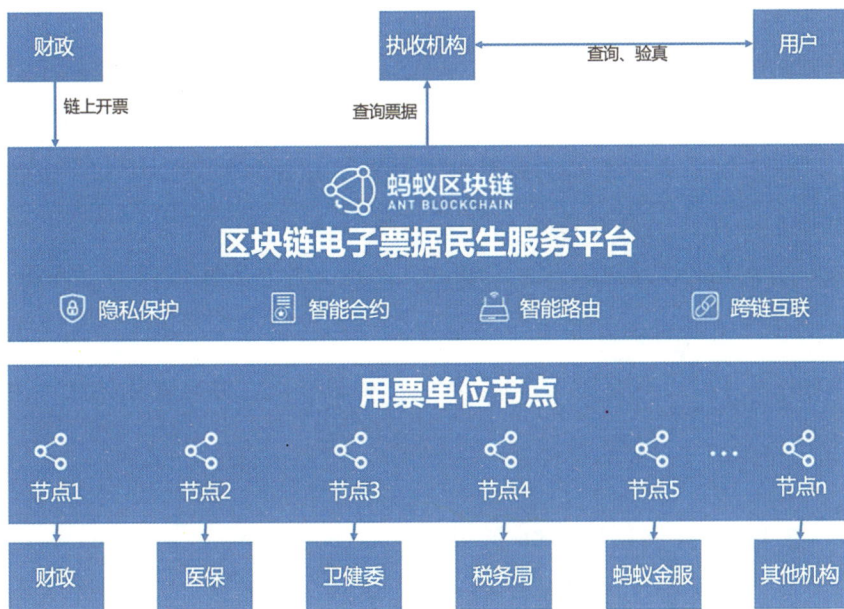

图 5.5 区块链电子票据民生服务平台

区块链电子票据平台由"链上开票""链上流转"两大核心功能构成，实现了智能合约链上自动开票、对接用票机构自动流转；基于财政厅的权威信用背书加上区块链不可篡改、可信的技术特点，通过区块链电子票据平台开出、流转的财政电子票据100%真实可信，各个用票机构无须耗时耗力去验证票据真伪和对接多种接口的多种系统，实现了票据的即取即用。

有了区块链技术加持，浙江百姓可实现异地就医报销"一站式"办理，从"最多跑一次"逐步实现医保异地零星报销"跑0次"。基于区块链技术的浙江省医疗电子票据正在全省进行推广，目前已经遍及全省488家医疗机构，省内异地医保报销正在逐步扩展到全省医保参保用户，至少为300万人次医保报销带来便利，全国第一个实现了医保异地零星报销"掌上办"。

通过发布全国首个区块链电子票据平台，浙江省医疗收费改革颇有成效，体现在以下四个方面。

1. 就医方便：就诊加快6成

改革前，患者看病需经挂号、就诊、缴费、取票、拿药、取报告等多个环节。现在有了蚂蚁区块链技术支持，只要打开"浙里办"APP，就可以"一站式"完成，无须窗口反复排队缴费、打印。据测算，平均看病环节从6个减少到2个，减少4次排队；人均就诊时间从170分钟降低为75分钟，降幅近6成，群众就医体验大为改善。

2. 报销快：报销提速96倍

传统医保窗口报销的平均时间约为12个工作日，商业保险公司理赔时间约为7—60个工作日。如今，群众不需要再拿纸质票据跑到参保地医保窗口进行申请，直接通过"浙里办"APP进行网上报销申请。有了蚂蚁区块链技术即时存证、记录、验证、审核，报销平均时间从12个工作日压缩到几分钟，提速几十倍甚至上百倍。

3. 监管易：几秒查验真伪

医疗收费电子票据使用统一数字加密技术，在医疗票面上打印加密数字二维码，形成票据数字指纹，相当于蚂蚁区块链在上面盖上了"戳"。票据真伪快速查验，鉴别真伪的时间只需几秒。同时，因电子票据全程可溯源、不可篡改，也杜绝了重复报销的可能，有利于保障资金安全。

4. 成本低：节约3000万元以上

对政府部门来说，预计每年可节约票据印刷费3000万元以上，而且还可以节约大量运输、保管、销毁等行政成本。对医疗机构来说，可大幅减少收费窗口，有效节约人力物力。同时，有了区块链技术助力，医疗收费系统与电子票据可自动实时进行核对、统计，有效减少票据管理工作量，也有利于解决纸质票据对账难、易出错等问题，提升医疗机构的业务管理能力。

区块链技术在医疗领域的落地，是利用科技为百姓生活带来便利的一次重要尝试，为普通民众就医带来了方便与快捷。它不仅有利于财政部门，而且可以加速推进其他政府领域的数字化转型工作，是信用体系数字化建设的重要成果。

（二）区块链技术打破寄递行业信任壁垒

有了区块链技术的产品全生命周期生产作业系统，就有了互信的体系、有了公开透明的账簿。通过区块链技术，所有信息更加透明，生产者、消费者、销售者、运输者的互信关系得以重塑。同时，由于"公开账簿"中的信息是透明的，所以每个参与者都获得了整个产品由产至销的监督权限，各个节点信息录入者的造假成本大大提升，市场的公共约束力大大增强。

⌐↗ 案例：中国邮政用区块链技术守护千万高考考生的期待

为什么使用中国邮政EMS快递高考录取通知书？总结一下主要有两条：覆盖地区广、寄送严谨。EMS作为中国邮政提供的快递服务，几乎可以寄送到中国境内任何犄角旮旯的地方，而商业化的快递公司为了成本考虑，往往难以完全覆盖偏远地区。同时，根据国家有关规定，中国邮政承担邮政普遍服务义务，受国家委托承担机要通信业务等特殊服务。

众所周知，高考录取通知书对于每位考生、每个家庭、每所学校来说，其重要程度不言而喻。即使作为高考录取专用邮寄的中国邮政，仍然难以让考生完全放心，主要因为在招生办、邮政、考生之间，信息共享不透明、更新不及时。尽管邮政拥有独立的物流信息查询平台，但如果邮件尚未交寄，邮政平台无法提供跟踪溯源信息。

为解决录取通知书邮寄过程中面临的这些痛点，根据邮政寄送录取通知书的特殊场景和需求，蚂蚁和邮政基于区块链技术的分布式、不可篡改、可追溯的技术特性，打造了针对性的EMS溯源解决方案。

高考录取流程中不同节点都可形成互联互通，完成信息的实时共享，同时也为这一系统提供了多方主体的信任背书：一是高校招生办，将高考录取通知书信息导入系统，同时完成招生信息上链，信息从源头就不可篡改，避免冒名顶替上大学；二是邮政EMS，高考录取通知书邮件在揽收、中转、投递等各作业环节处理的同时完成信息上链，信息在各作业环节不可篡改；三是考生，可以通过支付宝可信查询入口实时监控本人EMS投递情况，在收到邮件后也可查询核实，规避"野鸡"大学通知书。

作为中国邮政寄递业第一个使用区块链技术的系统，以及国内首个延伸到产品生产端的生产作业系统，这个项目不仅为区块链技术在中国邮政寄递业生产系统的深入应用奠定了基础，还成功打破了邮政生产作业系统的壁垒，延伸到产品生产端，真正做到产品全生命周期的管控。

不仅如此，区块链技术对于邮递行业的赋能，打破了产品流通行业的信任壁垒，解决了高校、邮政、考生三者之间的信任问题，真正意义上解决了用户需求。

据中国邮政相关数据，2019年客服投诉较上一年同期降低60%。从经济效益来说，使用区块链技术成功解决了录取通知书投递过程中的多方信任问题，降低考生投诉概率，从而降低了高校、邮政客服人员工作量，节省了大量人力成本。

高考录取通知书跟踪溯源项目的建设，基于区块链技术跟踪溯源项目的基础平台，通过区块链技术提供接入、上链、跟踪、定时、防伪、认证、推送、反馈等服务，最终将形成对中国邮政全业务线的覆盖、支撑，实现中国邮政产品生产、寄递全流程的透明化，确保跟踪信息的高可信度及可追溯性。

社会治理现代化是一个全新课题，包含诸多内容和方面，限于篇幅，以上仅就社会治理的中枢指挥——城市大脑、基层社会治理新格局、数字信用新体系等三个方面列举了部分实践经验和案例，供广大政府干部学习借鉴。随着数字政府转型建设的不断深入推进，随着大数据、云计算以及人工智能等新技术日新月异的发展，相信将会有更多更好的经验和案例不断涌现，为中华民族全面建成社会主义现代化强国添砖加瓦，夯实根基，我们对社会治理现代化的美好未来抱以无限期待。

数字政府

第六章　数字政府践行生态文明新理念

一、加快生态环境系统数字化建设

二、引领生态文明建设的智能转型

三、提高生态文明领域行政执法水平

党的十八大以来，以习近平同志为核心的党中央把生态文明建设作为统筹推进"五位一体"总体布局和协调推进"四个全面"战略布局的重要内容，推动生态环境保护发生历史性、转折性、全局性变化，生态文明建设取得显著成效。其中，生态环境保护领域大数据、"互联网＋"、人工智能等数字化和信息化技术开发与应用不断发展，形成互联互通、业务协同、数据共享新局面，对打好打赢污染防治攻坚战发挥了重要支撑作用。党的十九大对生态文明建设和生态环境保护提出了一系列新思想、新要求、新目标和新部署，生态环境系统信息化和数字化建设面向服务生态环境质量改善目标，不断加强生态环境保护与数据信息技术深度融合，全面夯实生态环境信息化基础设施服务和网络安全保障能力，统一建设信息基础设施、数据资源、基础支撑、标准规范、管理保障，将原来的小而全"烟囱式、孤立型"信息系统转变为专而精的"大平台、大系统、大数据"。党的十九届五中全会明确提出2035年"美丽中国建设目标基本实现"的社会主义现代化远景目标和"十四五"时期"生态文明建设实现新进步"的新目标新任务，这是以习近平同志为核心的党中央深刻把握我国生态文明建设及生态环境形势，着眼美丽中国建设目标，立足满足人民日益增长的美好生活需要作出的重大战略部署，为新时代加强生态文明建设和生态环境保护提供了方向指引和根本遵循。"十四五"时期，生态环境保护将进入减污降碳协同治理的新发展阶段，对信息化工作提出新的更高要求。做好生态环境保护信息化工作是推进生态环境高水平保护的关键手段，是构建现代生态环境治理体系的基础支撑，是深入打好污染防治攻坚战的重要保障。生态环境保护信息化发展方向，坚持服务大局，不断提高对生态环境保护的支撑能力和服务效能。坚持统一集中，持续加强"四统一""五集中"。坚持系统观念，统筹考虑数据、设施、安全等要素，整体规划部署生态环境信息化体系建设。坚持融合创新，深入推进新一代信息技术融合应用，推动生态环境业务数字化、智能化转型发展。坚持问题导向，着力补齐信息化短板弱项。要全面落实党中央、国务院决策部署，积极探索新一代信息技术示范应用，打造统一的"互联网＋"生态环境平台。要加强生态环境综合管理信息化平台建设与应用，推动尽快形成业务支撑能力和生态环境"一张图"。要深入开展系统整合，统筹推进重点业务系统建设。要持续开展数据集中共享，主动协调汇集数据资源，加强数据开发利用。要全力保障信息化基础设施运行，主动服务生态环境重点工作的开展，为实现精准治污科学治污依法治污、推进生态环境治理体系和治理能力现代化、推进生态文明、建设美丽中国提供有力支撑。

一、加快生态环境系统数字化建设

生态环境信息化与大数据建设是数字政府践行生态文明理念的重要手段，是精准、科学、依法治污的依据。经过多年坚持不懈努力，生态环境系统数字化建设取得了长足进步，但对标生态环境治理体系现代化以及数字政府的目标要求，仍然存在一些短板和瓶颈，如数据资源分散，资源整合利用程度不高；部门间协同联动不强，决策调度水平急需提升；业务协同机制不畅、内外共享不够；应用平台建设水平低、标准体系缺乏规范等问题，难以适应和满足当前生态文明建设与生态环境治理体系和治理能力现代化的工作需求。针对以上问题，着力从以下几个方面抓取痛点、推进重点、攻克难点，加快生态环境系统数字化建设。

（一）统筹生态环境数据采集，整合集成生态环境保护数据

建立数据资源关联关系和数据库体系，接入应对气候变化、地下

水污染监督、水功能区划、农业面源污染防治、流域水环境保护、海洋和南水北调工程项目区环境保护等生态环境数据资源，建设统一的生态环境质量、污染源、生态保护、核与辐射、政务管理等基础数据库，确保数据唯一性、规范性和时效性。

▢ 案例：江苏省生态环境大数据平台建设

江苏省生态环境大数据平台建设目标旨在构建集数据采集、指挥、分析和监督于一体的生态环境大数据平台，建成"一张生态环境监测网"（生态环境监测网）、"二端应用"（电脑端、移动端）、"三项核心数据库"（环境质量、问题线索、业务专题）、"四大功能模块"（环境质量、重点污染源、业务管理、执纪监督）、"五级协同体系"[省级、市级、县（区）级、乡镇（工业区）、企业]的污染防治攻坚战支撑体系。平台主要包括生态环境质量、重点污染源监管、综合业务管理、综合监管监督四大功能模块。

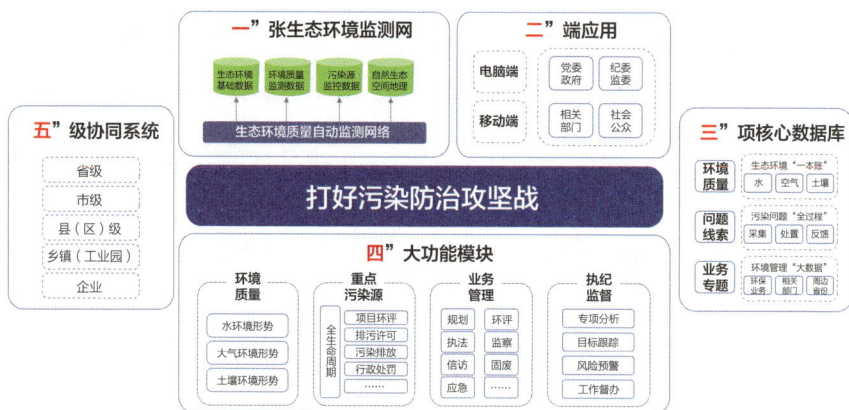

图 6.1　江苏省生态环境大数据平台总体架构图

一是生态环境质量。全面整合水、空气、土壤生态环境质量数据，对照国家和省考核目标，实时分析各地环境质量状况，开展目标可达性分析，对距离环境目标差距较大、环境质量恶化的地区进行预警，督促地方采取有力措施，切实压实党委政府主体责任，改善环境质量。如：在水环境质量子模块中，通过数据分析，可以排查各地区与国考、省考目标的差距值以及问题断面。在空气环境质量子模块中，主要反映了全省大气环境质量现状及考核情况，包括大气考核现状及目标差距，全省空气质量达标趋势分析，首要污染物历年趋势分析，大气治理工程项目与燃煤锅炉政治项目分析。在土壤环境质量子模块中，全省共详查工业点位 15993 个，其中化学原料和化学制品制造业最多，为 8321 个，其次为金属制品业和纺织业。同时，还可以在土壤环境质量子模块中看到土壤问题突出区域、土壤重点监控企业、土壤污染地块分布情况。

二是重点污染源监管。治污的核心是控源，江苏省生态环境大数据平台对全省近 14 万家污染企业建立数字档案，整合了与污染源监管相关的政府监管数据、企业监控数据及经营数据，以及社会公共数据。从而可有效掌握全省各区域、各行业污染源企业信息及污染排放情况，为快速有效发现环境监管问题线索提供依据。

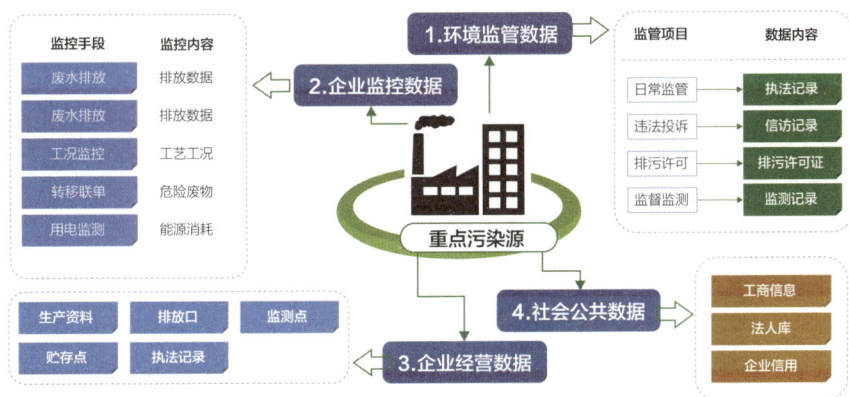

图 6.2 江苏省生态环境大数据平台重点污染源监管架构图

　　三是综合业务管理。以厅内业务部门的主要工作为重点，整合审批、信访、执法、固废等22个处室数据，对重要业务进行了分析挖掘，业务系统囊括了打赢污染防治攻坚战的主要工作内容，贯穿事前、事中、事后监管全过程。以综合执法为例，不仅可以实时掌握全省各地每天出动的执法人次、检查企业数量、执法任务类型等，还可以进一步分析执法人员履职情况。并且通过业务协同，还可以掌握哪些信访案件转入执法，何时转给谁去执法，他何时去现场执法，是否立案处罚以及详细处罚信息，从而实现业务全流程贯通，关键节点、关键信息可查、可看、可控。

　　四是综合监管监督。建立以问题线索跟踪和综合监管为核心的综合监管监督机制，在问题线索方面，整合了信访举报、"指挥部"专项行动、环境执法、行政处罚、重大案件督查、中央环保督察及"回头看"、专项督办七大线索。在综合监管方面，通过目标跟踪、专项分析、风险预警、工作督办、月度报告分析，对问题线索跟踪分析研判，对问题突出地区发出风险预警，从而实现重点问题重点案件"实时跟踪—风险预警—督查督办—执纪问责"。

　　该平台的建设旨在全面打通全省各地区、各部门生态环境相关信息系统，规范业务流程，明确主体责任，将执纪监督嵌入到污染防治工作的全过程。在以改善环境质量为目标、以解决突出环境问题为导向等两方面进行创新。一是以改善环境质量为目标，开展地方环境目标可达性分析预警。汇集环境质量数据，实时分析各地环境质量，开展目标可达性分析，对距离环境目标差距较大的地区进行预警，督促地方采取有力措施，切实压实党委政府主体责任，改善环境质量。二是以解决突出环境问题为导向，对问题处置全程跟踪预警。整合环境问题线索，对线索办理处置各个环节的及时性、规范性、有效性进行分析，对监管过程中不作为、慢作为、不规范、宽松软等行为进行预警，督促责任主体及时整改或启动问责，提升生态环境监管效能和规范化水平。

（二）完善生态环境大数据管理平台

强化生态环境数据资源综合开发与利用，深化业务数据和社会数据关联分析、融合利用，加强生态环境信息产品研发。

案例：安徽省生态环境大数据平台建设

安徽省生态环境大数据平台总体架构为"5＋1＋1"模式，即五大平台、一个运营监控中心、一套标准规范，旨在实现数据和技术处理能力集约化，打造生态环境数据管理大脑，高效管理数据、高速处理分析数据，在开放的数据和技术能力之上，构建横向可扩展、敏捷性的应用开放体系，形成"大平台、轻应用"模式，实现了全省生态环境大数据资源集约管理、数据畅通交互、技术便捷调用和应用决策可视服务。

图 6.3　安徽省生态环境大数据平台总体架构图

该平台主要内容包括：数据资产管控、大数据分析、能力开放、应用开放、协同服务支撑、运营监控中心和数据标准规范，并在此基础上构建了生态环境大数据决策应用产品。目前，大数据平台已汇集的数据 3600 多万条，其中气环境数据 1670 多万条，水环境数据 780 多万条，污染源数据 2280 多万条，固废数据 38 万多条等，实现了省环境厅内部所有环境相关数据的汇聚统一管理和调用服务。

一是数据资产管控，管理数据资产。以"资产"的理念看待数据，通过数据资产管控，实现数据从产生到采集、整治、入库存储的数据全生命周期管理，构建了安徽省强大的数据管理能力，采集、整合、治理不同来源的数据，形成了一个来源广、样本全、数量大的生态环境大数据资源中心，打造了一个主题清晰的大数据资源池，构建了以大气环境、水环境、自然生态环境、土壤环境、核与辐射环境、污染源监管、政务办公等环境管理业务为核心的、科学、合理的信息资源目录体系，实现了有条目的"管数据"，有序存放和管理各类环境数据，为信息资源的检索应用和共享交换提供服务，保障了全省生态环境数据的高效管理与调用服务。

二是大数据分析，提供数据分析能力。大数据分析服务通过建立大数据分析与算法模型库，提供 BI 报表等大数据分析工具，形成了数据加工与利用能力，为上层数据价值挖掘与可视化展示提供了分析技术能力，支撑上层大数据分析决策应用产品的形成。

三是能力开放，开放数据和技术服务能力。能力开放包括数据服务能力开放和技术服务能力开放，保障了安徽生态环境大数据平台的开放性，促进了生态环境数据资源和技术资源的交互共享。能力开放平台向上层应用提供快速、可靠、稳定的数据资源接口和技术服务接口，使生态环境体系下各个应用均具备进行大数据智慧分析所需的数据和技术。

四是应用开放，构建应用生态圈。通过封装应用开放管理技术，实现了快速、便捷、高效、低成本的数据分析应用产品上架、发布、授权查看调用，形成了数据应用产品超市。为不同开发团队提供了应用流水线，未来新的业务应用可利用平台提供的运行环境、技术支撑、数据和技术服务进行快速构建，接入大数据平台中上架开放数据应用产品。提供了数据决策分析管理层面的成果应用，满足了生态环境数据分析应用产品的快速生成、发布和调用，建立了高效的"用数据"模式。

五是协同服务支撑，提取共性技术。协同服务支撑主要是封装公用技术组件，提供完整的平台技术支撑服务能力，为上层平台应用提供基础支撑。通过协同服务支撑，将生态环境大数据建设中各业务应用系统共性的建设内容提炼了出来，打通了业务关联关系，疏通了业务流程，提炼了共性支撑技术，从而实现了统一的用户管理、整体的应用管理、消息分发共享管理，实现了业务协同、联动管理，构成了统一的应用支撑服务，从而降低后续应用建设成本，避免"数据孤岛"和"项目孤岛"。

六是运营监控中心，掌控数据运行状态。建立了统一的运营监控中心，进行数据变化监控、数据服务监控、数据库运行状态监控，掌握了数据家底，跟踪、监控数据增、删、改变化动态和数据库运行状态指标等，化被动为主动，保障环境信息化系统稳定运行。

七是数据标准规范，统一数据标准。建立了一套统一的生态环境信息标准规范体系，以适应生态环境数据特征及大数据应用要求的管理及维护，确保大数据的灵活可用性，适应未来数据扩展、海量数据增长及环境大数据发展的趋势，为安徽省生态环境数据资源的连通、共享、交互打好基础。

八是数据可视应用，辅助管理决策。基于整个平台，构建了上层数据决策分析应用产品，包括水环境一张图、气环境一张图、噪声一张图和执法监管一张图。实现了生态环境数据的价值挖掘，信息空间化、可视化，提供全局视野俯瞰生态环境管理的全景视图，辅助环境部门进行生态环境质量分析、生态环境问题分析、生态环境趋势发展判断等，辅助管理决策。

（三）推进生态环境数据共享开放

加强与国家电子政务外网数据共享交换平台互联，持续推进与自然资源、气象、水利、农业农村、交通运输、应急管理等相关部门的数据共享交换，统一开展生态环境数据共享服务，持续提升服务水平。

📄 案例：湖北省建立的长江大保护智慧应用系统

为深入学习贯彻习近平生态文明思想和习近平总书记视察湖北重要讲话精神，扎实做好生态修复、环境保护和绿色发展"三篇文章"。湖北省以"政府数字化转型、政府治理能力现代化"为指导，以"全面提升湖北省长江流域生态环境治理能力"为目标，围绕坚决打好湖北长江大保护十大标志性战役，以"数字化、数据化、智能化、智慧化"为实施路径，充分利用"互联网＋"、大数据等手段，结合湖北省情特点，建设长江大保护数字化治理智慧平台，助力实现长江大保护政府决策科学化、业务管理精准化、公共服务高效化，确保"一江清水东流"和"一库净水北送"，推动长江经济带高质量发展和长江生态环境治理体系和治理能力现代化。

长江大保护智慧应用系统依托湖北省政务云平台，通过完善监测监控网络，汇聚相关部门业务数据，建设与长江大保护相关的主题数据库，并将各责任部门现有相关业务应用迁移上云，构建长江大保护数字化治理智慧平台。该平台通过在以下四个层面同时发力，形成数据采集、存储、治理，业务协同监管、全景指挥等一体化应用系统，从而实现长江大保护"一屏全览、一键触达"。

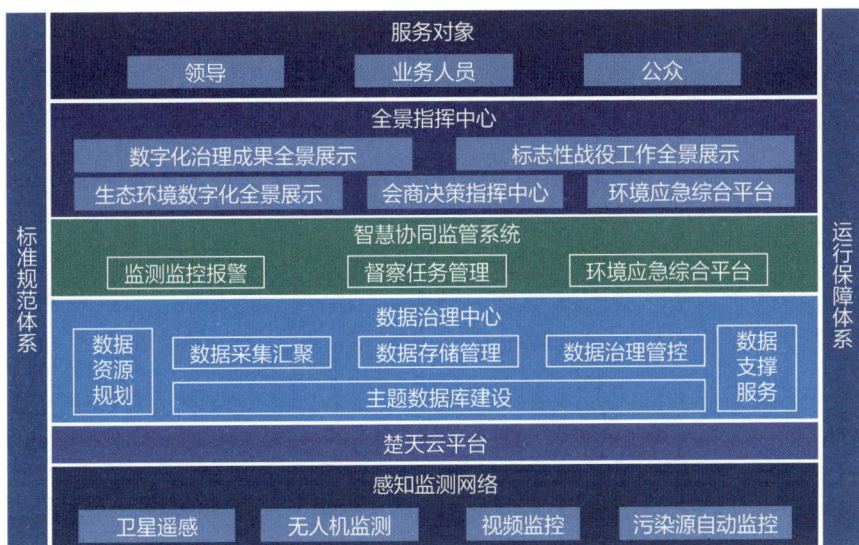

图6.4　湖北省长江大保护数字化治理智慧平台架构图

一是智慧感知助监控无死角覆盖。长江大保护智慧感知体系建设，是要建立"天地一体、水陆统筹"的感知监测网络。以改善环境质量为核心，以现有的生态环境监测网络为基础，扩大长江流域环境质量监测范围、增加监测密度，引入物联网、卫星遥感、地面监测等技术，建立覆盖全省的天空地一体化的环境质量智能监测、监控体系，提高水环境质量预测预警能力，及时发现问题。基本实现对长江流域生态环境的全面感知、立体监测，为湖北省长江大保护提供全面的数据支撑，为环境质量调查评价和考核提供基础数据依据，促进环境质量改善。

二是数据中心让数据价值释放。长江大保护数据治理中心建设主要包括大数据资源规划、数据主题库建设、数据采集与汇聚、大数据存储管理、大数据治理管控以及大数据支撑服务。通过构建长江大保护数据治理中心，加强对长江大保护数据资源进行整体规划，形成"标准统一、动态更新、共享应用"的信息资源目录；依托湖北省政府共享平台，统筹长江大保护数据资源采集，包括相关业务数据、物联网数据、互联网数据等，实现"一次采集、共享应用"；提升数据治理能力，通过多种技术手段保障数据的安全及数据的质量，提高数据的可用性和易用性；强化数据应用创新，基于成熟的数据产品对长江大保护指挥中心、相关委办厅（局）等提供数据服务，进而服务于长江大保护数字化治理。

三是协同监管促监督执法形成合力。通过长江大保护协同监管体系实现对全省各类环境问题的统一管理与监督，通过建立监测监控报警系统，实现对突发报警事件，如水质超标、视频监控报警等情况的统计、分析、精准管控、任务调度以及动态评估；通过建设督察管理系统，实现对中长期任务的督察管理，包括中央环保督察整改任务、长江保护修复攻坚战工作任务、十大标志性战役工作任务的管理，并为其他委办厅（局）提供十大标志性战役相关进度、工作开展情况等数据的报送端口，辅助标志性战役工作全景展示；通过环境监察移动执法系统扩展升级，保证执法的高效准确。最终提升环境监管效力，促进长江大保护工作取得实质性进展。如在长江大保护非法码头专项整治过程中，涉及生态环境厅、交通运输厅、安监局等部门，在以往的过程中经常面临多头管，但谁都管不住的问题。通过协同监管系统就能将涉及一个业务的多个部门有机串联起来，形成合力，提高监管执法成效。

四是全景指挥实现大保护一屏全览。长江大保护全景指挥系统建设是要建立"全景可视、全面调度"的全景指挥体系。该系统建设目标充分结合湖北省情特点，以长江生态环境监控网采集数据为基础，利用大数据、云计算、可视化等先进技术手段，围绕湖北长江经济带生态环境监管工作，建设生态环境数字化全景展示、标志性战役工作全景展示、数字化治理成果全景展示、应急综合平台及会商决策指挥中心建设，最终实现对长江生态环境破坏和水污染行为的早发现、能控制、可管理，为湖北省长江大保护十个标志性战役提供全面技术支持。

二、引领生态文明建设的智能转型

生态环境信息化与大数据建设的目的是推动生态环境综合管理决策科学化，是精准、科学、依法治污的基础。过去传统的生态环境综合管理决策过程经常面临数据基础不全面、生态环境底数和问题不清、数据动态更新困难、问题溯源以及分析耗时长、工作重点不明以及工作量大、措施针对性不强等问题和困扰，生态环境信息化与大数据建设就是要将生态环境综合管理决策由经验治污到精准"智"污转变，通过多维度、各侧面的全面情况梳理，协助决策者从全样本分析中更便捷地找出问题、分析问题和解决问题，真正做到"用数据分析""用数据决策""用数据调度"，成为生态环境综合管理决策工作中的"智慧大脑"。建设"智慧环保"，就是要着力提升生态环境治理能力现代化水平，引领生态文明建设的智能转型。

（一）提升生态环境宏观决策水平

建立全景式生态环境形势研判模式，加强生态环境质量、污染源、污染物、环境承载力等数据的关联分析和综合研判，强化经济社会、基础地理、气象水文和互联网等数据资源融合利用和信息服务，为政策法规、规划计划、标准规范等制定提供信息支持，支撑生态保护红线、总量红线和准入红线的科学制定。

案例：成都市通过数智环境引领成都生态环境治理转型

2018年，成都市环境保护局提出了数智环境平台（成都市生态环境系统）的建设理念，结合党的十八大以来生态环境保护方面的新思想新要求，分析了环保工作在原有工作模式下的弊端和精准管控上的不足，创新探索建立"现状、科研、决策、执行、评估"五步闭环工作法，以此理念为指导和基础，建设成都市数智环境治理体系，概括为"1个中心、2大基础、3项机制、4支队伍、5步应用"。同时组建市、县两级调度中心，利用市、县、乡三级网格力量，实现环保网格化精细管理。"1个中心"即数智中心，包括数智环境支撑机构、人员和信息化平台系统。"2大基础"即数据基础与科研基础。数据基础基于大数据技术全面整合内外部数据资源，打破部门壁垒，促进互联互通，实现跨部门、跨层级、跨系统的数据交换与共享。科研基础即环境科学与信息科学研究基础。"3项机制"包括集成融合机制、辅助决策机制和指挥控制机制。"4支队伍"包括执法、巡查、督察、属地管理部门等4支队伍，保障监管措施有效落地，措施执行效果及时反馈，有效提高执行成效。"5步应用"通过单项业务应用为五步闭环运转提供数据和模型支持。

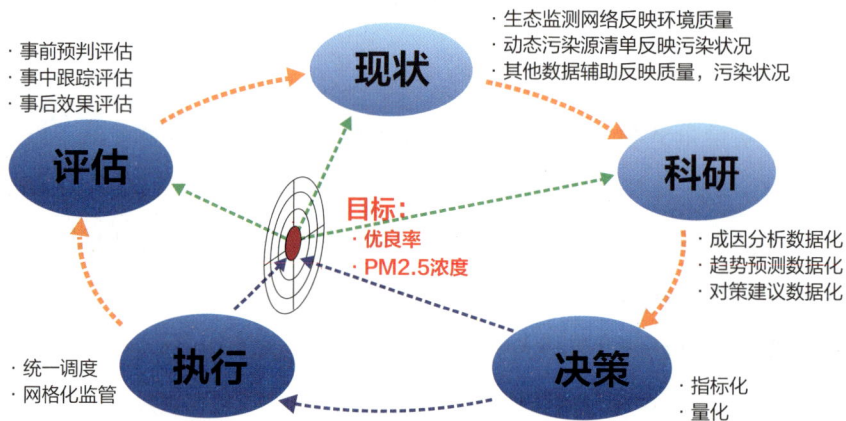

图6.5　成都市数智环境体系支持生态环境保护"五步闭环工作法"示意图

成都市数智环境体系的建设重点包括数智中心以及辅助决策体系、业务系统体系、统一监管体系四大部分，通过充分借助大数据、人工智能等信息化技术在科学化、定量化、精细化方案的绝对优势，探索开展了信息化引领环境管理转型的顶层设计工作，为实现成都生态环境治理体系和治理能力现代化提供坚实信息化支撑。2018 年，成都市率先在大气污染防治工作中应用数智环境体系，从大气环境质量问题出发，基于"现状、科研、决策、执行、评估"五步闭环工作法建设成都市大气污染防治大数据应用决策系统，结合相应的业务分工体系，在对数据进行量化分析、科学预测的基础上提出改善空气质量目标的控制措施，同时落实监管责任，实现精细化网格监管全覆盖，变被动善后为主动预防，通过信息化手段实现科技治霾。

一是五步法全景指挥。以大气污染防治目标及其所涉及的各个工作环节为基础，形成现状、科研、决策、执行和评估为主线的全景指挥流程，全面梳理领导决策所需的各类信息元素，通过统一的大数据可视化管理维护工具，满足经常变化的分析展现需求，提供更专业的分析展现功能，从而更好地满足日常管理的需求，提升"精准治霾、科学治污"能力。利用五步工作法强化全市大气污染防治工作和精细化管控能力，建立及时发现、快速反应、有效处置、常态提升、任务跟踪的工作机制，科学评估污染防治成效，优化污染防治措施，实现最优化管控；以大气污染防治目标及其所涉及的各个工作环节为基础，形成全市大气环境管理机制长效化、管理工具智能化和决策方式科学化的局面。

二是精细化业务协同。系统在汇集相关数据资源的基础上实现基于工作场景的精细化业务协同，支持跨部门、跨层级的指挥与调度。依托本项目建设的大数据系统对各环节产生的数据、措施、指令、执行情况等数据进行定量化、精细化记录，通过数据分析与后向评估不断迭代优化，实现整体治理效果的螺旋式上升，不断提升大气环境治理成效。为更好更快地实现成都市大气环境质量的管理目标，以秋冬季战役行动、重污染天气应急管理以及日常监管中科研发现问题处理流程等为依据进行系统的设计与开发。现状概览平台用于展示现状与目标的差距；科学分析平台解析问题成因并提供工作建议；在精准管控平台中，明确工作对策并制定具体的措施；在线调度平台实现业务流程任务的调度与管控；考核评估平台提供评估报告，总结工作经验并为日后发生类似的事件提供参考依据。

三是大数据平台支撑。实现大气数据接入整合、数据治理与整合等数据资源管控能力，并且提供大数据访问服务。以环境监管数据为基础，根据应用层的实际需求，全面整合成都市大气环境管理所需的业务数据、物联网数据、外委办局数据，形成全市统一的大气环境质量、涉气污染源、大气业务管理等基础数据库。打通环保部门与外委办局之间的数据壁垒，逐步吸纳交通、工商、气象等部门和单位的外部数据资源。通过规划现有数据资源，构建大气环境数据资源大数据存储体系，实现数据资源的统一管理，为环境保护管理者和决策者提供统一环境信息视图。面向环保局的数据共享支撑服务，包括公共代码查询、主数据查询、涉气污染源基本信息查询和大气环境质量结果数据查询。面向外委办局提供对空气质量测点以及污染源主数据信息查询服务。面向区县为用户提供清晰匹配过的标准污染源信息，实现涉气污染源一套数的建设目标，并对污染源基本信息提供查询服务。

（二）提升应急指挥、处置决策等能力

运用大数据、云计算等现代信息技术手段，快速搜集和处理涉及环境风险、环保举报、突发环境事件、社会舆论等海量数据，综合利用环保、交通、水利、海洋、安监、气象等部门的环境风险源、危险化学品及其运输、水文气象等数据，开展大数据统计分析，构建大数据分析模型，建设基于空间地理信息系统的环境应急大数据应用。

📤 案例：广西突发环境事件应急指挥系统

为适应当前环境安全形势，加强广西生态环境应急能力，提升广西突发环境事件应对水平，打赢污染防治攻坚战，广西壮族自治区生态环境厅经过多年建设，建成了广西突发环境事件应急指挥系统。该系统主要由环境监管与预警信息系统、应急指挥中心和应急通信配套设备等部分组成，生态环境部门可通过该系统指挥广西突发环境污染事件应急处置。

系统总体架构

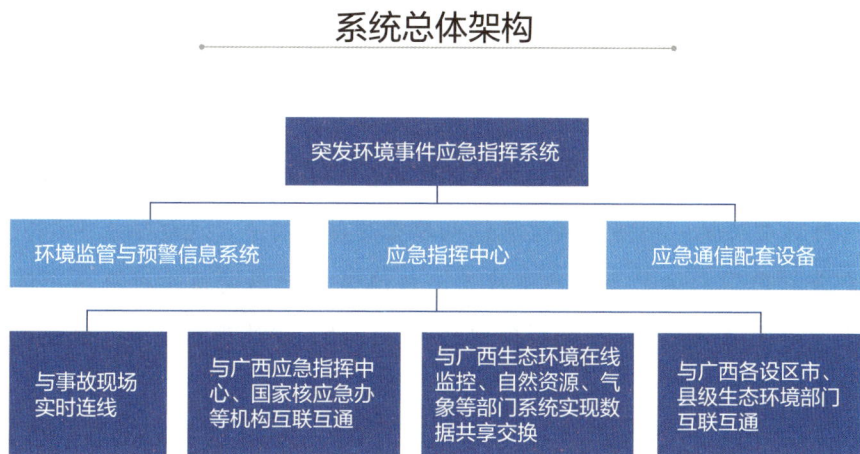

图6.6　广西突发环境事件应急指挥系统总体架构图

一是建立环境监管与预警信息系统。通过与环境应急指挥车、通信车、微信通信、4G传输、微波单兵、无人机等应急通信配套设备组成应急通信网络系统，广西环境应急指挥中心实现与事故现场实时连线；与广西应急指挥中心、国家核应急办等应急机构互联互通；与广西生态环境在线监控、自然资源、气象等部门系统实现数据共享交换；与广西各设区市、县级生态环境部门互联互通。

二是建立应急指挥中心。应急指挥大厅实时调用广西生态环境厅已建成的环境监管与预警信息系统，与应急现场视频实时连线，为环境应急、核应急、指挥调度提供技术支撑。

三是运用应急通信配套设备。包括：(1) 环境应急指挥车。作为广西环境应急移动指挥中心，一旦发生突发环境事件，可现场采集和处理广播级高清视音频图像，实时与广西环境应急指挥中心之间交互传输语音、视音频和数据信号，实现靠前指挥。(2) 环境应急通信车。作为突发环境事件应急处置现场的环境应急通信中心，通过卫星、4G 网络、微波、数传电台等多种传输通信手段，实现与地面指挥中心的信号传输，为应急指挥提供通信保障。(3) 卫星通信设备。当环境污染事故发生点地理环境很恶劣，如：偏远山区、停电或无任何手机网络信号情况下，启用卫星通信设备，建立卫星通信通道，解决事故发生地环境恶劣无法通信的情况。为事故点与广西环境应急指挥中心提供专用通信通道，实现信号不中断。(4) 4G 通信设备。4G 通信具有速度更快、网络频谱更宽、高质量通信等特点，通过插上 4G 卡，充分利用国内运营商的网络覆盖，快速建立专用通道，为应急指挥车、指挥中心等事故现场提供网络保障。(5) 微波通信设备。微波通

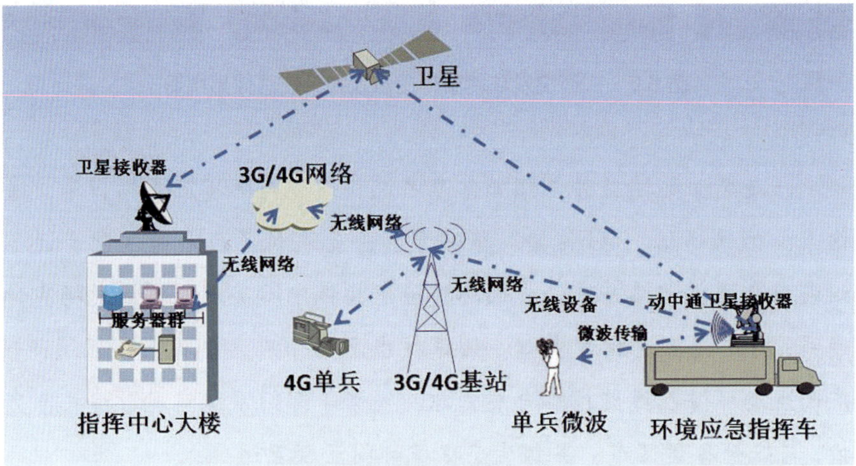

图 6.7　广西突发环境事件应急通信配套设备组成的应急通信网络系统

信是直接使用微波作为介质进行的通信，不需要固体介质，当两点间直线距离内无障碍时就可以使用微波传送。利用微波进行通信具有容量大、质量好并可传至很远距离的特点，通信应急车配套的移动式单兵微波，可以让技术人员更深入到达事故点进行视频采集，是应急车通信扩展的重要组成部分。(6) 无人机。利用派出的小型无人机，通过无人机的高清镜头对事故点进行360度拍摄生成全景图，同时回传到应急指挥车及广西环境应急指挥中心，为领导、专家组们了解现场的实时情况和做应对策略提供支撑。

该系统在以下三个方面对突发环境事件应急指挥模式进行了突破。一是突出多点联动指挥。系统以广西生态环境厅应急指挥中心、应急指挥车、应急通信车为核心，多点联动，不管指挥者在哪一点，都能满足指挥需求。二是多种通信技术联动。率先利用卫星通信技术，构建"移动4G网络＋卫星通信＋微波＋无人机"的远距离通信传输模式，进一步实现偏远山区、网络信号盲区无可用网络的环境下应急通信。三是突出事故应急处置快速响应。汇编指挥流程图、5个应急岗位应急工作手册，联合多部门快速开展突发环境污染事件处置。

（三）加强环境舆情监测和政策引导

建立互联网大数据舆情监测系统，针对环境保护重大政策、建设项目环评、污染事故等热点问题，对互联网信息进行自动抓取、主题检索、专题聚焦，为管理部门提供舆情分析报告，把握事件态势，正确引导舆论。

☑ 案例：湖北省黄石市"智慧环保"建设

黄石市根据《国务院办公厅关于印发政务信息系统整合共享实施方案的通知》、环保部《生态环境大数据建设总体方案》、《黄石市环境保护十三五规划》要求，以及黄石市创建生态文明城市需要，提出要运用以大数据、云计算、物联网等现代信息技术手段为环境保护提供全方位监管和科学决策分析提供大数据支撑，并对接"智慧黄石"城市运营中心，形成生态环境大数据共享开放的"大环保"格局。黄石"智慧环保"项目依托智慧城市云计算大数据中心和城市运营中心（公共信息资源共享交换平台），实施黄石"环保12369工程"，主要建设一朵环保云、两大门户、三大体系、六大应用、九大模块。其中，六大应用和九大模块是黄石"智慧环保"项目的核心。

六大应用是业务应用方向，分别面向环境监测监管、环境管理、环境执法、环境社会服务、环境应急和决策支持。以准确全面的环境质量和污染源数据监测监控，实现环保监管要素全覆盖的环境监测监管应用；以基于环保云科技，将环保业务各流程有机串联、协同流转与交互展示的环境管理应用；以达成环境污染社会共治、联防联控信息化管理体系的环境执法应用；以通过互联网多种途径，提供企业在线业务申报、公众环境举报投诉和环境质量信息便民在线服务的环境社会服务应用；以利用空间地理信息和环境应急业务数据，对环境应急事件进行处理的环境应急应用；以环境质量监测实际状况为基础，提供可视化展示平台的决策支持应用。九大模块是六大应用方向的细分和具体体现，是信息化建设的实际载体。包括环境地理信息模块、环境监测模块、环境监管模块、执法一体化模块、社会服务模块、环保综合指挥模块、决策支持模块、业务系统模块、交互展示模块。其中环保综合指挥模块与社会服务模块别具特点。

环保综合指挥模块包含环境信访投诉管理和环境应急指挥。该模块建设坚持平战结合、共享共用的原则，以空间地理信息和环境应急业务数据为基础，开展应急指挥和决策分析。其中环境信访投诉管理将生态黄石微信公众号、网站、"12369"、智慧环保APP（公众版）等各渠道信访信息统一纳入到环境信访系统中，进行统一登记、受理、办理，形成环境信访台账，并可按区域、案件来源、投诉性质、投诉方式、污染种类、月报、季报等对信访信息进行分析展示。环境应急指挥管理系统能够针对环境应急事件进行应急处置。当发生环境应急事故的时候，通过系统能够快速接警，并按照应急事故的严重程度自动定级。在指挥作战过程中，可以通过地图形式查看事发点位、查找附近的敏感源，模拟污染扩散程度，同时结合航拍无人机、可视化调度系统、指挥中心坐席，对环境应急事件进行指挥调度。

社会服务模块包含生态环境局门户网站、环境信息公开、企业直报系统和环境舆情管理。该模块服务于社会公众和企事业单位，通过环保门户网站、环境信息公开系统向公众展示当前政务信息、环境管理信息、环境质量信息等。当今随着互联网的快速发展，公众对影响自己切身利益的环境问题发声的欲望越来越强烈，通过环境舆情管理系统全面掌控舆情信息，并按区域、按污染要素、按情感类型、按舆情来源对舆情信息进行分类统计分析。社会服务模块还提供污染源信息动态管理功能，比如企业地址发生变化、名称修改等可以通过该系统上报，从而实现污染源的动态管理，局内人员实时管控污染源情况信息。

图 6.8 黄石市"智慧环保"舆情监控系统

三、提高生态文明领域行政执法水平

生态环境信息化与大数据建设是提高生态文明建设领域行政监管执法水平的重要工具，是精准、科学、依法治污的关键保障。在缺乏生态环境信息化与大数据的支持下，传统生态文明建设领域行政监管执法往往面临各单位各部门各自为政、无法及时预警和处置污染问题、难以有效监管企业排污行为等挑战。利用大数据、信息化技术，通过多系统的数据融合联动分析，可以大幅提升环保部门发现企业污染问题的能力，通过系统自动推送报警污染源企业生产、排污异常信息，使执法工作从过去网格化、双随机的人工排查执法，提升到信息系统辅助决策的精准执法；通过对信息的研判，突出执法管理重点，提高环保执法效率；通过对企业排放数据超标时生产、治污系统工况的数据分析，为企业生产、运行污染防治设施不规范、不正常行为提供预警分析服务，帮助企业迅速调整，避免环境风险；同时引导企业严格落实自身环保责任，督促企业改进运行方式，实现科学指导企业治污工作。因此，要充分运用大数据提高生态环境监管执法能力和水平，提高生态环境监管的主动性、准确性和有效性。

（一）加快生态环境监测信息传输网络与大数据平台建设

增强生态环境质量趋势分析和预警能力，为生态环境保护决策、管理和执法提供数据支持。

案例：重庆市运用大数据精准"智"污，助力打赢污染防治攻坚战

重庆市通过"大气、水环境大数据系统"，以环境质量改善为核心，按照"目标—现状—问题—措施—成效"工作路线图为主线，综合利用卫星遥感影像、无人机航拍、视频监控、在线监测、网络爬虫等技术，全面汇集环境质量、污染源、工程措施、调度进展等多维数据，立体绘制污染防治管理"战略地图"。系统通过指挥调度大屏端、监督管理端、移动巡查端的联合应用，通过数学算法动态研判环境形势、预测环境质量、智能洞察环境问题、实时追溯污染成因，有效推荐管控措施，通过短信、微信、APP等多通道及时开展工作调度，有效预防污染，成为污染防治综合调度的核心平台，极大提升了重庆市生态环境智能化监管水平。

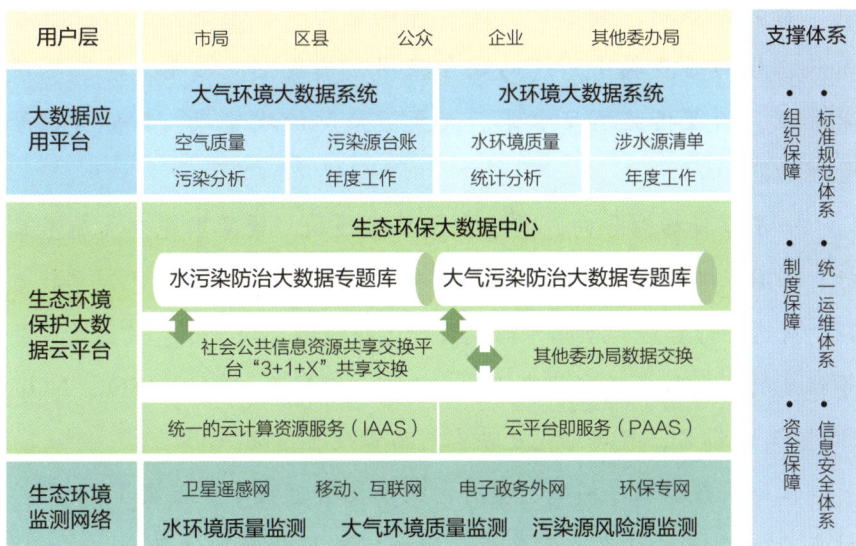

图6.9　重庆市生态环境大数据系统架构

重庆市"大气环境管理系统""水环境管理系统"部署在市生态环境云平台，与市局政务门户系统实现单点登录，与重庆市生态环境数据资源中心实现数据交换与共享。数据资源中心为本系统提供基础数据服务与空间服务，本系统通过数据资源中心与国家监测总站系统实现共享交换，通过重庆市公共数据资源共享交换平台实现与重庆市气象局、水利局、国土资源局、林业局、规划资源局、农业局等实现数据共享交换，获取生态环境相关的各行业数据，实现生态环境管理业务协同。

大气环境大数据系统围绕国家"气十条"及全市大气污染防治目标任务要求，建成全市一体化大气环境大数据系统，为打赢蓝天保卫战提供智能化支撑。建立空气质量基础信息库，采用多源异构知识提取技术，动态融合监测、执法、审批、治理措施、气象、交通、市政、工地、餐饮、工业、空间等内外数据，通过数据清理、整合、加工、入库，为大气环境综合分析和共享应用提供丰富数据基础。本系统通过指挥调度大屏子系统、监督管理子系统、移动巡查端子系统的联合应用，实现空气质量、涉气源清单管理、治理措施项目台账、大气污染防治攻坚战、目标考核等管理功能。

一是以目标为导向，掌握空气质量现状。紧紧围绕空气质量目标，从国家考核、市级考核维度将现状与考核目标形成对比，寻找差距，对达标形势进行预测，形成目标考核机制。以全市、片区及区县等维度的不同时段进行优良天数、AQI、PM2.5、PM10、SO_2、NO_2、CO、O_3的排名，直观细化反映空气质量改善情况。

二是用数据推导问题，提升污染防治管理效率。汇集17个国控站点、54个市控站点监测数据，形成空气质量基础信息库，以GIS地图直观反映当前及历史AQI变化趋势，并构建蓝天日历。从站点、区域两个维度，进行污染超标实时告警，进行多维度深入的监测数据趋势分析、排名分析、占比分析、对比分析、同环比分析，生成问题清单。

三是动态开展污染成因分析，实现精准溯源。通过机器学习时空间维度的污染因子谱化特征，动态建立污染因子特征谱与站点、时段间的相关性，开展站点、区域的污染成因分析，动态追踪潜在污染源，为溯源分析和去向追踪提供科学基础，同时结合空气质量监测站点1公里、3公里、5公里的污染源分布，实现精准溯源，有效开展精量治理。

四是智能推荐管控措施，动态指导工作调度。针对污染成因，对潜在污染源推荐科学管控措施，动态指导区县现场巡查和工作调度。

五是污染源清单建设，实现污染源动态管理。汇集全市工业污染源、交通污染源、生活污染源、扬尘污染源、锅炉污染源基本信息与污染排放信息，建立污染源动态维护台账。

六是治理措施台账管理，实时掌握工作进展。开展每年大气污染防治重点工作目标、蓝天行动任务分解入库、对接，形成目标考核机制。对照每年年度目标及蓝天行动任务，提供目标任务填报功能，为保障数据一致性，与生态目标考核系统进行对接，实现数出一源，一数多用。

七是污染防治工作管理，为蓝天保卫战提供信息化支撑。实现控制臭氧告知书发放的现场记录，保证了发放到位，并采用排名的方式调动了区县开展臭氧防治工作的积极性。搭建了混凝土搅拌站污染治理、施工工地管理、烧结砖瓦窑治理、VOCs企业治理、非道路移动机械管理模块，由传统的手工记录转变为污染防治日常巡查、日常管理的信息化记录方式，实现了市、区（县）两级工作协同，可实时掌握污染防治工作的进展及完成情况统计，再结合空气质量的变化分析预期成效，用于及时优化管理策略。

八是建设大气污染防治管理APP，扩展现场调度能力。运用"互联网＋技术"，实现移动端空气质量可视化、考核目标管理、空气质量地图、污染防治日常管理工作现场记录等应用，逐步将PC端的功能向移动端移植，拓展系统的应用范围，增强移动服务能力，保障管理及时性、便利性。

水环境大数据系统以水环境质量改善为目标，对照"水十条"要求，对标对表，全面反映我市水质状况，形成水污染防治管理"战略地图"。以水污染防治目标为基础，实现以全市域六大水系、42个流域控制单元、214条重点河流及流域、467个地表水监测断面、1664个饮用水水源保护地、120个工业园区及组团、8000余家涉水工业企业、2000余个生活污水厂、3万余家畜禽养殖源等空间维度，以地表水、饮用水、黑臭水体、地下水目标、监测、评价数据等指标维度，以治理工程、治理措施、审批、执法等业务维度，形成时空多维的大数据信息应用，按流域整体推进水生态保护，提升水污染防治智能化监管水平。

一是以环境质量改善为目标，通过水环境质量、污染源排放自动及手工监测数据联网共享。

二是针对管理者和业务操作人员的不同需求，按照目标考核、流域水质、问题剖析、涉水源清单、治理措施、预期成效的管理主线，对标对表呈现水质状况。

三是提升问题发现能力。综合利用卫星遥感技术、无人机巡河航拍、移动巡河、视频图像识别技术及机器学习技术，开展流域、区域、断面多维度时空大数据分析，通过超标分析、临界超标预报、多年同比环比恶化分析、风险预测分析等不同维度，多视角呈现问题清单，直观暴露问题河流、问题区县、问题断面、问题因子，提升水环境问题发现能力。

四是构建多维视图，为流域"画像"。针对问题河流，开展流域水环境形势研判，通过沿程分析、出入境分析、历史演变趋势分析、污染指标分析、水质排名等数据算法综合研判水质状况，为流域"画像"，找出问题河流的特点及主要问题，开展溯源分析。

五是数学模型科学分析污染成因。针对流域问题，通过输入性污染贡献分析、区域贡献分析、时间贡献分析、要素贡献分析等多套算法全面分析污染成因，为精准溯源提供科学依据。

六是利用大数据算法探索水质预测，并利用 EFDC 水质预测模型，开展水质达标可行性预判，为推动全市水环境治理靶向治污、精准施策、科学决策提供有力支撑。

七是结合重点工程推进情况全流程进度管控，结合现场巡河检查反馈治理成效。结合卫星遥感影像解译、现场视频云台、无人机巡河航拍影像及视频、重点流域三维遥感影像、移动 APP，开展现场巡河，实地感知河流现场问题。

（二）建立统一的实时在线环境监控系统

实现生态环境质量、重大污染源、生态状况监测监控全覆盖。采集和发布饮用水源地、城市黑臭水体、城市扬尘、土壤污染场地、核与辐射等信息，强化企业排污信息公开，利用"互联网＋"方式整合企业信息。

案例：河北省环境质量监测和污染源监控共享与发布平台

河北省环境质量监测和污染源监控共享与发布平台整合空气、水、酸雨、海洋、城市噪声、污染源等相关业务系统的数据，实现对全省环境监测数据的快速接入，建成汇集各级各类环境监测数据库。依托大数据、云计算、GIS 等技术，对数据开展分析及可视化展示，为全省各级环保人员提供数据查询、统计、分析等服务。系统总体架构如下图所示。

河北省环境质量监测和污染源监控共享与发布平台建立了生态环境质量监测和污染源监控专题数据库，将 2016 年以来空气、酸雨、

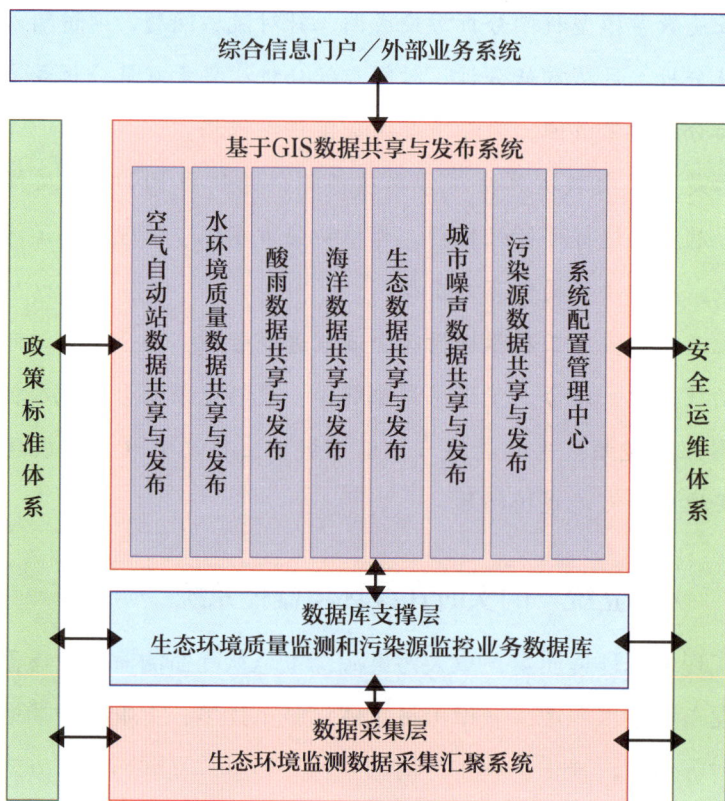

图6.10 河北省环境质量监测和污染源监控共享与发布平台系统总体架构图

地表水、饮用水源地、噪声、生态、海洋等各环境要素的环境监测数据和污染源监控数据整合、清洗、入库进行集中存储。目前系统共有数据7000多万条。其中气数据41282324条，海洋数据21条，污染源监督性监测数据1961555条，生态数据1440条，噪声数据23215条，水数据934072条，酸雨数据2436条，自行监测数据27608349条。平台主要包括空气自动站数据共享与发布、水环境质量数据共享与发布、酸雨数据共享与发布、海洋数据共享与发布、生态数据共享与发布、城市噪声数据共享与发布、污染源数据共享与发布、后台管理子系统等功能模块。省市县三级生态环境管理部门分配管理员，各级管理员根据本单位实际需求建立账户，分配权限。

一是空气自动站的空间分布。实时掌握空气监测数据，及时了解空气污染状况；通过从不同维度的数据分析对比，分析空气质量等级占比、首要污染源占比、六项污染物贡献率及重污染天气降幅目标完成情况等空气污染；通过对历史数据的分析对比，了解空气质量指数变化趋势。

二是水质监测断面、自动监测站点的空间分布。及时掌握重点河流、湖库等地表水水质情况；通过多维度的数据分析对比，分析地表水特征污染因子；通过对监测点位的数据分析，标识可疑污染源企业。

三是海域水质监测站点的空间分布。实时掌握水质、漂浮物质、悬浮物质、水温、酸碱度、溶解氧等监测数据；通过对海域水质历史数据分析对比，了解海域水质变化状况；通过对多点位的数据分析，标识可疑污染企业。

四是噪声监测站点的空间分布。发布城市噪声污染数据；智能识别噪声污染严重区域。

五是实现污染源空间分布。实时监测污染源排污状况；采用大数据分析技术，对污染源数据进行挖掘分析，识别污染排放重点源、异常源、问题源，定量化污染源排放规律和特征；利用大数据聚类方法，分析不同行业、行业内不同企业能耗环境各方面的表现。

六是畜禽养殖分析。实现全省畜禽养殖场信息查询、GIS 分布、粪污利用统计分析。

该平台在建设运行过程中主要的创新点和先进技术主要体现在三个方面：一是采用原型设计，提高开发效率。软件功能多，涉及业务部门，遵照软件工程方法，严格按照软件需求分析、系统设计、原型设计、软件编码和软件测试等阶段进行，在原型设计阶段多次征求意见，提高开发效率，保证开发质量。二是环保数据"一张图"展示，建立地图瓦片服务框架。三是统一的数据处理与编码，提高数据访问效率。总体来说，该平台能够覆盖关注全省各类监测数据的实时动态及监测指标的发展趋势，通过多维度统计分析、预测、评估，定量地预测未来污染物排放量，提出环境污染物的控制和防治对策，从而为生态环境治理决策提供科学依据和数据支撑。

（三）创新监管执法方式

利用环境违法举报、互联网采集等环境信息采集渠道，结合企业的工商、税务、质检、工信、认证等信息，开展大数据分析，精确打击企业未批先建、偷排漏排、超标排放等违法行为，预警企业违法风险，支撑环境监察执法从被动响应向主动查究违法行为转变，实现排污企业的差别化、精准化和精细化管理。

📤 案例：珠海市挥发性有机物及恶臭气体污染精准管控业务系统

珠海市挥发性有机物及恶臭气体污染精准管控业务系统围绕挥发性有机物（VOCs）及恶臭气体污染精准管控的"一个核心"，突出大气环境管理"精准溯源"、污染源管理"精细管控"的"两个重点"，基于"AIoT ＋物联网"模式、VOCs"真、准、全、快"监测技术、秒级工况监控支撑的工业全景监控等"三重支撑"，实现各类监控数据在平台进行立体三维空间和时间变化相关性的"四维展示"，借助系统开展环境空气质量管理、环境VOCs关键物种识别、污染责任的准确界定、VOCs排放无死角监控、企业产排污进程精细管控等"五类应用"。

珠海市通过"珠海市挥发性有机物及恶臭气体污染精准管控业务系统"在珠海市金湾区的落地部署，实施环保业务专业线条的垂直管理与地方政府综合信息交互的横向管理互补支持，开展排放源精细管理以及环境空气快速预警预报、应急响应、污染溯源、环境评估等业务，实现生态环保信息数据与城市综合管理数据跨网融合，积极应对环保垂直管理后地方政府的环保责任落实。系统同时为挥发性有机物排放源企业提供环境风险监控和成因分析，帮助企业制定治理措施，节约成本，消除环境隐患。

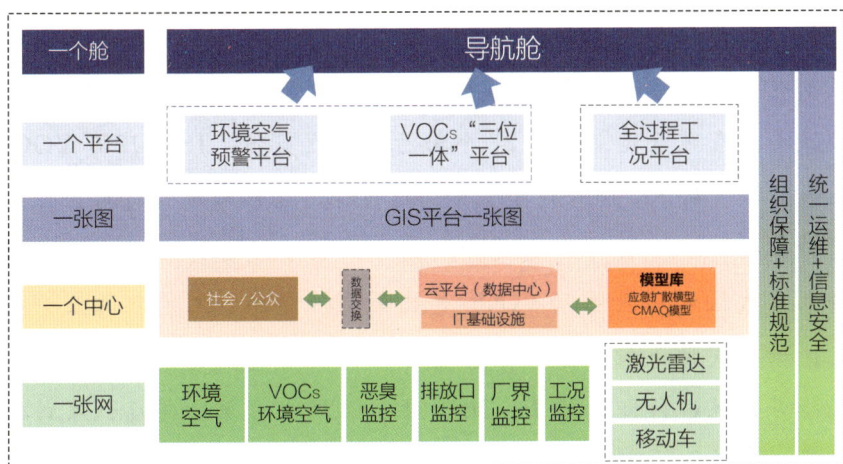

图 6.11　珠海市挥发性有机物及恶臭气体污染精准管控业务系统总体架构图

一是高密度镇街环境空气监测，落实属地政府环保责任。高密度空气评价网平均每 63.4 平方公里 1 个测点，实现每镇有测点，敏感区域有测点；系统平台基于监测数据滚动评价空气质量达标形势、污染特征和镇街排名。2019 年，已经开始基于评价网数据通报镇级空气质量及其排名，将环境空气改善的责任落实到基层镇级政府。

二是高精度 VOCs 在线监测，分清挥发性有机物管控重点。高精度环境 VOCs 在线监测平均每 95 平方公里 1 个测点，覆盖环境评价点和投诉敏感点；系统平台内置臭氧生成潜势、健康风险等模型，基于监测数据实时识别主要 VOCs 物种、分析站点 VOCs 污染特征和变化趋势，可以从数百种 VOCs 物种中准确识别出突出影响区域臭氧指标的 10 多种醛酮类和芳香烃物种，帮助环保部门及属地政府掌握

VOCs 管控重点，实施精准治污。

三是 VOCs 排放无死角监管，压实企业主体责任。金湾区涉 VOCs 排放企业近 200 家，经过项目前期研究，其中 18 家企业的 VOCs 排放总量占了该区域的 80%，包括化工、制药、新能源、汽车、包装、印刷、复合材料、制鞋、电子电器、家具等不同行业类别企业，系统对该 18 家重点 VOCs 排放企业的重点排污口和厂界实施在线监控，合计 27 个排污口在线监控、18 个厂界 VOCs 在线监控、4 个厂界恶臭电子鼻，对 VOCs 总体浓度、针对企业工艺特征的 VOCs 物种浓度及其恶臭污染物浓度进行在线监测，其余未覆盖区域和企业以 VOCs 走航车实行定期、不定期的监测补充。平台实时监控和分析数据变化，并对超标、异常、潜在问题风险等情况进行即时预警。2019 年，系统上线第一季度，累计为政府、相关企业提供 VOCs 排放口数据异常信息 99 条、超标报警信息 68 条、厂界 VOCs 数据异常信息 102 条、恶臭数据异常信息 29 条，帮助执法人员、企业迅速发现问题，实现 VOCs 及恶臭气体精准管控。

四是企业生产治污过程智能监控预警，多维数据融合支持辅助决策。系统对金湾区内全部重污染天气限产企业（共 10 家），根据污染产生、治理、排放和监测的全链条工艺和设备特征，量身定制关键工况运行状态监控方案，采集污染源重点单元的实时数据、污染物排放过程数据、在线监测设备状态数据，实现污染产生—治理—排放监管全过程覆盖。建立生产情况、治理设施过程工况与末端在线监测的联动分析模型和预警算法，实现秒级实时跟踪企业的运行情况，为污染排放异常原因建立完整证据链；在监管企业的同时，帮扶企业识别自身问题，减少环境风险。分析模型具有高可扩展性，实现根据实际运行经验，持续改善预警算法。累计为政府和相关企业提供生产、处置装置运行异常预警 16 次，成功识别设备运行异常导致排放超标 2 例、识别企业不正常运行处置设施1例、识别企业故意降低工况逃避现场检查1例，充分压实了企业环保治理主体责任，也帮助企业迅速找到异常原因，避免环境风险。

五是基于系统平台的可视化展示、分析，实现污染精准溯源。系统平台根据业务需求提供了环境空气质量、VOCs"三位一体"（环境、厂界、排污口）、VOCs排放治理、企业产排污工艺运行过程监控、污染走航观测等多个管理模块。通过模型与GIS、大数据分析有机结合，整合监测网环境质量、污染源、环境风险点等数据，为大气污染防治攻坚战"挂图作战"提供立体、动态的大气环境质量形势展示和深度研判分析，提供污染排放全天候闭环监管工具，建起环境VOCs与污染源VOCs排放的"桥梁"，实现基于源排放的正向溯源和基于模式模型的反向溯源。

本系统为化工、制药、新能源、汽车、包装、印刷、复合材料、制鞋、电子电器、家具等多种涉VOCs产业企业精准管控提供了典型案例，实现了挥发性有机物和恶臭从产生、排放到环境影响的闭环管理，促进环保专业管理与地方综合管理交互，落实监管帮扶企业并举，从筹划设计、构建管理、运行保障、管理机制等方面为相似城市、地区、园区、行业提供了系统完善的整体解决方案及案例参考。

数字政府

第七章　数字政府推进政务服务高效能

一、推进政府治理组织变革和流程再造

二、打造政务协同系统，建设整体政府

三、深化大数据决策和应用，建设服务型政府数字政府是电子政务发展的高级阶段，是数字中国和国家信息化的重要组成部分，是以信息化推进国家治理体系和治理能力现代化的重要途径。相较于传统政府，数字政府实现了由分散向整体、由管理向服务、由单向被动向双向互动、由单部门向多部门协同、由封闭向开放的转变。政府的数字化转型既是技术变革，也是制度变革，促进了政务服务的业务重组与流程再造，打造高效便捷的政务服务体系是数字政府建设的重要内容，需要以公众需求为导向，深化"互联网＋政务服务"改革，推进"一网通办"，不断提高政务服务供给水平，提升服务质量。

一、推进政府治理组织变革和流程再造

目前，许多国家和地区政府职能运行仍采用传统公共行政管理模式，即各部门条块分割、独立封闭运行，以部门为单元来解决问题。在这种各司其职的模式下，职能部门往往忽视了整个政府的使命，导致了部门本位、办事推诿、流程不畅等问题。组织机构的变革与流程再造贯穿于数字政府建设的始终，数字政府将公共治理理论与数字技术深度融合，通过以需求为导向的数字化变革推动政府理念革新、职能转变和体制机制重塑，加速实现"管理型政府"向"服务型政府"转变。

服务公众、方便公众是政府流程再造的根本目的所在，在数字时代，数据化、网络化和智能化已经开始对传统的组织结构和行为方式产生影响，数字政府借助互联网技术、大数据技术强大的信息传递能力，有效地穿透了现有的行政架构，实现多向信息流动，数据的流动让接入网络的任何两个个体的直接协作成为可能，实体组织和虚拟组

织之间的界限越来越模糊，融合越来越深入，当外部环境发生变化时，需要组织能够对不确定性做出准确、及时和高效的响应。

因此，政府流程再造不是简单地对原有的工作模式进行简单的修补，而是将现有政府的职能、权责碎片化后进行重构与整合，使业务流程更具柔性，是一项系统性、综合性的工程。政府流程再造以公众需求为核心，打破政府部门内部的职责分工与层级界限，使政府各部门之间能够有机联动，实现政府整体效能的显著提高和管理成本的显著降低，使政府提供的服务能够被社会公众所接受和认可，其实质是以企业流程再造的方法论为基础，结合数字化技术的运用，将传统的以职能为中心的政府重塑为以用户为中心的政府。

（一）从以职能为中心向以用户为中心转变

政府内部组织结构的设立，不仅与法定职责息息相关，也受制于治理方式。当前，政府内部组织结构根据职责分工实施的是传统的科层制，科层制在特定阶段发挥了重大作用，但是随着时代和社会的发展，科层制各结构之间职责界限模糊、沟通协调烦琐、效率低下的问题逐渐显现，影响了政府职责的发挥。因此，需要通过政府流程再造，将组织战略从以职能为中心向以用户为中心进行转变，将社会公众作为政府服务的主体，主动从用户侧的视角分析当前政府服务供给的堵点，进行有针对性的疏解，以用户需求为导向的业务流程整合来重新梳理政府各部门的职能，以社会公众的满意度作为部门行政绩效评价的依据，进而推动组织变革和流程再造。

（二）从科层制组织向无缝隙组织转变

在政府流程再造中，组织制度的变化在整个再造过程中占据着核心地位，也是最能体现政府流程再造价值的核心环节。在数字时代，人与人连接方式的改变促进了组织的变革，层级式不再是最为高效的信息传递方式。整体型数字政府不仅需要协同，更注重的是敏捷而高效的协同，这就强调政府流程再造既非工作流程的简化或重组，也非单纯地依靠数字技术实现部门间整合或联动，而是对政府部门行政理念、发展目标、行为准则、运作模式的整体再造，以服务链作为纽带，使政府从原先的科层制组织向无缝隙组织转变，使其具备扁平化、广播式、交互式的特征。通过重新定义政府组织内外协同共享的信息机制，以相互合作与知识共享取代原先的相互牵制与信息封锁，进而提升政府部门之间的沟通效率和行政运作效率。

（三）从职能驱动向流程驱动转变

在科层制组织下，政务工作人员是按照部门职能分工开展工作的，这种职能驱动的工作模式，对环境以及客户的需求反应缓慢，无法适应政府流程再造后无缝隙组织敏捷、高效协同的要求。无缝隙组织要求政务工作人员打破职能和部门壁垒，从职能驱动向流程驱动进行转变，以最终用户的需求为导向，关注跨部门流程的执行情况和结果，快速响应环境与社会公众需求，致力于提供符合最终用户需求的服务。因此，需要政务工作人员在工作开展时能够脱离局部利益，转而关注整体流程和全局利益，相关部门政务工作人员以同一个流程目标集中在一起，以工作专班的形式，围绕共同的目标进行工作，并按照预定期限产出阶段性成果，形成以结果为导向的考核与管理体制。

这样一来，原来线下的"信息孤岛"、条块分割等问题，在数字技术的加持下，在线上就很容易通过数据流动来打破，以线上的数据共享来带动政府部门线下的高效协同。在技术手段上，需要建立起人与人、人与机器的数字化协同办公平台，通过组织在线、沟通在线、协同在线、业务在线，建立办公一张网，对涉及多部门、多环节的"一件事"进行化学融合，建立起协同高效、上下联动的政务办公流程，推动政府跨地域、跨层级沟通和扁平化管理。政务工作协同，是政府数字化转型的重要标志之一。

案例：永州市高位统筹，重塑党政机关办公业务

为顺应信息化趋势，抢占城市管理的制高点，近年来，永州市大力实施"智慧永州"计划，打造品质活力永州。自2014年"智慧永州"项目启动以来，永州市按照"投资要省、技术要新、标准要高、把控要严"的建设要求，通过大数据战略、"互联网＋"战略，推进政府组织变革和流程再造，实现管理队伍一体化、业务流程一体化、信息系统一体化，有效提高城市管理水平，促进城市和谐、可持续发展，推动政府向服务型政府转变。

2019年，在市"互联网＋政务服务"领导小组统筹指导工作并发文推进，市、县（区）党委办公室牵头加强指导和督促工作下，永州市党政机关协同办公云平台开始建设，基于全市统一协同办公云平台和市级业务平台，构建县区（管理区）协同办公子平台，实现市、县（区）区协同办公一体化运行，目的在于推动永州市级、区（县）级"办文""办会""办事""信息"等业务的高效运转。

1.重塑党政机关日常业务

永州市党政机关协同办公云平台以永州云计算数据中心和智慧永州数据中心交换平台为依托，基于电子政务外网建设。云平台借助数字技术，全方位开展党务、政务办公应用建设，助推工作、管理的高效。实现了"办文"系统：公文流转、公文交换、电子印章等；"办会"系统：无纸化会议、视频会议等；"办事"系统：物资管理、请销假管理等；"交流"系统：公务邮件、即时通讯等；"信息"系统：信息报送；执行力"三落实"督查督办等的业务重塑，将党委、政府中心工作、重点工作、重点项目建设等纳入云平台专题模块，实现工作调度、工

作推进扁平化，工作督查、绩效考核精细化。

2. 推进政务办公"大协同"

在对原有办公业务重塑的基础上，永州市党政机关协同办公云平台还凭借开放的平台架构以及优良的扩展性，以政府事务"大协同"的定位，采用云应用仓库的模式整合智慧党建、"互联网＋政务服务"、城乡网格化等多个党务、政务系统，通过统一单点登录、统一待办提醒、统一数据共享、统一全文检索等方式，实现各个系统间的互联互通、协同顺畅，实现政务办公业务全覆盖与大协同。

（四）从封闭性治理向开放化治理转变

传统政府治理结构中，政府是治理的核心，各层级的政府构成了一个近乎封闭的治理结构，社会组织和公众几乎没有参与政府治理的空间。随着政府职能向服务型政府转变，政府的治理模式日趋开放化，公众诉求在政府决策、政策制定过程中被越来越多地关注。政府部门普遍通过扩展政府征集群众意见的方式与渠道，提供政务公开、组织政务咨询，了解群众在政策制定、服务提供等方面的实际诉求，形成了具有参与性、包容性和商议性的公众参与流程，使其以更为直接的方式参与地方式接入到政策决策和服务的设计与供给中，提高了社会公众在政府治理的参与度，提升了协同治理水平。

✎ 案例：嘉兴市"无差别受理＋自助服务"：群众办事一个窗口全搞定

从 2018 年起，嘉兴认真落实省委省政府深化"一窗受理、集成服务"有关要求，推进政府组织变革和流程再造，于 2018 年 4 月起在全省率先推行市、县两级行政服务中心"无差别全科受理"政务服务新模式，全力打造集成式政务服务3.0版，提供"最多跑一次"政务服务新模式，以"全覆盖、全入驻、无差别、无前台"的"两全两无"模式为核心，最大程度降低制度性交易成本，实现群众和企业进"一个门"，跑"一个窗"，办"千件事"。

1. 构建无差别全科受理的办事环境

嘉兴市通过优化人工服务窗口，实行"全事项"综合受理。按照"一窗一政府"的理念，嘉兴将行政服务中心原来设置的企业投资项目、商事登记、医保社保等主题窗口统一整合为"无差别全科受理"窗口，代表政府进行统一收件、出件。改革后，全市共整合窗口369个，设置"无差别全科受理"窗口155个，窗口压缩51%，受理人员总量减少121人，人日均办件量提升35%以上。通过跨部门的数据交换和互通共享，嘉兴将各部门、各条线的多个业务端集中于"一窗受理"平台进行一端办理，实现群众"一端申报"，政府"一口受理"。

目前，嘉兴市政务服务平台累计接入单位235个、业务系统355个，完成402类证明材料共享，1189项民生事项实现"一证通办"，其中627项实现"刷脸通办"，全面简化了办事材料，有效解决了群众和企业到政府办事跑多个窗口、递交多份资料、填写多张申请以及窗口忙闲不均等问题。

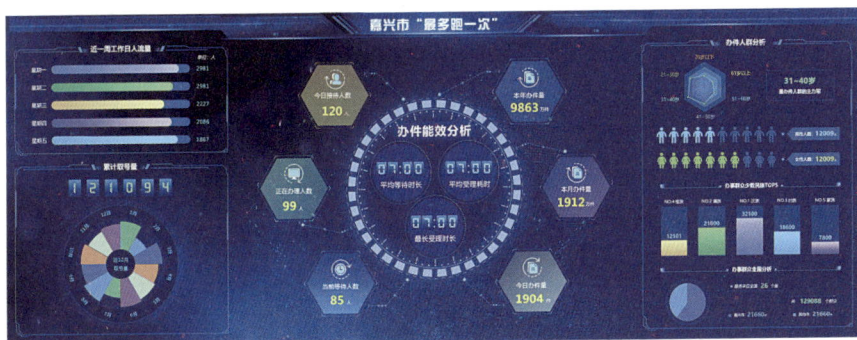

图7.1　嘉兴市政务服务平台界面

2.打造无差别全科受理的办事流程

嘉兴市按照受理、勘查、审批三分离模式，整合现有"业务流"和"信息流"，打破原来分版块、分条线、分段式运行的"小闭环"受理审批模式，重构为全事项、全盘化、全程式的无差别全科受理"大闭环"流程。

一是整合流程，推动"分版块"受理向"全事项"受理转变。打破原有按照投资项目、商事登记、社会事务等重点领域分版块受理模式，将所办事项依据办理时限分为承诺件和即办件两大流程进行全事项办理。其中承诺件按照窗口统一受理、集中时间段交接、部门限期内审核、及时统一出件四个环节，进一步压缩办理事项的办理时限；即办件按照综合窗口统一受理、入驻部门当场办结反馈两个环节，确保事项30分钟内全部办结。

二是制定标准，推动"分条线"标准向"全盘化"标准转变。制定标准化办事指南体系，根据浙江省"八统一"要件，梳理全区各部门的所有事项，明确每个事项的材料清单、示范样表、容缺补正要点等，并建立动态调整机制。2018年4月27日，南湖区率先推出《嘉兴市南湖区"无差别全科受理"工作规则（试行）》，为"无差别全科受理"改革工作的规范、高效运行提供基础。建立审批事权分级标准，设立首席、二级、三级审批官，根据事项办理复杂程度对审批事权按"独任审核""一审一核""报批审核"分级授权，有效实现对审批的扁平化管理。

三是建立机制，推动"分段式"服务向"全程式"服务转变。出台首办责任制，前台综合窗口受理人员作为首办责任人，一经受理即全程服务，负责事项办理各环节的咨询、衔接工作，避免因受理、审核人员不同等原因造成"重复跑"。借鉴物流信息实时更新模式，自收件起与文书同步生成二维码，让企业和群众及时掌握事项受理、审核、办结各环节的流转信息，实现对外办事便利化、对内管理痕迹化。

3.提供无差别全科受理的办事服务

嘉兴市建立市、区、镇三级审批受理服务网络，实现同城通办，让群众企业真正实现"就近跑一次""一次不用跑"。

发挥"四个平台"载体作用，以行政服务大厅为中心，将无差别全科受理、标准化管理、自助服务、监督监控等向镇（街道）便民服务中心和村（社区）代办点及银行、邮政网点、商场等公共场所辐射，深化审批事项"区域通办"，推动权力事项和公共服务事项实行多点办理，推进政务服务"就近能办、同城通办"。

依托审批服务 APP、微信公众号等媒介，提供行政服务大厅全景 VR 导引，"审批小智"智能问答、全时段精准预约等移动式服务，便于群众利用手机了解大厅办事路径、关键词搜索办事指南、一键预约办理时段。积极打造"南湖之窗"掌上移动审批平台，提供手机贴身服务，让群众随时随地享受"无差别全科受理"智慧审批服务。

4.建立自主服务办事渠道

借鉴"无人超市"模式，实行"无前台"快速受理，嘉兴市率先建立电子行政服务大厅，在大厅内配备自助受理终端，实现群众、企业可快速办理工商注册、食品经营许可、社会团体登记等 700 项在线申报事项。配备 10 名"智慧专员"全程指导群众进行在线申报，有效解决企业群众排队现象。

研发政务智能终端，实行"不打烊"自助受理。开辟 24 小时自助服务区，在全市范围内铺设 157 台政务智能自助终端，为群众提供市区两级的证明打印、政务服务、公共服务三大主体模块 500 余项业务。完善了各个区县、各个乡镇的针对性的服务，并根据各个地方不同的业务点提供功能的定制化服务，通过自助服务终端的实用性和操作便捷性，实现"简单事项自助办、公共服务便捷办、一个终端全覆盖"。

图 7.2　嘉兴市南湖区"市民之窗"自助服务系统后台界面

　　嘉兴市创造的"无差别全科受理"政务服务模式，以"全科医生"式的便捷服务，不仅有效提升了办事群众的获得感，而且打破了基层公共服务和公共管理的传统科层制管理模式带来的行政壁垒和管理碎片化现象，进一步深化政府管理模式的改革，为浙江"最多跑一次"改革创新实践提供了新的样板。

二、打造政务协同系统，建设整体政府

　　在"新公共管理时代"向"后公共管理时代"转型的背景下，佩里·希克斯和帕却克·登力维提出了整体性治理模式[①]。"整体政府"理念发端于 1997 年英国《公民服务会议》，在它的影响下，西方发达国家及部分发展中国家行政现代化进程的"整体政府"行政改革得以展开，协同政府、网络化治理、跨部门协作、协作型治理等管理理念日渐深入人心，逐渐发展成为国际公共行政改革的一种趋势。

　　整体型政府是政府数字化转型的典型形态特征，以数字化、网络

---

① Perri 6, Holistic Government, London: Demos, 1997.

化、智能化等为特质的新一代数字技术驱动政府转型驶入快车道，全方位重塑与再造政府组织、政务流程、政务服务、政民互动等体制机制。《2020 联合国电子政务调查报告》表明，从全球范围来看，世界各国电子政务发展持续推进，越来越多的国家正在大力推进数字政府战略，以数据为中心，强化电子参与，整合线上和线下渠道，提升以人为本的数字政务服务能力。数据显示，全球电子政务发展平均指数（EGDI）从 2018 年的 0.55 上升到 2020 年的 0.60，126 个成员国处于"高"或"非常高"级别，比 2018 年增加了 15 个国家，占比 65%。其中，57 个国家的 EGDI 值为"非常高"，比 2018 年增加了 17 个国家，增加了 43%。全球仅有 8 个国家处于"低"级别，比 2018 年减少了50%。2020 年，中国电子政务发展指数从 2018 年的 0.6811 提高到了0.7948，排名比 2018 年提升了 20 位，取得历史新高，达到全球电子政务发展"非常高"的水平。其中，作为衡量国家电子政务发展水平核心指标的在线服务指数上升为 0.9059，国家排名居第 12 位，达到全球"非常高"的水平。分析发现，本次联合国电子政务调查报告中，我国在线服务全球排名的大幅提升，与我国不断深化"放管服"改革和大力推动全国一体化政务服务平台建设的决心与行动密不可分。

党的十八大以来，党中央、国务院作出统筹推进"互联网＋政务服务"重大战略决策。2018 年 4 月，习近平总书记在全国网络安全和信息化工作会议上强调，要加快推进电子政务，构建全流程一体化在线服务平台，更好解决企业和群众反映强烈的办事难、办事慢、办事繁的问题。2018 年 7 月，国务院印发《关于加快推进全国一体化在线政务服务平台建设的指导意见》（国发〔2018〕27 号），就深入推进"互联网＋政务服务"，加快建设全国一体化在线政务服务平台，全面推进政务服务"一网通办"作出重要部署，形成全国政务服务"一张网"的"五年四步走"的工作目标，2018 年底前，国家政务服务平台主体功能建设基本完成，第一批试点的 9 个省（自治区、直辖市）

和 6 个国务院部门已完成与国家政务服务平台对接，全国一体化在线政务服务平台建设迎来全面提速期。

图 7.3　国发〔2018〕27 号文"五年四步走"工作目标

《省级政府和重点城市网上政务服务能力（政务服务"好差评"）调查评估报告（2020)》显示，在大力推进全国一体化平台建设的指引下，各地区依托全国一体化平台，推动政务服务从低效到高效、从被动到主动、从粗放到精准的转变，各地区网上政务服务能力和水平持续增强，一体化政务服务平台的辨识度、知晓度、美誉度显著提升，一体化政务服务平台已经成为企业和群众办事的主要渠道。其中，网上政务服务能力指数为"非常高"的地区从 2016 年的 3 个增加到 8 个，占比达到 25%；指数为"高"的地区从 2016 年的 9 个增加到 15 个；网上政务服务能力指数为"低"的地区首次清零，如表 7.1 所示。各地在建设模式、应用成效、技术实现方面持续推进，探索出了许多独具特色、深受企业和群众欢迎的优秀经验和做法，北京"营商环境优化"、上海"一网通办"、江苏"不见面审批"、浙江"政府数字化转型"、安徽"皖事通办"、福建"数字福建"、广东"数字政府改革"、贵州"全省通办"等创新经验，已经成为全国一体化平台建设的典型标杆。

表 7.1　2019 年度省级政府网上政务服务能力水平分布

非常高（≥ 90）	高（90—80）	中（80—65）	低（≤ 65）
北京（+） 上海 江苏 浙江 安徽 福建（+） 广东 贵州	天津 河北（+） 山西 内蒙古（+） 辽宁 江西 河南（+） 湖北 湖南 广西 海南 重庆 四川 云南 宁夏	吉林 黑龙江（−） 山东（−） 西藏 陕西 甘肃 青海 新疆（+） 新疆生产建设兵团	

　　随着我国"互联网＋政务服务"进入高质量发展阶段，政务服务的能力得到显著提升，但是在发展过程中，仍然面临着：区域网上政务服务能力发展不平衡；改革配套措施不健全，跨部门的流程优化尚未全面铺开；政务信息资源共享不够充分，不足与完全支撑跨部门业务的协同运转；政务服务供给的部门式、层级式服务模式仍未被有效打破，部门间区域间协同能力有待进一步提升；企业和群众获得感与互联网产品相比仍存在着较大的差距等一系列问题，我国距离部门与部门之间、中央与地方之间实现协同和整合的整体性服务型政府还存在着一定差距，以上问题需要我国在下一步"互联网＋政务服务"建设中重点考虑，通过多种方式保障"互联网＋政务服务"深化建设。

（一）推进政务服务数据有序共享

"互联网＋政务服务"是当前推进整体型数字政府的主要形式，是一项复杂的系统性工程，做好顶层设计规划是"互联网＋政务服务"建设的重要前提条件，而数据壁垒、"信息孤岛"问题正是缺乏顶层规划的结果。在业务运行中，部门之间的数据联通由于孤岛存在而被阻隔，政务服务平台与国家垂直管理系统及省内部门自建系统互联仍然存在障碍，跨地区、跨层级、跨部门、跨业务的信息资源共享共用和业务协同问题依然突出。这让基于数据共享的部门协同难以完成，导致难以满足以需求为导向的业务重塑，因此，只有在顶层设计之初进行全局规划，实现政府内部全联通，"不见面审批""最多跑一次""一网通办"等业务目标才能实现。

政务服务的深化建设，需要持续深化一体化建设思路。按照十九界四中全会《决定》提出的任务要求，以全国一体化政务服务平台建设为抓手，推进政府部门信息系统统筹集约建设。其中，部门数据的共享开放是基础，需要从政府数字化转型的整体战略出发，统筹规划数据资源，以需求和目标作为导向，建立政府部门的分工合作机制、数据汇聚更新机制，明确数据归属权、使用权和收益权，以信息流带动组织和业务流程重组，加快推进政务信息资源开放共享，探索贯穿数据全生命周期的数据治理新路径，支撑政务信息资源跨业务、跨部门、跨地区、跨层级实时无缝隙全业务流程流动，促进政务信息资源的整合共享，全面支撑业务协同与高效服务。

（二）打造业务底座与智能中枢

在数字政府建设中，政府管理意识和信息化意识不断强化，从用户体验角度优化政务服务流程和应用设计，以群众使用频率和对服务的认可度结果检验政务服务成效的方式，越来越多地被认可，政务服务结合不同的业务场景进行快速迭代、快速创新的需求愈加迫切。业务底座正是在这种背景下，吸收"快速迭代""敏捷响应"等互联网发展理念，形成的通过复用数据和共性能力，从而支撑前端业务敏捷化创新的全新模型。在政务服务领域，业务底座提炼政务服务业务的共性需求，汇聚事项、政策、法规、材料、证照、表单、审查规则等共性能力形成配置中心，基于业务运行引擎，让前端用户可以灵活调配，快速完成业务构建，并通过接口的形式提供给前台应用调用。在业务逻辑上，业务底座是全局性业务管理的工具平台，是跨单位业务智能串联的枢纽平台，是上层政务应用完成标准高效业务实现的基础支撑平台，将业务运行过程中不确定的业务规则和流程通过标准和机制确定下来，最大限度地支撑前台业务的实现，提升协作效率。

随着政务数据以及城市物联感知数据的不断汇聚累计，大数据、人工智能、区块链等数字技术以及身份认证、电子印章、线上支付、物流服务等支撑能力在政务服务领域的深度运用，强化数字技术与关键共性能力的整合与共建，成为消除"信息孤岛"、支撑上层业务条块联动的必然选择。通过将共性能力逐步下沉，优化整合数字技术和融合数据，形成数据资源枢纽和共性能力的赋能中心，形成向下联接智能基础设施，向上驱动应用的智能运行的智能中枢，改变系统分散、烟囱林立的局面，促成"大平台、小前台、富生态"集约建设新模式，有利于推进政务服务领域公共支撑一体化，促进政务服务跨部门、跨地区、跨层级数据共享和业务协同，提高"互联网＋政务服务"建设效率。

案例：张家港市搭建城市数字平台，开展电子政务架构治理，助力新型智慧城市建设

党的十九大提出建设"数字中国"以来，张家港市全面贯彻十九大"加强建设数字中国、智慧社会"的精神，在习近平总书记关于"推动

国家大数据战略"思想指导下，以打造"全国新型智慧城市县域新标杆"为目标，加快部署张家港新型智慧城市数字平台的建设，推进数据资源整合和开放共享，以智能化驱动现代化，为全面打造张家港新型智慧城市奠定了坚实基础，努力成为江苏省乃至全国数字化、信息化、智慧化建设示范区，为张家港市"五个升级版"建设培育新引擎、注入新动能。

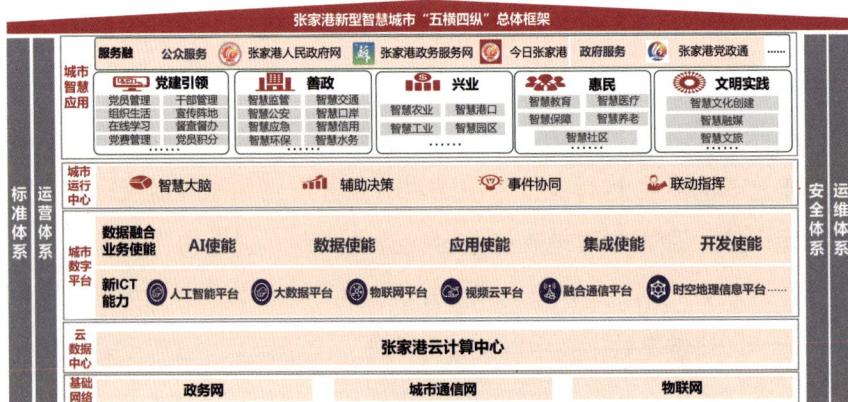

图 7.4　智慧城市总体框架图

近年来，张家港积极实践与探索智慧城市建设，取得了显著的成效：一是便民生活应用逐步丰富，信息惠民服务能力持续提升；二是城市治理平台趋向协同，综合管理决策能力进一步增强；三是"互联网＋政务服务"体系日臻完善，"放管服"改革形成特色样板；四是政务大数据体系高效建立，大数据应用成果加速形成；五是信息基础设施不断优化，信息化资源支撑能力夯实基础。

现有信息化建设成果已在张家港市运行发展过程中发挥了重要作用，但是由于目前市级垂直应用系统数量众多，本地应用服务属性不高、智能化程度较低等因素，导致许多新技术应用场景缺乏，数据深度共享格局还未形成，而且张家港市各部门的数据治理意识及管理能力还有待加强。

　　搭建数字平台，建设智能中枢。张家港市数字平台和城市大脑是推进张家港市新型智慧城市建设的重大举措，作为城市共性能力服务平台，是智慧城市整体架构的核心基础。建设了新一代城市云计算中心，包括服务器计算资源、存储资源、安全服务等。满足张家港智慧城市所需大数据、人工智能、物联网、GIS、视频分析等高性能服务能力的资源诉求，提供充分的存储、计算、网络信息化资源，与现有电子政务云计算中心协同配合，承载城市数字平台、承载各类智慧城市应用，支撑张家港新型智慧城市建设。当前，张家港市政务云计算中心已搭建完成，承载大数据局及各委办局业务虚拟机400余台，部门业务系统120多个。打造了统筹集约的数字平台，包括云计算、AI、大数据、物联网、视频、GIS、集成通信等能力，这些都是支撑城市各种业务应用需要具备的能力。通过城市数字平台把所有平台基础能力集成起来，所有的城市数字平台基础能力加载AI使能、数据使能、应用使能、集成使能、开发使能5大能力，通过统一的接口支撑各类应用开发，各个业务部门只要聚焦于业务应用，不需要去考虑底座能力建设，缩短智慧应用上线周期，推进智慧应用的快速迭代创新。其中的大数据平台完成数据体系的搭建，支撑各类智慧应用的数据治理与分析；语音识别、语音转文字、语音质检等已与"12345"、大联动等系统完成对接；OCR与政务智能审批系统对接，目前已经完成25类证照对接；完成沿街晾挂、暴露垃圾、乱堆物堆料、工地扬尘等12个场景化AI部署，并完成与大联动系统的对接；物联网平台已经完成与海事局、气象局、生态局、税务局等部门的数据接入。GIS平台已经完成IOC相关二维数据的处理，40%三维数据的处理，发布服务超过30个；视频云平台完成2万余路域外视频的接入；融合通信平台完成与视频会议、视频云及大联动业务系统的对接。数据使能为29个单位51个应用提供数据支撑；应用使能15个行业服务已经上线，已支撑"互联网＋政务""大联动""1+4""政务云""党政通"5个应用上线，统一用户已完成50+系统对接；数字中枢完成10+系统对接，

130+接口开放；开发使能支撑了国泰新点、莱斯、云联、泰克等ISV基于数据平台进行应用开发。张家港城市大脑基于社会治理现代化指挥中心全面整合了城市各领域运行数据，形成"运行中心运行全景图"，实现了对智慧党建、文明港城、经济发展、政务服务、社会治理、综合执法等重点领域运行状况的呈现。构建起大屏观天下、中屏万数通、小屏随身行的多维度、立体化城市治理管理驾驶舱。通过对大、中、小屏的建设，支撑全市事件统一调度、统一指挥，统一监管、统一督办，打造了跨区域、跨部门合成作战的联动指挥平台，形成了纵向贯通、横向协同、区域联动的整体作战格局。

张家港市在数字平台能力支撑的基础上，深化数字政府建设，提升政务服务能力，打造一批覆盖群众和企业需求的场景化多业务协同重大应用，增强政府效能，提高服务水平，从提升群众企业体验角度入手，深化政务服务"一网通办"。面向公众和企业推出了"今日张家港"移动总门户，为全市党政企事业单位的各类移动服务应用入驻提供平台入口，如政务服务、党建服务、公共服务、媒体服务、增值服务等，以实现张家港市对外服务统一门户，有效解决各单位应用过于分散的状况，通过相应的运营推广活动，增加平台的用户黏性，提升用户活跃度，帮助政府和用户之间建立起相应的互动联系，提升市民、企业的幸福感和获得感。面向党政工作人员推出了"张家港党政通"办公总门户，对内连接政府职能，对外作为民生服务的延伸，为政府工作人员的日常办公提供"一站式"数字化办公门户，打通"信息孤岛"，达到"统一身份、集中管理、简化应用、保障安全"的目的。

开展架构治理，确保信息化建设协同一体。打造新型智慧城市是一项复杂的系统性工程，如何确保这项工程能平稳地落地实施，各个部门在未来的信息化建设中能够"力出一孔"，达到效益最大化，是张家港市迫切需要解决的问题。张家港市围绕"基础设施复用、数据资源共享、业务应用规范、对外服务统一"等要求，建立了统一的信息化项目备案和管理制度，发布了《张家港市政府投资信息化项目管理办法》。在电子政务架构治理方法论的指引下，张家港市主动探索智慧城市治理架构新体系，摸清全市政务信息系统底数，对各类信息化项目进行了分类分析，清除"僵尸"系统，加快推动部门原有信息化系统与数字平台的融合，进一步健全全市政务信息资源目录体系，实现全市政务信息资源高效共享。在全市信息化项目建设全过程中，由大数据管理局通过电子政务架构治理，持续开展指导、跟踪、评估、纠偏等工作，提升端到端的保障执行力和运营效率。

张家港市通过城市数字平台建设与运营，促进了8个新技术平台、30余项城市通用服务，180余个行业应用等数字资产的再生和复用，提升了投资回报率，进一步推进了技术应用与城市运营理念的融合，实现了张家港市政府从管理到服务、从治理到运营、从零碎分割的局部应用到协同一体的平台服务的三大跨越，促进了张家港市的人流、信息流、交通流的协调高效运行，为打造张家港新型智慧城市奠定了坚实基础。

（三）不断创新行政管理和服务方式

政务服务"一网通办"围绕"进一网、能通办"，需要对政府部门业务流程、运行机制、人员配备等进行全面、系统的整合重构。一方面，我们需要持续推进线上线下融合发展，加快实体大厅向网上大厅迁移，推动线上线下深入融合，实现预约、咨询、受理、办理、查询、反馈、支付、邮寄等环节线上线下标准统一、互为补充、无缝衔接，使办事企业和群众能够感受到"一体化""无缝隙""无差异"的服务。强化整体统一服务，推动统一服务入口、集中数据汇聚、统一身份认证，构建包含：PC端、移动端、自助终端等在内的政务服务全渠道服务矩阵。

另一方面，当平台能够汇聚足够多的政府内部数据时，就可以对用户数据与业务数据进行深度学习和智能挖掘，准确掌握用户访问行为特征和规律，为企业和公众提供更多主动化和个性化的服务，如：在企业、公众完成事项办理后，平台会自动为其推荐强关联性的事项；对企业进行标签化处理，根据企业的经营范围、行业属性，自动为其推荐符合条件的优惠政策。同时，根据用户需求和习惯优化服务资源配置，丰富服务内容，优化服务方式，破解"找谁办""去哪办""怎么办"的难题，如：湖南启动"一件事一次办"改革，将多个关联事项组合形成"一件事"，整合流程、精简材料，"一件事"一次就能办完；成都市武侯区结合大数据、人工智能的应用，开展智能审批，提供"秒批""秒办"服务，变被动服务为主动服务，最大限度地满足了群众个性化、定制化以及多样化的服务需求，不断提升人民群众的满意度和获得感。上海、江苏、浙江、安徽共同推进长三角区域跨省异地办事服务，持续扩展通办事项范围，再造办事流程、打通数据壁垒，通过建设长三角"一网通办"平台，提供线上线下一体化的"跨省通办"服务，不断创新"一网通办"政务服务互通共融新模式，降低群众办事跑动成本。

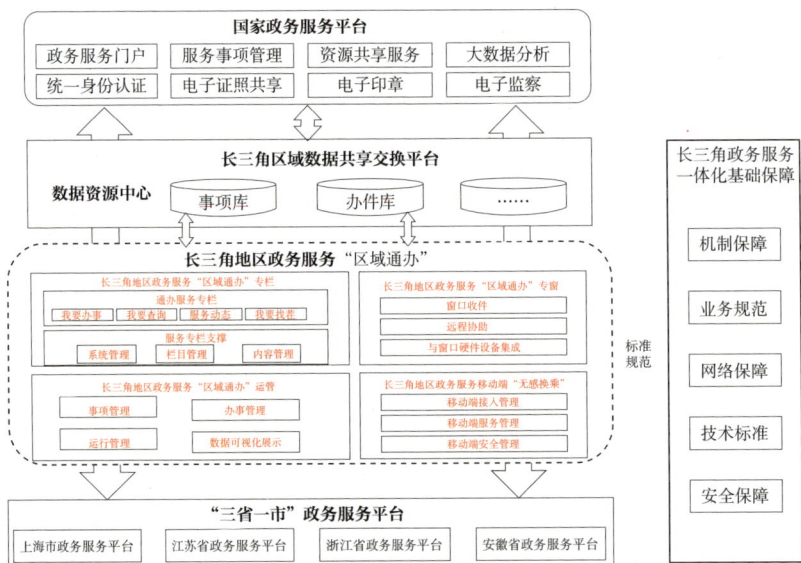

图 7.5　长三角"一网通办"平台架构图

（四）全面推进政务服务"一网通办"

加快打造全国政务服务"一张网"，全面推进"一网通办"，是国家推进"互联网＋政务服务"建设的终极目标。为了达成这一目标，首先，需要充分发挥国家政务服务平台作为全国政务服务公共入口、公共通道、公共支撑的总枢纽作用，整合各级各类政务服务资源，推动线上线下全面融合；其次，推动各地区各部门政务服务事项标准化和全面纳入全国一体化平台管理运行，推动全国范围内政务服务事项基本做到标准统一、整体联动、业务协同；再次，加快推进网上政务服务全覆盖，以一体化平台放大集约建设效应，实现服务水平的"效能叠加"，推动社会治理和服务重心向基层下移，更好地提供精准化、精细化服务；最后，建成全国一体化平台"好差评"管理体系，让企业和群众来评判政务服务绩效，加快推动政务服务从政府供给导向向群众需求导向转变。

📑 案例：数字政府一体化助力实现兵团弯道超车

为深入贯彻落实党中央、国务院关于实施国家大数据战略、加快建设数字中国的战略部署，全面深化"放管服"改革，结合兵团实际，兵团于 2019 年出台了《关于加快数字兵团建设的指导意见》《数字兵团建设三年行动方案（2019—2021 年）》等政策文件，提出了三步走的整体规划，推动兵团数字化转型，促进决策科学化、治理精准化、服务高效化和产业数字化、数字产业化。

1."薄弱基础"阻碍兵团"智慧服务型政府"建设

作为新疆维吾尔自治区的重要组成部分，兵团目前总人口 324.3 万，辖区面积 7.06 万平方公里，14 个师、10 个市、37 个镇、149 个团场、

2000多个连队插花式分布在新疆维吾尔自治区各地。长久以来，兵团一直凸显的是企业性质，但随着中央对兵团屯垦戍边能力的再次强调，兵团的政府职能正在不断完善，2018年4月，新疆维吾尔自治区向兵团新授予2190项行政服务事项行使权，使得兵团目前行政服务事项总数达到2417项。

地广人稀、底子薄、发展不均衡、行政管理体制机制不够完善的现状，导致百姓办事难、办事慢、办事繁，社会治理粗放化等问题逐渐突出。老百姓、企业为了办事经常需要乘坐火车、飞机到兵团或师部办理，如果材料、证件存在问题还需多次跑、反复办，费时费力费钱。

兵团现有行政部门33个，相较一般省级政府，政府职能高度集中，而同时各部门组建时间较短，现有人员少、经验不足，人员招录难度大。要保障兵团各项事业有序、严谨、可控、高效开展，利用科技的力量进行数字政府一体化建设是唯一的出路。

2."三横四纵"顶层设计加快推动数字化转型

"数字兵团"工程计划通过"完善数字基础设施，加快信息资源集中共享""构建数字政府，促进治理体系和治理能力现代化""普及数字民生，推动公共服务均衡普惠""发展数字经济，引领产业生态集聚发展"四个方面44项任务，构建"三横四纵"数字政府总体架构，实现信息基础设施集约共享、数据资源贯通融合、决策支撑科学智慧、社会治理精准有效、公共服务便捷高效及安全保障全面可控，打造数字化、智能化、可视化的兵团治理新模式。"三横"分别是基础设施层、公共支撑层和应用系统层，"四纵"分别是组织保障体系、安全保障体系、运维保障体系和人才保障体系。

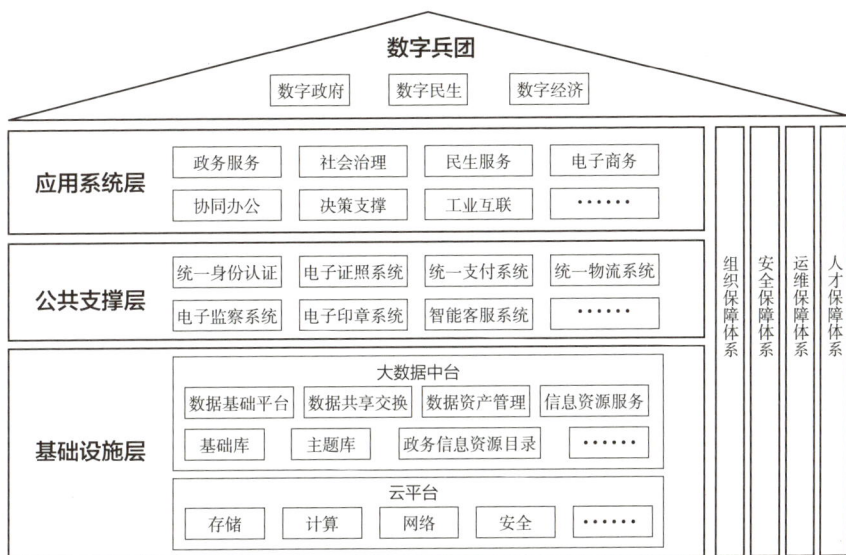

图 7.6　数字兵团建设一期工程总体技术架构

在基础设施层，按照"统一规划、统一标准、统一建设、统一运营"的方式，建设兵团云平台，实现云基础设施资源的集约整合；建设大数据中台，实现数据资源的汇聚集中、共享交换和统一管理。

在公共支撑层，构建统一身份认证、电子证照、统一支付、统一物流等公共支撑系统，为各类应用系统提供基础共性的支撑，实现用户相通、证照相通、支付相通等功能。

在应用系统层，分别从政务、民生和产业角度出发，建设一系列具体应用。其中，数字政府主要包括政务服务、社会治理、协同办公和决策支撑等政务类应用；数字民生应重点开展智慧教育、智慧健康、智慧人社、智慧文旅等民生服务类应用；数字经济应用主要从产业数字化角度，规划建设工业互联网、电子商务等产业类应用。

在支撑体系层，形成统一领导、分工合理、责任明确的组织保障体系；强化全面覆盖、整体联动、部门协同的安全保障体系；完善标准统一、流程清晰、服务规范的运维保障体系；建设结构多元、能力复合、业务精通的人才保障体系，为数字兵团建设和长效运营提供有力支撑。

3.政府主导，政企合作，管运分离的数字兵团建设运营模式

为充分发挥兵团特殊体制优势，加快推动集约化建设，数据资源有效整合。兵团积极引入市场机制，充分发挥市场在资源配置中的决定性作用，形成政府、企业、社会合力推进的格局。建立"一中心、一平台、一专委会"的运行架构。"一中心"（即成立了兵团大数据中心）负责数字兵团公共基础设施、数据资源整合共享及共性应用的规划管理以及日常沟通协调和服务保障；"一平台"（兵团与相关央企合资组建新疆数字兵团信息产业发展有限责任公司）作为数字兵团的支撑平台，承担数字兵团建设和运营工作；"一专委会"（由国内相关专家组成专家咨询委员会）作为"外脑"，对建设规划、技术方案等工作提供咨询和建议。

该运行架构既强调了政府在规划引导、业务协调、监督管理等方面的重要作用，又发挥互联网企业、基础电信运营商和咨询机构的技术优势，政企携手共促政务信息化统筹建设。积极发挥骨干信息技术企业在资金、技术、人才方面的优势，建立政企合作的运营模式，提高工程咨询、工程设计、项目建设、新技术利用、运维服务等工作的专业化水平，推动信息化的资产性建设转化为服务性购买，促进政务信息系统实现由分散建设向共建共享的模式转变。在大数据中台的建设方面，充分发挥好优势企业参与建设的积极性和运营主体作用，有效结合政府数据和企业自身掌握的数据，形成真正的大数据。

4.白纸作画，后发赶超，建设成效初显

通过有效的运行架构，兵团化劣势为优势，仅一年时间，数字政

府建设就取得了显著的成效。

互联互通的云基础设施体系快速完善。兵团已全面整合各级、各部门基础软硬件资源，实现电子政务资源统一化、集中化管理，并已面向兵团各级、各部门提供统一集约、安全稳定、灵活高效的云计算、云存储、云网络、云安全、云灾备等基础设施服务，各部门、各省份不用再重复建设，在大幅提升了基础设施支撑能力的同时大大节省了投资成本。目前，兵团"互联网＋政务服务"、"互联网＋监管"、大数据中台及财政等 13 个部门核心系统都已上云，虚拟机台数近万台，支撑了兵团百姓生产、生活的所有需要。目前，兵团正大力推进南北疆互动的"两地三中心"云基础设施支撑体系，在全面满足核心、准金融级系统的信息安全、等级保护、异地灾备的需求的同时带动高新产业向南发展。

线上线下一体化政务服务能力有效夯实。兵团充分应用国家和自治区政务服务系统梳理成果，有效厘清了各部门政务服务事项，让线上一体化在线政务服务能力推动了"政"的职能健全与转变。同时，以需求侧的角度审视政务服务的优化方向，以事项的精细化梳理驱动政务服务的精细交付。通过细化梳理事项业务情形、审查要点、常见问题、相关政策法规等要素，结构化层次化建模，在方便办事人自助申报事项的同时，降低一窗综合受理人员的业务要求。识别所办事项的前后置关系，自动推送关联事项，优化审批流程，并以套餐的形式切入，以办完"一件事"的角度出发，提供事项的套餐式组合服务。使政务服务事项"看得懂""进得去""多渠道""方便用"，构建和完善形式直观、易看易懂的政务服务事项办事指南，实现网上可查、电话可询，为企业和群众办事提供清晰指引。老百姓坐在家里，足不出户，只要登录兵团政务服务网，或下载兵政通即可又好又快地办理兵团全部"政"事！

图 7.7　全兵团统建的一体化在线政务服务网

　　兵团持续推进简政放权工作，进一步放宽市场准入，行政审批事项减少近 80%，非行政许可事项全部取消；全面规范兵团行政职能和行政执法权，及时取消和下放一批行政许可事项；实施"证照分离"改革，直接取消审批 1 项，实行告知承诺 19 项，优化准入服务 71 项，向相关部门推送数据 2.66 万户次，办理"26 证合一"营业执照 1.31 万户；持续压缩企业开办时间，目前压缩至 5 个工作日；市场主体退出机制进一步完善，推行企业注销"一网"服务。

　　数据汇聚、共享、管理、应用体系成效初显。承载全兵团集约统一的共享交换能力、计算存储能力、治理整合能力、分析挖掘展现能力的大数据中台建设完成并制定了统一的数据标准、应用规范和数据安全管理体系，形成集大数据采集、存储、治理、分析、管理和应用于一体的兵团数据枢纽。通过汇聚、关联、融合兵团各级各部门数据资源，建成了兵团统一的人口、法人、自然资源和空间地理等基础数据库及电子证照、社会信用等专题数据库，为一体化在线政务服务、"互联网＋监管"、智慧住建等应用提供信息资源支撑，增强信息资源的服务和供给能力，提升城市管理和服务水平，推进信息惠民。同时，兵团高度关注数据价值挖掘，各级各部门能够便捷的选择已有数据进行统计报表展现。同时，通过已构建的全面数据关联关系，还能高效申请其他部门业务数据进行有效关联分析。分析结果基于统一平台分层级、分用户、分权限精准展示，并能在与协同办公平台对接，实现决策部署后前后业务数据的比对展现。

一台台服务器在南疆下线、部署，一项项软件著作权在南疆诞生，宽敞明亮的培训教室中，一批批年轻的兵团人开始在数据中探索实现人生价值的道路。数字兵团建设带来的巨大价值正渐渐被认可，它通过技术的创新与发展，以及数据的全面感知、收集、分析、共享，为社会提供了一种全新的生活方式，可以预见，数字兵团还将推动新疆生产建设发生巨大变革。

三、深化大数据决策和应用，建设服务型政府

大数据作为新一代数字技术的中坚力量，为经济、社会、生活各个领域带来日新月异的变革，重塑着政府管理决策的过程和方式。国际上，各国政府都从国家战略的层面推出了关于大数据技术和应用研究的规划，2014 年，欧盟启动数据价值链战略计划，资助"大数据"和"开放数据"领域的研究和创新活动；2016 年，美国在奥巴马政府提出的《大数据研究与开发计划》基础上又发布了《联邦大数据研究与开发战略计划》，旨在围绕大数据研发的 7 个关键领域进行战略指导。在国内，2015 年党的十八届五中全会正式提出实施国家大数据战略；国务院印发的《促进大数据发展行动纲要》指出，大数据是国家基础性战略资源，要加快建设数据强国；2019 年 10 月 28 日召开的党的十九届四中全会提出，建立健全运用互联网、大数据、人工智能等技术手段进行行政管理的制度规则；2020 年 4 月 9 日，中共中央、国务院公布了《关于构建更加完善的要素市场化配置体制机制的意见》，数据作为一种新型生产要素首次正式出现在官方文件中，与土

地、劳动力、资本、技术并列构成 5 大要素领域。

在数字政府领域，数据资源化的价值更大，政府基于数据创新的空间也更大。从数据资源的角度看，政府数据体量巨大、维度众多，从经济到社会、从企业到居民、从服务到消费，政府数据可谓包罗万象。所以说，政府数据越"大"，其资源化后的价值也越大。从数据创新的角度看，资源化后的政府数据可创新的维度更多，从数据决策到数据治理、从流程再造到组织再造，数据在数字政府建设中的价值不可估量，是一座待开掘的"金矿"。更重要的是，政府的创新深刻地影响着我们的生产生活，甚至影响着整个国家的创新力和竞争力。

（一）大数据支撑高效决策、精准决策

政府数据的背后是职能，数据的结构与流动方式决定着国家的治理结构，通过数据共享、数据开放不断释放数据的流动性，是数字政府数据驱动治理的基础与前提。决策是行政管理的起点，政府部门通过尝试在行政治理领域运用大数据，为治理能力现代化带来新的可能性。在大数据环境下，管理决策正在从关注流程变为以数据为中心，管理决策中各参与方的角色和信息流向趋向于多元和交互，使新型管理决策范式呈现出大数据驱动的全景式特点，在信息情境、决策主体、理念假设、方法流程等决策要素上发生了深刻的转变[①]，使得决策者愈发注重数据分析，而非仅仅依靠逻辑推理或者经验积累。

大数据的处理速度远高于传统技术，在信息获取基础上，大数据实现了收集与处理的同步进行以及对信息的有机整合，能够迅速揭示信息与决策目标之间的关联，克服了因信息占有量不足而导致的决策迟延，有效减轻了决策机关的负担，推动了决策的高效化。同时，大数据基于海量的信息及精准的算法，将赋予决策机关从全方位、多角

---

① 陈国青等：《大数据环境下的决策范式转变与使能创新》，《管理世界》2020 年第 2 期。

度审视决策过程的能力，能够最大程度地消弭不确定性，提升决策方案的准确率。决策机关可从大量数据中挖掘出与决策相关的要素，通过构建科学的分析模型，捕获热点信息，预测发展方向，完成对未来趋势的精准预测，有效提升了决策的精准度。

案例：住房和城乡建设部加速推进信息系统资源整合，提升管理效能

住建行业的迅速发展极大地促进了城市建设的步伐，已成为推动我国经济快速发展的主要力量。我国住建行业迎来了全新的发展环境和良好的发展机遇，因此，住建行业的信息化发展也必须逐步走向成熟和规范。2017年以来，为加快推动党中央、国务院决策部署落地，遵循国家信息系统整合有关要求（《政务信息资源共享管理暂行办法》、《政务信息系统整合共享实施方案》），住房和城乡建设部将已有的40多套信息系统进行了整合，建设了统一门户和统一用户管理平台，编制了政务信息资源目录，并完成与国家信息资源共享交换平台的对接，实现了住房和城乡建设部信息资源的集中管理和应用，提升了各业务系统之间信息共享效率以及管理效能，为未来住房和城乡建设部业务的数字化转型打下了坚实的基础。

制定标准规范体系。在住房和城乡建设部信息系统资源整合过程中，编制形成了《住房和城乡建设部电子政务应用系统接入规范》《住房和城乡建设部政务信息资源管理办法》《住房和城乡建设部电子政务应用系统数据交换方式及接口规范》等标准规范，为住房和城乡建设部未来电子政务项目管理、信息资源接入提供了依据。

信息系统资源整合。经过多年的信息化建设，住房和城乡建设部已经建设了住房和城乡建设部机关政务外网、全国规划编制单位信息管理系统、中国建设工程造价信息网、国家工程建设标准化信息

网、工程造价咨询企业、造价工程师管理系统等44套系统。系统建设的初衷主要用于解决业务问题，没有统筹考虑业务联动和系统整合问题。通过信息系统资源整合，实现了住房和城乡建设部信息系统向统一的基础设施平台的逐步迁移，并通过统一用户管理、统一门户建设，完成住房和城乡建设部本级信息系统的初步整合。

梳理信息资源目录。在信息系统资源整合的同时，完成了针对住房和城乡建设部的业务调研和对现有信息化资源基础的梳理，编制了信息资源目录，建设了信息资源管理平台和信息资源展示平台，实现对信息资源的定义、归集、共享利用和展示分析，完成了与国家信息资源共享交换平台的对接。目前，已完成住房和城乡建设部中34个信息资源目录的梳理，囊括412个具体指标，涉及9个司局、14个业务系统，数据中心已汇集7000多万条数据，与国家平台对接，完成了7个接口的注册，满足了不同层级用户、不同应用场景的数据展示需要。

大数据支撑领导决策。在信息资源目录的基础上，住房和城乡建设部打破了各业务司局的"信息孤岛"，基于大数据技术进行主题建模，建立数据专题对各司局信息资源进行串联分析，为领导决策分析提供依据，完成了包含：农村住房、危房改造、人居环境等在内的5个大数据专题。同时，通过汇聚社会上海量房产信息，建立了房地产市场健康状况预测模型，为领导决策以及住建行业未来业务发展提供导向。

（二）大数据营造合作共治新格局

随着数字技术，尤其是大数据技术的快速发展，政府、市场和社会都呈现出与以往不同的新型特征，不同部门、不同组织之间的联系愈加紧密，国家和社会之间的依赖性变得越来越强。传统政府向数字政府的转型，带动了政府行政效率的提高，让有限的政务资源投入能够取得最大化的政府治理效益，为社会治理、经济发展创造了良好的条件。

数据的共享利用使政府各部门之间的协作不断加深，进一步降低了部门之间的沟通协调成本，使政府部门的进一步整合成为可能，从而加速了整体政府的改革。随着数据的共享以及向社会的逐渐开放，大数据被应用到了舆情监测、履职评估、诚信监管等多个政府管理领域，大数据让政府部门能够更快地找到社会公众意见反映最为强烈的问题，并予以解决；同时，还可以让社会公众清晰地看到政府运作全过程，加强社会对于政府执政的监督。网络状的环节和扁平化的社会要求不同的政府部门之间进一步加强合作，充分而不重叠地利用资源，使得政府对于社会管理的单一主体地位被打破，政府、市场、社会合作共治的治理模式逐渐形成。

（三）大数据推动服务型政府转型

政府的服务涵盖了民生各个领域，服务型政府的建设要求政府不再是高高在上的发号施令者，而是成为优质、高效服务产品的提供者，要树立一种数据说话、数据管理、数据决策、数据创新的思维习惯。大数据可以帮助政府优化服务流程、简化服务步骤、提升服务质量，基于大数据的思维和由此引发的全新的管理方式将有利于改进政府的执政效率、节约政府行政成本，也有利于提高公众对政府的认同感，加速服务型政府的转型。

在政府服务供给过程中，政府利用大数据能够实现各部门、各地区数据的流通，实现各办事环节数据的汇聚，利用汇聚的数据发现了政务服务事项办事环节中繁复的环节、冗余的流程、多余的证照材料，通过数据分析优化线下政务服务方案，进一步反哺线上流程，使政务服务流程不断优化，由此带来的"三减一优"等政务服务改革创新举措，大幅提升了社会公众的办事体验。同时，基于大数据技术，为企业和个人定制精准画像，达到了千人千面效果，使政府面向不同的用户群体，精准化、主动化地提供服务成为可能。

↗ 案例：广西以数据供需为抓手，推进政务数据"聚通用"

数字广西建设，政务数据是关键因素。政务数据的管理和应用创新既是构建社会治理新体系的前沿问题，也是推进数字政府建设、推动数字产业化发展的原动力。拉通数据供需关系，推进政务数据"聚通用"，即数据全面汇聚、共享互通、创新应用，最大程度释放信息化发展带来的巨大潜能和数字红利，是大势所趋，也是有效提升政府现代化治理体系和治理能力，带动创新与经济增长的重要途径。

2019 年 12 月 30 日，广西数字政务一体化平台（以下简称"一体化平台"）正式上线运行，标志着广西深化"放管服"改革、数字广西建设取得又一重大突破。一体化平台取得与国家平台初步对接排名第二，深入对接排名第一，区、市、县三级向国家平台报送实施清单总数排名第一，与国家政务服务事项基本目录对应的实施清单总数排名第二等多项成绩，实现了建设"速度、质量、效益"三者并重。（数据来源：广西壮族自治区人民政府门户网站）

1. 一体化平台格局初成

广西数字政务一体化平台建设从云、网、系统、数据、安全等方面进行了"釜底抽薪"式的改革，建立了"一云承载、一网通达、一池共享、一事通办、一体安全"的政务管理体系，打破了"云资源分散、专网林立、系统壁垒"的历史格局。大数据共享交换平台作为一体化平台的重要组成部分，通过对多源异构数据源统一接入归集、统一编目、统一数据治理，形成了高质量的数据资源，并通过数据资源的统一管控和共享开放，打破了"数据孤岛"，让数据多跑路，让企业、老百姓少跑腿，甚至不跑腿。

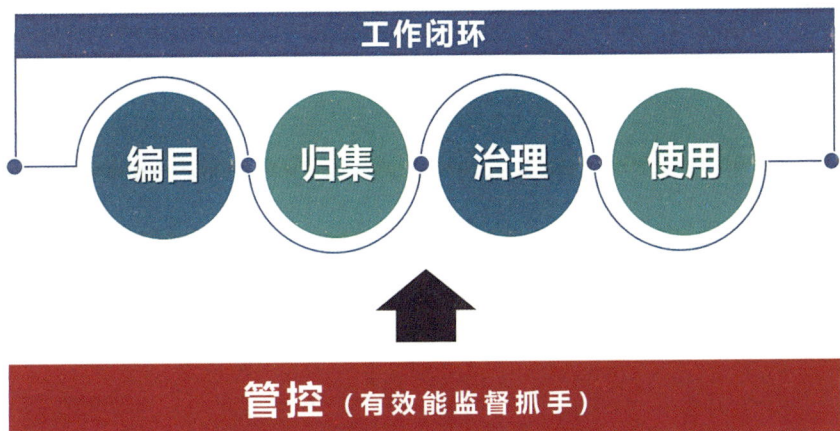

工作闭环

编目 · 归集 · 治理 · 使用

管控（有效能监督抓手）

图 7.8　广西壮族自治区政务数据"聚通用"建设思路

2. 供需关系牵引数据高效共享

为推进全区各级各部门信息共享，广西壮族自治区大数据发展局统筹部署全区政务数据"聚通用"工作，建立了一套以供需关系为内核的数据共享模式，出台政务数据资源管理与应用改革方案，建立"四改四转"新机制，将"聚通用"作为一场攻坚战来打，创新性制定了《推进政务数据"聚通用"工作检查指标》和"红黑榜"通报机制，做好数据"聚通用"精准服务、驻场开发，形成全区数据作战总动员的工作局面。

供需对接作为大数据共享交换的重要组成部分，是政务信息资源目录和交换体系的重要补充，是推动大数据共享交换实现应用的重要抓手。供需对接结合部门日常业务、政务服务、堵点问题、营商环境等各类业务场景提出数据需求，开展数据需求分析、分发、确认形成数据责任，进而开展共享任务实施，将多部门的数据资源进行有效融合后统一提供给数据需求方，从而形成整个工作闭环。以政务服务场景为例，政务服务管理部门作为需求部门，只需要根据业务场景形成数据需求，无需关注数据由谁产生；数源部门确认需求、落实责任、挂载资源并按期交付；数据管理部门居中协调调度、治理上架，最后，需求部门就能直接使用数据"产品"，解决业务问题。供需对接业务，有效提升了数据共享的质量和效率，并可通过应用导向的供需对接业务持续完善资源目录、基础库、主题库的质量和有效性。

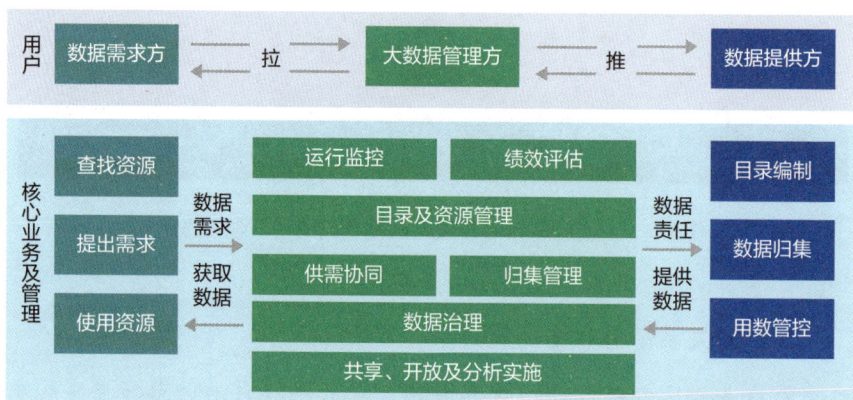

图 7.9　数据供需对接平台逻辑架构图

3."聚通用"成效显著

自 2019 年 9 月广西数字政务一体化平台上线试运行，截至 2019 年 12 月底，已覆盖 49 个自治区部门、14 个地市、111 个县（市、区）、125 个乡镇、28 个行政村，实现了"自治区、市、县、乡、村"五级贯通，系统功能模块累计优化超过 8 千次，办件量达到 93 万件，支撑全区单一部门办理事项"最多跑一次"95％以上，网上可办率 90％以上。自治区本级 30 个单位共 58 个专业办理系统涉及 964 项政务服务事项需要与一体化平台实现打通，在"聚通用"的支撑下，已经打通 624 项，总体打通率达 64.7％。13 个地市共打通区直系统业务事项 3178 项。有效解决窗口工作人员"二次录入"的难题，显著提升了企业、群众办事效率，降低办事成本，大大提升了群众在"放管服"改革中的"获得感"。

数字政府

第八章　如何保障数字政府建设

一、发挥数字政府建设规划引领作用

二、完善数字政府建设制度保障体系

三、构建数字政府效能评价体系

数字政府建设是实现国家治理体系和治理能力现代化的重要支撑，有利于推进政府治理和社会治理模式创新，从而实现政府决策科学化、社会治理精准化和公共服务高效化。推动数字政府建设，必须发挥建设规划的引领作用，建立完善的制度保障体系，以政府效能评价补短板、促创新。

一、发挥数字政府建设规划引领作用

数字政府体系建设是一项系统性工程，需要革新理念、统筹规划、强化创新、稳步推进。数字政府建设规划是指导政府数字化转型的总体设计，是提高政府数字化水平的政策依据，以顶层规划为引领，充分发挥规划引领作用，是提高数字政府建设质量和水平的首要前提。

（一）国外数字政府规划的引领作用

从全球范围看，数字政府建设已成为政府未来发展模式的共同趋势。根据 2020 年电子政务调查，193 个成员国中已有 151 个国家制定了数字化战略，123 个国家制定了数字化安全战略。至于政府数字化改革的国家战略是否与国家发展战略相一致尚无相关信息，但有一些案例可供参考。南非已经制定了数字化转型战略，旨在将国家转变为一个包容的数字社会，人们可以利用数字技术带来的机会，提高自己的生活水平。在巴林，"电子政务战略 2022"与旨在实现可持续发展的经济愿景 2030、"政府行动计划 2019—2022"相一致。2017 年 2 月，英国政府提出了"政府转型战略 2017—2020"，旨在改善民众和国家之间的关系。这一战略关注在民众和干部中培养正确的技能和文化，以及赋予民众更多的权力，对更好地利用数据共享平台来加速转型也有帮助，而政府数字化服务则监督了这一战略的实施。同年 3 月，英国政府正式出台《英国数字化战略》，由数字化文化媒体体育部开展，并与政府转型战略相一致，为整个英国服务。这一数字化战略也阐释了政府将如何发展世界一流的、为全体人民服务的数字经济。近年来，发达国家相继出台数字政府发展战略，不断完善数字政府顶层设计，为本国数字政府建设指明方向、提供强大动力，推动本国数字政府迈向更高发展水平。

1. 美国：引领"小政府—大社会"模式

为有效发挥大数据、云计算、人工智能等信息技术的协同创新作用，实现"数字技术＋政府治理"有效结合，美国联邦政府 2012 年制定了《数字政府战略》：一是以数字化的信息共享和数据获取为基础，以公共服务为导向，实现由管制型政府向服务型政府转变；二是改变政府治理结构，从国家单独治理模式转变为国家与社会共同治理的"小政府—大社会"模式；三是实现政府治理观念变革，确立了顾客与消费者导向的政府机制。

"数字政府战略"是美国积极向数字经济、数字城市、数字治理和数字政府转型的重要标志，保证了美国民众可以随时随地通过任何平台或设备获取政府信息和公共服务，在改变联邦政府工作方式、改善数字服务、提供更优质公共服务方面，发挥了重要引领作用。

📖 |延伸阅读| **美国《数字政府战略》的目标与原则**

美国白宫发布的《数字政府战略》，旨在为美国公民提供更优质的公共服务，主要实现三个目标：一是让美国公民可以在任何时间、任何地点、利用任何设备获取所需的高质量的政府信息以及数字服务；二是确保美国政府适应新数字时代，抓住机遇，以智慧、安全和经济的方式来采购并管理设备、应用和数据；三是公开政府数据，激发国家创新，提升政务服务的质量。

美国政府数字化战略遵循四个基本原则：一是以信息为中心原则，改变传统管理文件形式，转为管理在线业务数据；二是共享平台原则，政府各部门内部以及部门之间的雇员一起工作，以降低成本、精简部门，并且以统一标准的方式创建和分发信息；三是以用户为中心原则，围绕客户需求，创建、管理数据，允许客户在任何时候以任何他们希望的方式构建、分享和消费信息；四是安全和隐私原则，确保安全地分发和使用服务，保护信息和隐私。

2. 英国：引领"全政府"转型

英国数字政府发展水平在欧洲处于领先地位，全国网络普及率较高，具有良好的数字基础设施。英国数字政府建设积极顺应民众对在线政务服务的需求，将政务服务数字化转型作为总体目标，于2017年推出《政府转型战略（2017—2020)》，引领政府数字化转型，促进跨平台政府业务协同，不断提升数字服务总体效能。

《政府转型战略（2017—2020)》明确了政府以民众需求为核心，不断解决公共服务提供中存在的问题，制定整合的数字化路线，以提升用户体验、提高工作效率，使英国民众、企业和其他用户都能够享受更优质、更可靠的在线服务体验。英国推动政府数字化转型的系统设计，目的是加快推进数字化转型进展，向国民提供世界一流的公共服务。与美国"小政府—大社会"建设模式不同，英国旨在引领构建"全政府型"的数字政府建设模式。

从总体目标看，《政府转型战略（2017—2020)》主要包含五个目标：一是跨政府部门业务的整体转型，建立政府在线服务标准，及时更新技术实施规范和其他适用标准，改善用户体验，借鉴私营部门经验，制定跨部门合作机制；二是培养人员、提升技能、培育文化，推广数字化技术；三是优化业务工具、工作流程和管理模式，解决政府各部门在技术、工作计划管理方式、采购等方面存在差异的问题；四是更好地利用数据，采取共享开放政府数据、任命首席数据官、改进数据挖掘工具、建立数据安全体系等措施；五是创建共享平台、组件和可复用业务功能。

|延伸阅读| 英国《政府转型战略（2017—2020）》的核心及特点

英国政府的数字化转型战略，指导思想及核心内容是"数字政府即平台"，政府数字服务组负责提供通用共享平台设施，内阁组成部门或者第三方在平台上开发附加应用，以平台建设为基础，推动政府的数字化转型。

英国数字政府转型战略具有如下特点：一是英国数字政府转型建设体现了以人为本的原则，政府更多地从用户需求出发，致力于改善民众与政府之间的关系，把更多的权力移交给民众；二是英国数字政府转型建设体现出高度的灵活性，数字时代提供的工具、技术和方法，能够帮助政府以更快的速度、更低的成本实现政府数字服务的优化组合；三是英国数字政府转型建设体现出更强的包容性，英国政府部门计划在网站上建立具备高可靠性、高安全性以及高效能的在线服务，将为更多用户提供更优质的服务。

3. 新加坡：引领"整体型"政府建设

2014 年 6 月，新加坡发布了《智慧国 2025 计划》，这是全球首个政府统筹的智慧国家发展蓝图。该计划旨在使用科学技术为民众创造更加舒适且充满意义的生活，利用互联网、物联网、数据分析和通信技术，提升民众生活质量、增加商业机会、改善营商环境。《智慧国 2025 计划》秉持了"大数据治国"的全新理念，推动建立全国性数据连接、收集、分析的操作系统，并通过对大数据的处理和分析，准确预测公民需求，优化公共服务供给，使公民享受到更加及时和优质的公共服务，通过建设以信息驱动的智能化国家，打造"以公民为中心"的"整体型"政府。

📓 | 延伸阅读 | 　新加坡《智慧国 2025 计划》的目标与举措

新加坡智慧国家计划的战略目的，是通过技术推动新加坡全面数字化转型发展，以数字革命改变新加坡政务运作方式和流程，推动成为数字创新驱动的世界领先经济体、成为世界级城市，为市民提供最好的家园并满足不断变化的需求。

围绕这一目标，新加坡政府在顶层设计、数据管理、公民参与等领域开展了数字政府建设的创新实践，出台数字政府领域的政策法规、建立信息化特派员数字政府管理运行制度、开发方便快捷的数字政务服务项目、推动政府大数据的开放与管理、利用物联网传感技术助力城市数字化建设、重视公民隐私保护与数据安全以及打造公民参政议政的网络数字平台。

（二）我国数字政府建设顶层规划

目前，我国数字政府建设已进入全面提升期，在创新政府治理和服务模式、提升行政管理和服务效率、提高政府公信力和执行力等方面发挥了越来越重要的作用。近年来，随着相关政策文件陆续出台，我国数字政府建设的顶层设计不断完善，政策规划的引领作用显著提升，为国家治理体系和治理能力现代化提供了有力支撑。

我国数字政府建设取得的长足进步，集中体现在以下四个方面：一是决策智能化。利用大数据、云计算、人工智能等技术手段，通过数据的汇聚，实现信息共享、自动推送、提前预测、智能管理，将过去局部的、滞后的政策过程转变为整体的、及时的新型政策过程，实现决策智能化。二是治理科学化。利用大数据技术动态识别社会治理中的"堵点""痛点""难点",为社会治理提供精准着力点,提升治理的科学化水平。三是服务高效化。通过建设"一站式""一体化"公共服务平台,实现公共服务达到高效化。四是监管精准化。通过对海量数据的快速收集与挖掘、及时研判与共享,为政府精准监管提供有力手段,促进政府监管效能提升。

📔 |延伸阅读| 未来数字政府的基本特征

5G 时代,未来政府治理模式创新应符合"5A"架构:"5A"代表政府未来治理形态的五大特征,即 Adaptive:适配型政府、Agility:敏捷型政府、All-intelligent:全智型政府、Affordable:普惠型政府、Anatman:无我型政府。

1. Adaptive:适配型政府。适配型政府的本质是以政府为联结点,通过政产学研协同管理、协同创新和协同应用机制,使政府成为社会各界共同参与治理的赋能者,推动形成多元协同实时共治新模式,以新模式构建社会治理新格局。

2. Agility:敏捷型政府。敏捷型政府的构建要求引入互联网思维,采用迭代式敏捷开发的工程实施方式,持续改进优化数字政府治理体系。近年来,我国通过积极探索引入互联网式工程开发思维,通过改进创新政府投资电子政务项目管理方式,引入迭代式敏捷开发的电子政务工程建设模式,不断提高数字化政府项目服务效能。

3. All-intelligent:全智型政府。全智型政府的本质即政府智能化决策、智能化监管、智能化治理和智能化服务的无处不在、无所不能。未来政府治理将以"泛在化"为主要特征,以"智能化"为主要抓手,依托 5G、AI 与大数据,实现公共服务的泛在化、智能治理的泛在化和政府监管的泛在化。

4. Affordable：普惠型政府。普惠型政府是指在大数据智能化普及的过程，使社会中的数字弱势群体能够用得上、用得起、用得好数字资源，在实施高效公共服务、科学政府决策以及精准社会治理的同时，始终坚持数字资源普惠化和公平化，持续消除数字鸿沟。

5. Anatman：无我型政府。无我型政府以服务人民为中心，以人民群众提出的需求为主导，依托5G、AI和大数据等技术手段，精准识别群众各项基本诉求，针对人民群众的个性化需求，动态组织和调配政府行政资源，通过智能治理模式提供定制化、个性化和普惠化的公共服务。

（三）地方数字政府建设规划经验

为贯彻落实国家数字政府发展战略，各地纷纷出台专项规划设计，大力推动数字政府建设。以大数据分析为核心，集政府宏观决策咨询、宏观经济评估分析、大数据监测预测辅助决策、数字经济创新应用为一体的新型数字创新治理体系基本形成。在政务服务方面，上海、浙江等地深化一体化在线政务服务体系，打通部门界限、优化业务流程，为企业群众提供集成服务；浙江、江西联合推进跨区域数据共享，实现身份证等11本证照跨省互认；福建、广东等地开发集约化的移动端APP或微信小程序，实现办事服务"掌上办""指尖办"。

1. 广东：建立全省一盘棋工作机制推动数字政府建设

2018年11月，广东省人民政府印发《广东省"数字政府"建设总体规划(2018—2020年)》(以下简称《总体规划》)，通过大力推进广东"数字政府"建设，促进政府职能转变，提升政府治理体系和治理能力现代化水平。在省"数字政府"改革建设工作领导小组统筹领导下，省政务服务数据管理局负责提出"数字政府"建设总体框架和要求，各地各部门承担"数字政府"建设主体责任，加强组织协调，建立统一领导、上下贯通、协同推进、执行有力的全省一盘棋工作机制，推动"数字政府"各项改革建设任务落实。

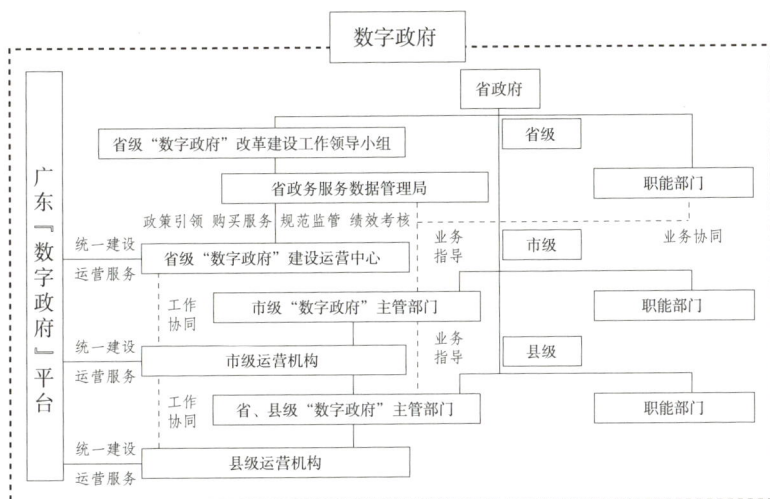

图8.1 广东"数字政府"管理架构

《总体规划》明确了发展目标，到2020年底，建立整体推进、政企合作、管运分离的"数字政府"管理体系和整体运行、共享协同、服务集成的"数字政府"业务体系，构建统一安全的政务云、政务网，建设开放的一体化大数据中心、一体化在线政务服务平台，建成上接国家、下联市县、横向到边、纵向到底全覆盖的"数字政府"。

《总体规划》思路的一大特点，就是以"数字政府"改革的"整体思维"，借鉴"用户思维、流量思维、平台思维、跨界思维"等互联网思维，形成"政务互联网思维"。一是坚持"以人民为中心"，从用户体验角度优化政务服务流程和应用设计；二是以群众"来不来用、爱不爱用"的结果检验政务服务成效；三是通过"大平台、小前端、富生态"集约建设新模式，改变系统分散、烟囱林立的局面；四是改变传统建设运营管理模式，在"数字政府"建设中引入互联网文化，吸收"快速迭代""小步快跑"等互联网发展理念，提高"数字政府"建设效率；五是整体考量，从技术革新到业务创新、从管理创新到体制机制改革，成体系推进"数字政府"改革建设。

2. 浙江：深化"最多跑一次"改革推进政府数字化转型

浙江"最多跑一次"是我国"放管服"改革的"升级版"，是供给侧结构性改革的有效制度供给，有助于提高政府公共服务质量，提高政府治理总体效率。2018年12月，浙江省人民政府印发《浙江省深化"最多跑一次"改革推进政府数字化转型工作总体方案》（以下简称《总体方案》），为推进浙江省政府数字化转型、高标准建设数字政府指明了发展方向。

《总体方案》坚持"以统筹谋划、集约共建，以人为本、整体协同，创新驱动、开放共享，安全可靠、有序运行"基本原则，提出到2020年底，初步形成纵向贯通、横向协同、上接国家、覆盖全省的数字政府体系总体工作目标。在总体框架方面，《总体方案》提出了"四横三纵"数据平台架构，按照统分结合的原则建立层级架构。通过建设经济调节数字化应用工程、市场监管数字化应用工程、公共服务数字化应用工程、社会管理数字化应用工程、生态环境保护数字化应用工程、政府运行数字化应用工程、政府数字化转型公共支撑平台建设工程七大重点工程，推动实现三大任务：一是推进政务流程优化再造，打造数字化业务应用体系；二是建立一体化技术支撑体系，为政府数字化转型赋能；三是构建三大机制保障体系，营造数字化转型优良环境。

3. 广西：制定专项行动计划推动数字政府建设

广西为全面推动政府数字化转型，2018年发布实施《广西推进数字政府建设三年行动计划（2018—2020年）》，加快政务数据资源整合，规范行政权力运行，优化政务服务供给，利用大数据强化政府决策支撑，促进行政效率、服务水平、治理能力全面提升，到2020年，初步建成决策分析科学化、内部管理精细化、公共服务高效化的数字政府。

为促进各项任务完成，广西加强数字政府建设的组织领导，按照任务分工，制定工作方案，明确目标任务和进度计划，形成全区数字政府建设"一盘棋"格局，同时，加快推动与政府数字化建设不相适应的法规制度"立改废"，将数字政府工作成效纳入各部门绩效考核和领导班子考核内容。

📑 案例：广西数字政府建设的七项主要任务

一是推进一体化基础支撑体系建设。以广西电子政务云计算中心为总枢纽，统筹整合各级各部门数据中心资源，形成统一规划、统一管理、资源集中调度的一体化数据中心体系。

二是推进数据资源共享开放。构建全区统一、多级互联的数据共享交换平台体系，完善标准规范，建立数据共享授权机制，建成覆盖全区、统筹利用、统一接入的数据共享大平台，具备跨层级、跨地域、跨系统、跨部门、跨业务的数据调度能力。

三是推进"互联网＋政务服务"。统筹建设广西一体化在线政务服务平台，推进各级各部门政务服务工作规范化、标准化和集约化管理，实现政务数据互联互通，形成全区政务服务"一张网"。

四是推进宏观决策大数据应用。建设全区经济运行监测综合平台、宏观经济大数据分析系统、工业经济预测系统等大数据分析平台，形成基于大数据分析的宏观经济决策支撑体系，为政府开展宏观经济监测预测和制定宏观经济调控措施提供数据支持及科学依据。

五是推进数字化市场监管。建设全区统一的智能化市场监管综合服务平台，完善市场监管"天眼工程"、"12315"消费维权指挥平台、国家企业信用信息公示系统（广西）、广西质监一体化信息平台、广西食品药品综合业务监管平台等，促进监管方式由传统模式向智能化、精准化转变。

六是推进数字化自然资源监管。构建以现代对地观测与信息技术集成为支撑的全覆盖全天候监测及监管体系，建成广西国土空间基础信息平台，实现与国家平台对接，基本形成全区统一监管体系。

七是推进数字化生态环境治理。提高对大气、水、土壤、生态、核与辐射等各类环境要素及污染源全面感知和实时监控能力，实现对环境质量和重点污染企业排放的动态实时监测。

（四）如何落实建设规划的引领作用

有效发挥数字政府建设规划的引领作用，需要从数字政府的发展趋势和内在要求等方面着手，以系统性、整体性、协同性、开放性为基本原则，回归政府治理本位，扎实推进各项工作。

1. 注重系统性

数字政府建设不仅包括信息技术的改进、数据治理能力的增强、政务质量的提升、业务流程的优化，而且涉及政府自身改革以及外部环境的全方位系统性变革。就政府自身而言，数字政府建设必然对政府治理理念、治理结构、资源配置、制度安排、政务流程、运行机制等带来深层次的结构性变化。就外部环境而论，数字政府与数字国家、数字经济、数字社会高度关联、彼此调适，需要推进与各领域改革的联动集成，回应现实需要，创造共同价值。同时，系统推进数字政府建设，需全面审视相互关联的结构、层次、要素、功能、环节，统筹构建上下贯通、左右联动、内外衔接、前后有序、统分结合的发展格局。

2. 注重整体性

建设整体政府、实行整体治理成为数字政府建设的必然选择。整体性的建设视角，要求数字政府建设以公民需求和结果导向为本，进行资源整合和行动协同，应以数据资源的整合共享为切入点，统一规划部署，统一标准应用，推动网络基础设施的互联互通和数据资源的共享共用，加快平台一体化、服务一体化、保障一体化，打破空间和时间的双重限制，推动业务协同和集成服务，实现政府内部运作与对外服务一体化、线上线下深度融合，提供完整链条的公共服务，以行政行为的整体性效率提升，优化企业群众办事体验。

3. 注重协同性

数字政府的协同，表现在政府内部层次的部门间横向协同、层级间纵向协同、中间层次的云端业务协同，以及外部层次的政府市场社会等多元主体协同。首先，要打破专业分工、纵向分权的传统等级科层制的桎梏，为政府部门间、层级间的横向和纵向协同提供资源整合和行动协调的平台，降低政府内部沟通与协调的制度性交易成本，促进传统政府的被动协同向数字政府的主动协同转换，并通过技术融合、业务融合、数据融合，实现跨层级、跨地域、跨系统、跨部门、跨业务的数据共享、信息服务和流程再造。其次，由政府主导建设大数据平台、信息共享交换平台、公共服务平台等，以"大平台"对接分布在不同领域、不同主体、不同层级、不同形式的"小前端"，实现云端业务协同。第三，要发挥政府、市场主体、社会组织和公众的各自优势和协同共治作用，从关注政府内部组织和管理转向关注政民关系和社会协同，建立各种合作机制，促进跨领域、跨行业的对话互动和公共行动，提升公共价值。

4. 注重开放性

数据是数字政府的核心资源，数据流动才能产生价值，数据开放就是要释放数据的红利。首先，数据开放应做到信息公开。通过网络留痕加强电子监察，通过公开透明加强公众监督，通过便捷知情加强政务参与，进而提升政府的公信力。其次，数据开放重在数据资源的利用。数据开放促进了政务数据、企业数据、社会数据的融合，促进了社会公共信息在社会成员之间的共享与可获取，企业、社会组织、公众可以挖掘运用数据进行创新应用和增值利用，释放数据活力，激发社会创新动力。再次，数据安全是数据有序开放的前提。数据开放是不碰触数据安全底线的开放，通过制定数据安全规则体系，推动数据在制度框架下安全开放与流动。

二、完善数字政府建设制度保障体系

数字政府建设涉及政府决策、民生服务、社会治理等方方面面，涵盖主体众多、统筹难度大，必须建立强有力政策制度作为保障和依托。面向未来，数字政府建设各项工作的顺利实施，需要从统筹协调、立法保障、标准规范、人才配套及财政支持五个方面着手，建立"五位一体"的数字政府制度保障体系。

（一）中控室：完善的统筹协调

完善的统筹协调机制是数字政府建设的"中控室"。推进数字政府建设，必须打破原有的碎片化、分散化管理模式，解决数字治理体系构建的条块分割问题，实现一体化统筹协调机制建设，从组织管理体系层面建立统筹工作机制，加强纵向工作指导和横向工作协调力度，整合资源，建立健全跨部门、跨业务、跨地区协同联动工作机制。第一，可以成立专门机构承担统筹管理全域数字政府建设的职能，同时配备相应的专家咨询委员会和下属事业单位，作为政府"外脑"提供咨询和技术支持。第二，需在政府部门间建立密切的数据协作机制，各职能部门以固化的人员架构全职或兼职地服务于数字政府协同工作方面的工作，代替各机构进行内部行政协调，便于跨部门的综合性工作开展。第三，要以渐进式的战略推进数字政府建设进程，综合考虑人力、物力、财力、技术成本等问题，因地制宜制定数字政府建设战略规划，出台相应的指导性政策文件。

（二）压舱石：明确的立法保障

立法保障是推动数字政府建设的"压舱石"。立法是推行数字政府改革及执行决策的重要依托，推动数字政府规范体系建设，离不开法律法规的硬约束，完备的法律制度有助于增强数字政府建设的权威性，提高制度约束的长效性，建构完善的数字政府治理法律体系，不仅是信息革命下完善我国数字政府治理体系的内在需求，也是提升我国数字政府治理水平的根本保障。

加强数字政府治理法制化建设，应聚焦数字政府治理中出现的新议题、新挑战，建构可操作性的数字政府治理法律体系。比如，要强化数据立法，明确数据的所有权、被遗忘权、更正权、限制处理权、数据可携权、数据获取权、信息知情权、知情同意权等规则。再如，通过立法手段协调与均衡数字政府治理资源，夯实政府数字治理的基础设施，提升政府部门对数字治理的重视程度。此外，从长期来看，要注重强调对公民个人隐私和信息安全保护的直接性，广泛参考各职能部门的规章制度或行政法规，将其逐步提升到法律层面。

（三）定星盘：健全的标准规范

标准规范是数字政府建设的"定星盘"。缺乏统一的标准规范成为目前制约数字共享开放的瓶颈性问题，建立健全数字政府领域相关标准规范体系，有助于推动数据开发利用走上规范化发展轨道。数字政府的标准规范体系主要包括三个层面、对应解决三个问题。一是平台对接类标准，联通跨部门的"系统孤岛"。构建政府之间、政府与社会之间信息系统接口规范、平台对接规范，促进不同系统实现连接互通，为数据共享及业务协同提供有效载体。二是数据共享开放类标准，破解跨领域的数据壁垒。制定和完善数据采集、存储、传输、共享、开放、应用的标准规范，建立跨部门、跨行业数据对接融合机制，推动政府部门间、政府和社会间的数据共享开放。三是数据质量评估类标准，促进跨主体的数据流通交易。围绕数据完整性、一致性、准确性、及时性、唯一性等方面，建立健全数据质量评估标准规范体系，对不同类型数据资源的质量开展定量与定性相结合的评估测试，为数据流通交易提供保障。

（四）驱动器：完备的人才配套

完备的人才体系是数字政府建设的"驱动器"。人才是第一资源，创新的事业呼唤创新的人才。推动数字政府建设，需要大量懂技术、会管理的数据治理人才提供智力保障。随着大数据技术的广泛开展，政府大数据平台将更加智能化，对工作人员的数字素养要求也将提高。数字人才培养，既包括提升政府机构领导及工作人员数字素养，也包括对企业管理者及技术人员的专业培训，还包括加强高校学生的数字化技能，面向全社会，应普及宣传大数据思维和意识，逐步形成多层次、复合型人才梯队，不断促进治理链与人才链同频共振，为数字政府建设提供全方位人才保障。

（五）助推剂：充足的财政支持

充足的财政经费支持是数字政府建设的"助推剂"。加强数字政府建设，需要财政政策的支持和资金保障，从财力保障、政策支持等方面推动"数字政府"建设。国家层面，可以创新政府资金投入方式，通过重大工程、以奖代补、贴息、股权投资等方式，支持数字治理领域重大项目建设。比如，2016年，《国家发展改革委办公厅关于组织实施促进大数据发展重大工程的通知》，对大数据示范应用、共享开放、基础设施统筹发展及数据要素流通等重点领域，择优推荐项目予以经费支持。地方层面，可以政府引导性投入为牵引，探索设立数字财政专项基金，鼓励社会资金及金融资本跟进，推动设立专项基金，促进政务数据的共享、清洗、加工、开放、交易、流通、应用。比如，广东为推动"数字政府"改革建设向纵深发展，加大财政投入力度，省财政2019年安排超过10亿元经费纳入"数字政府"项目。

三、构建数字政府效能评价体系

数字政府建设的实际效能如何，需要建立一套科学有效的评价体系进行衡量。对数字政府建设进行全方位、全过程评估，有助于及时发现存在的问题及弊端，找差距、补短板、促创新，不断提升政务服务供给质量，提升自身数字政府竞争软实力。

（一）国际数字政府评价体系

国际上，数字政府评价体系以日本早稻田大学数字政府研究所与国际首席信息官协会（IAC）联合发布的《国际数字政府排名评价报告》影响力最大。2018 年 10 月，日本早稻田大学数字政府研究所与国际首席信息协会联合发布了《第 14 届（2018）国际数字政府排名评价报告》，根据排名数据显示，中国名列第 32 位，相较于 2017 年的第 44 位上升 12 个名次。全球前八名的国家及主要做法如下。

第一名：丹麦。主要归功于丹麦最新推行的数字计划，覆盖了中央、地区和地方政府 2020 个部门及机构，为丹麦成为政府在信息技术应用方面的领先国家创造了基础。

第二名：新加坡。新加坡是智慧国家发展的大国，通过引入"以数字化为核心，全心全意服务"的愿景，公民和企业可以每天与政府进行网上交易。数字化将成为新加坡公共服务转型努力的关键支柱。

第三名：英国。英国政府推出了"2017—2020 年政府转型战略"，为各级政府提供了良好的发展平台，帮助各级政府更好地开展工作。整个政府共有超过 175 项服务，尤其是他们推出了 GovWiFi——所有政府机构一个 Wi-Fi 登录。GovWiFi 现在遍布英国 340 多个地点。此外，政府改善了采购服务、纳税服务和政府数据公开。

第四名：爱沙尼亚。爱沙尼亚政府推出了"2020 年数字议程"，它们创造了一个促进使用信息和通信技术以及开发智能解决方案的环境。公民可以从一系列公共服务中选择电子解决方案，并在方便的地方使用它们，据统计，99%的人口在线上使用政务服务。

第五名：美国。信息通信技术继续为美国公民提供创新方式进行互动、参与和获得权利。公众参与通过合作提高政府决策的质量，从而提高政府效率。通过增加公民参与使这种合作成为现实，可以利用创新工具在联邦政府中创造前所未有的开放。

第六名：韩国。实施一些旨在优化公共部门业务流程的倡议和方案，实现政府全企业架构，推动政府信息共享，韩国政府的行政程序效率和透明度已达到较高水平。

第七名：日本。建立了一套完善的数字政府倡议推广系统，并将精确的政府首席信息官制度纳入各级政府，以确保数字政府的执行和评估过程，继续更新其网上服务系统，作为简化行政程序和工作系统的倡议目标。

第八名：瑞典。政府提出了数字政策如何促进竞争力、充分就业以及经济、社会和环境可持续发展的战略，概括了政府数字政策的重点，旨在使瑞典成为利用数字化转型的世界领导者。

国际数字政府评价指标，主要由网络防范／数字化基础设施建设、管理优化／效率、在线服务／功能应用、国家门户网站／主页、政府首席信息官、数字政府推广、电子参与／数字融合、开放政府、网络安全、新兴信息通信技术等十个方面组成，具体指标如表8.1所示。

表8.1　国际数字政府评价指标

一级指标	二级指标
网络防范／数字化基础设施	互联网用户 宽带用户 移动手机用户

续表

一级指标	二级指标
管理优化／效率	优化意识 整合企业架构 行政和预算系统
在线服务／功能应用	电子采购 电子税务系统 电子定制系统 电子医疗系统 "一站式"服务
国家门户网站／主页	导航 互动 界面 技术方面
政府首席信息官	设置首席信息官 首席信息官的任务 首席信息官的组织架构 首席信息官开发的项目
数字政府推广	法律机制 支持机制 保障机制 评价机制
电子参与／数字融合	电子信息机制 咨询 决策
开放政府	法律框架 社会 组织
网络安全	法律框架 网络犯罪对策
新兴信息通信技术	实现数据共享

1. 数字化基础设施

根据早稻田大学数字政府排名，数字化基础设施是评估一国数字政府发展的一个基本指标。数字化基础设施是通过信息通信技术的发展来衡量的，例如互联网用户的数量、手机用户或宽带连接的百分比。同时，数字化基础设施还包括中央政府与地方政府通过主干网络系统的整合连接到一起，以及通过核心政府主干网络连接各局和各部门的能力。

2. 管理优化

该指标反映了信息通信技术在改进政府工作流程和内部流程（每个组织的后台）方面的应用。管理优化是数字政府发展的一个重要指标，因为它与优化认知、企业架构和行政管理系统有关。

3. 在线服务

在线服务或电子服务是数字政府发展的一个主要指标。在线服务或电子服务指的是将业务过程、政策、程序、工具、技术和人力整合，以方便使用互联网和其他网络上提供的辅助和非辅助服务的客户。数字政府的最终目标是政府向公民引入电子服务或产品／服务，使电子服务成为数字政府的一个入口。

4. 国家门户网站

国家门户网站（"一站式"服务）被称为政府整合所有电子服务并通过一个入口便可访问，是利益相关者以电子方式访问政府网站的基本界面。通过国家门户网站，政府为公共服务用户（包括公民、企业和公共管理人员）提供了许多益处，以及更快、更廉价和更优质的服务。在公共部门，"一站式"服务是公共行政服务中最具前景的服务概念之一，大多数国家都将其纳入数字政府战略中。

5. 政府首席信息官

自 2005 年早稻田大学的数字政府排名以来，政府首席信息官就在数字政府实施中起着重要作用。首席信息官（CIO）有望将管理战略与信息通信技术投资相结合，以实现业务战略、组织改革和管理改革之间的平衡。政府首席信息官被许多政府认为是数字政府实施成功的关键因素之一。

6. 数字政府推广

这个指标是早稻田大学数字政府排名的主要指标之一，它体现了每个国家主要的法律框架。该指标衡量的是政府推广数字政府及向公民、企业和其他利益相关者提供电子服务的活动。它支持包括实施数字政府的各种活动，如法律框架和机制（法律、立法、计划、政策和战略）。换句话说，政府开展这些活动是为了支持电子服务的发展以及整个数字政府的发展。

7. 电子参与

电子参与是指信息通信技术支持参与政府管理和治理过程，流程可能涉及管理、服务交付、决策制定和政策制定。

8. 开放政府

这个指标是评估政府的开放性和透明度。通过为公民提供政务应用程序接口，可以帮助开发人员和研究人员创建具有创新性的以公民为中心的应用程序。

9. 网络安全

信息通信技术和安全的新兴趋势在排名系统中反映出来，网络安全指标中排名前十的国家都有一个相对完善的立法框架、有效的网络犯罪对策解决方案和强大的安全组织。

10. 新兴信息通信技术

这一指标是指政府想要将最新技术应用于政府工作中，比如用云计算来提供服务，创建数据库以便在政府机构之间实现数据共享，并利用物联网的优势通过许多设备分散提供服务。

（二）我国数字政府评价体系

在国内，数字政府评价工作主要由高校及研究机构发起，其中最具代表性及影响力的是国家行政学院和中国软件评测中心编制的数字政府评价指标体系。

1. 国家行政学院的评价体系

数字政府发展水平评估，有助于评比对象找到自己的差距，明确发展方向，创新为本地公众和企业提供服务的模式和价值，缩小地域间的数字鸿沟。国家行政学院发布的《2019 数字政府建设发展报告》，将数字政府的评估体系分为数字基础准备度、数字环境支撑度、数字服务成熟度、数字协同治理度、数字公众参与度和数字技术使用度六个方面。

（1）数字基础准备度主要考察，政府数字化转型必备的基础，比如，各地或部门的数字化投入和数字文化环境，政府对公务员的数字技能培训的频次与投入，统一数字身份认证、电子印章和电子证照库等数字化基础设施。

（2）数字环境支撑度主要考察，各地或部门的数字政府规划的战略引领，数字管理机构的统筹推进作用，政府数据资源的管理、标准、架构等的整体规划，数据共享交换、开放数据的使用、数据安全管理和隐私保护等政府开放和使用数据的程度等方面。

（3）数字服务成熟度主要关注，数字化环境下政务服务办理事项信息的基础提供情况，针对个人和企业要办理的一件事的所有流程中服务集成与交付情况，基于数据分析的主动服务、定制服务，以及跨部门、跨层级的服务交付等。

（4）数字协同治理度主要关注，在数据驱动下，部门协同推进政务服务使得企业的流程缩减、营商环境优化，市场主体信用体系建设情况，数据驱动的政策需求预测、自然灾害应对，以及网格化管理和安全等。

（5）数字公众参与度主要关注，数字服务的设计过程中以及数据开放过程中公众的参与情况，对终端用户、提供服务的公务员以及其他支持最终用户访问服务的中介等需求的调查情况，对公众数字服务满意度的调查及反馈，以及政策咨询的公众在线参与度。

（6）数字技术使用度主要关注，各地政府在创新服务交付的过程中对云计算、大数据、物联网、人工智能和区块链等数字技术采纳情况，包含云平台的集约化建设与使用、大数据应用创新、新技术推动环境治理等。

2. 中国软件评测中心的评价体系

中国软件评测中心发布《2019 年数字政府服务能力评估指标体系》，将政府效能建设评价分为五个方面：渠道支撑、功能完备、服务体验、综合保障和创新实践。

（1）渠道支撑主要考察，互联网服务渠道建设情况（例如政府门户网站、政务新媒体渠道等）和集约化程度、信息发布的一致性和准确度、渠道建设的规范程度和合理程度等方面。

（2）功能完备主要包括，基础政务信息和重点领域信息的发布内容是否及时准确有效、政策解读和政府回应性程度、网上提供的服务是否完备便捷、流程是否清晰顺畅、意见反馈与互动交流程度等。

（3）服务体验主要包括，信息丰富度及信息更新情况、堵点问题疏解情况、政务服务办理跑腿次数、政务集成化程度、数据开放利用程度、数据完备度和数据质量。

（4）综合保障主要包括，组织机构保障、统筹协调机制建立程度、制度规范程度、日常运营维护程度、数字政府安全管理程度、是否有相关负面舆论事件等方面。

（5）创新实践主要考察，各地数字政府建设过程中是否有内容服务建设、为群众提供数字化便利政务服务、应用数字技术提升管理效能和数据整合开放等方面的创新实践相关案例，为加分项。

党的十九届四中全会指出，要创新行政方式，提高行政效能，实现国家治理体系和治理能力现代化。数字政府建设在开放管理、治理协同、运行高效等方面具有显著优势，推进数字政府建设已成为新时代提升政府行政效率和政务服务水平、推进国家治理体系和治理能力现代化的必然要求。

数字政府建设，是新时代回应信息化变革和民众需求的重要方式，有利于提升系统治理效能，提高治理的科学化水平和精准化水平。建设数字政府，需要不断完善顶层设计，发挥规划的引领作用；需要不断完善各项保障制度，建设统筹协调、立法保障、标准规范、人才培育、财政支持"五位一体"制度保障体系；需要不断完善数字政府效能评价体系，形成动态跟踪分析长效机制，促进形成"用数据说话、用数据决策、用数据服务、用数据创新"的现代化治理模式。

数字政府

第九章　数字政府应对
信息安全新挑战

一、保障网络安全，维护网络空间主权

二、保障数据安全，促进公共数据资源开放

三、落实整体安全可控，提高网络安全保护能力

　　信息技术广泛应用和网络空间兴起发展，极大促进了经济社会繁荣进步，同时也带来了新的安全风险和挑战。网络空间安全（亦简称"网络安全"）是国家安全的重要基础，是经济安全、社会安全、民生安全的重要保障。维护我国网络安全，是协调推进全面建成小康社会、全面深化改革、全面依法治国、全面从严治党"四个全面"战略布局的重要举措，是实现"两个一百年"奋斗目标、实现中华民族伟大复兴中国梦的重要保障。

　　数字政府建设，必须要把数据安全放在首位。数据开放利用，安全是前提。数据开放工作，不能碰触数据安全底线。政府作为维护数据开放秩序和保障数据安全的"守护者"，应积极制定数据安全保障的规则体系，推动数据在制度框架下开放与流动，不断提升网络信息安全治理能力，加强隐私脱敏保护和安全保密防护，做好数据安全的依法监管和风险防范，最大限度为数据开放保驾护航。

一、保障网络安全，维护网络空间主权

　　没有网络安全就没有国家安全。国家网络空间主权是国家主权在网络空间的拓展和延伸，是国家主权的重要组成部分，成为国家继陆、海、空、天之后的第五疆域，保障网络空间安全就是保障国家主权。《中华人民共和国国家安全法》首次从法律层级正式提出"国家网络空间主权"这一概念，将其纳入国家主权不可分割的重要组成部分。尊重网络空间主权，维护网络安全，谋求共治，实现共赢，正在成为国际社会共识。

　　我国已成为网络大国，网络安全风险日益突出，网络安全形势日

趋复杂，必须不断增强网络安全防御能力和威慑能力，为网络安全织密"防护网"，为国家安全打造"金钟罩"，为国家发展筑牢"防火墙"。

党的十八大以来，我国在网络安全领域取得了新的成就，但是随着数字化转型步入深水区，大数据、云计算、物联网等基础应用持续深化，网络安全问题也呈现出新变化，严重危害国家关键基础设施安全、公民隐私安全甚至危及社会稳定。习近平总书记指出："没有网络安全就没有国家安全；过不了互联网这一关，就过不了长期执政这一关。"

| 延伸阅读 | 主权的内涵

2014 年 11 月，习近平总书记在首届世界互联网大会的贺词中提出，国际互联网治理体系改革要"尊重网络主权"。2015 年 7 月颁布的《中华人民共和国国家安全法》中使用了"网络空间主权"这一用语；同年 12 月，习近平总书记在第二届世界互联网大会上发表讲话时认为，以互联网为代表的信息技术"拓展了国家治理新领域"，明确指出网络空间也是国家疆域，是国家主权的管辖范围。

网络主权是网络空间主权的简称，是指一个国家在建设、运营、维护和使用网络，以及在网络安全的监督管理方面所拥有的自主决定权。网络空间主权是国家主权在网络空间中的自然延伸和表现，是国家主权的重要组成部分，网络空间主权集中体现了国家在网络空间可以独立自主地处理内外事务，享有在网络空间的管辖权、独立权、自卫权和平等权等权利。

网络空间主权边界包括三个层次（物理层、逻辑层、内容层）和一个维度（互联网用户）。物理层主要包括计算机、服务器、移动设备、路由器、网络线路和光纤等网络基础设施，相当于人体的"骨骼"；逻辑层负责传输信息和数据，主要包括各种传输协议和标准，例如TCP／IP协议，相当于人体的"神经系统"；内容层指经由互联网传输的文字、图片、音频、影像等信息和资料，以及移动互联网中的各种应用及其所构建的人际交流网络，相当于人体的"肌肉"；互联网用户维度指国家有权制定各项法律法规，充分保障公民的知情权、参与权、表达权、监督权等合法权益，保护其个人隐私和信息的安全，国家也有权对本国公民的网络违法犯罪行为依法采取惩罚措施，以维护网络空间的良好秩序。

（一）国外如何保障网络安全

世界范围内，个人隐私侵害、网络犯罪、网络攻击等事件频繁发生，已成为全球公害。在国外，全球知名网络企业被曝遭黑客攻击，涉及近5000万用户；某著名连锁酒店有超过1.3亿入住用户的数据包被非法出售，泄露数据总数高达5亿条；芯片公司宣布芯片存在严重设计漏洞，引发"计算机史上最大安全事件"；勒索病毒肆虐全球，一天之内横扫150多个国家和地区……网络安全威胁和风险日益突出，并逐渐向政治、经济、文化、社会、生态、国防等领域蔓延渗透。为应对网络危险这一全球公害，近年来，美欧等发达国家愈发重视网络安全，制定了严格的政策法规，确保国家网络安全、维护网络空间主权。

1.美国注重网络安全法规建设

为落实《国家网络战略》中"加强联邦网络和关键基础设施的网络安全"的要求，美国在能源、政府等领域出台了多项网络安全法案。在能源领域，美国参议院于2018年12月通过《保护能源基础设施法案》，众议院也于2019年1月引入了《管道和液化天然气设施网络安全预备法案》，要求管理和预算办公室加大财政投入，以提高美国能源基础设施抵御网络威胁的能力。在政府领域，2019年4月，美国国会引入《州网络弹性法案》，支持各州扩大网络安全产品和服务采购，并为各州解决网络安全问题提供资金支持；2019 年 6 月，美国众议院通过了《物联网设备安全改进法案》，该法案通过提高政府物联网设备供应商的标准，利用政府的购买力来推动物联网安全市场的发展。

延伸阅读 美俄网络战

2018 年 3 月，美国国土安全部（DHS）和联邦调查局（FBI）联合发布网络安全告警，首次公开指责黑客代表俄罗斯政府开展"多阶段入侵行动"，针对"政府实体和多个美国关键基础设施部门，包括能源、核设施、商业设施、供水、航空和关键制造业"。攻击方式包括黑客使用恶意软件、鱼叉式钓鱼电子邮件、水坑攻击等入侵目标人员和企业系统，进行网络侦察和窃取工业控制系统数据，攻击诱饵包括简历、邀请函、政策文档，以引诱工作人员使用恶意软件加载的 Word 文档。

面对来自俄罗斯的网络攻击行为，美国能源部于 2018 年成立了新的网络安全和能源安全应急响应办公室，以帮助解决该部门面临的网络威胁；财政部指责俄罗斯对 2017 年 6 月导致世界各地系统混乱的 NotPetya 勒索软件攻击事件负有责任，并于 2018 年 4 月宣布实施新一轮对俄制裁；2018 年 7 月国土安全部宣布成立了国家风险管理中心，专门用以识别和防范网络安全威胁，保护能源、金融和电信行业等国家关键基础设施免受网络攻击。

2.俄罗斯多措并举强化网络安全

近年来，俄罗斯对网络安全的重视程度不断加强，主动采取了一系列具体措施保障本国的网络安全。

一是上升为国家战略。俄罗斯从战略和国家层面强调网络安全的重要性。2017 年，普京总统在联邦安全委员会会议上明确提出，要积极推动国际信息安全体系建设。近年来，俄罗斯先后出台了多项政策文件，《2017—2030 年俄罗斯联邦信息社会发展战略》明确提出，确保信息空间国家利益的优先任务，2017 年 7 月颁布的《俄罗斯联邦关键信息基础设施安全法》及一系列相关立法文件，对信息领域基础设施的安全保障作出了明文规定，同年底，俄罗斯对《联邦刑法典》和《联邦刑事诉讼法典》进行了修订，将"黑客行为"入刑，为对黑客攻击行为进行刑事处罚提供法律依据。

二是建立专门机构。2017 年 2 月，俄罗斯成立俄军信息作战部队，组建俄罗斯的网络军队和网络安全指挥系统。同年还成立了专业的反黑客机构——俄罗斯技术国家公司"反黑客中心"，旨在预防和制止网络攻击，对可能发生的网络攻击及时做出反应。

三是开展实战应对。2019 年底，俄罗斯宣布成功举行国家级"断网"演习，将国家内部网络与全球互联网断开数日，初步检验了俄罗斯相关部门在受到外部网络攻击时，具备提供不中断网络服务的能力。"断网"测试成为俄罗斯维护"网络主权"法案的一部分，确保本国在遭到外部断网时，国内网络仍能稳定运行。断网试验的成功，标志着俄罗斯在网络安全方面的战略能力和技术能力有了新的提升，撼动了美国在网络空间绝对的霸权力量，瓦解了美国在极端情况下断网瘫痪一国网络基础设施的图谋。

3. 欧盟加强网络安全资源整合

欧盟近年加大了对各成员国网络安全资源的整合力度，以增强整体网络安全能力。一是启动网络安全能力建设计划。2019 年 3 月，欧盟宣布将投资 6350 万欧元，汇集 26 个成员国的 160 余家大型企业、创新型中小企业、高校以及网络安全研究机构，共同构建欧洲网络安全专业分析网络，以加强欧盟网络安全研究和行业协调。该计划主要包含四方面内容：整合欧盟内部网络安全资源，增强网络安全管理能力；形成政府、企业、研究机构等相关方的网络安全评估框架，进行网络预警、案例分析等；面向医疗、能源、金融和政府行业，推广最佳网络安全实践；研究制定欧盟网络共同治理框架等。二是构建通用的网络安全认证框架。欧洲议会于 2019 年 3 月正式通过了《欧盟网络安全法案》，该法案确立了第一份欧盟范围的网络安全认证计划，从而确保在欧盟各成员国销售的认证产品、流程和服务满足网络安全标准，为各成员国开发具有互操作性的网络安全产品提供便利。三是组织开展网络安全演习。2019 年 4 月，北约举办了代号为"锁盾"的网络安全实战演习，组织来自法国、芬兰等 23 个国家的网络部队和大型企业的 1200 名网络安全专家参与，重在强化各国在军事领域和民用领域的网络安全合作，帮助改善网络安全企业与决策者之间对话。

（二）我国网络安全的总体部署

为应对日益严峻的网络安全形势，我国不断强化顶层统筹能力，构建了日益完善的政策制度体系。一是顶层设计方面，成立中央网络安全和信息化委员会，负责相关领域重大工作的顶层设计、总体布局、统筹协调、整体推进及督促落实。二是国家法律方面，2017 年 3 月，十二届全国人民代表大会第五次会议审议通过《中华人民共和国民法总则》，明确对个人信息、数据、虚拟财产予以保护，同年 6 月施行的《中华人民共和国网络安全法》（以下简称《网络安全法》），对依法治理网络、推动互联网行业健康发展、维护国家网络安全进行了详细规定，标志着我国网络空间领域治理进入了新阶段。三是领域法规方面，我国相继发布实施《中华人民共和国电子商务法》《国家网络空间安全战略》《国家网络安全事件应急预案》《云计算服务安全评估办法》等一系列法律法规，强化了对涵盖个人信息安全、关键信息基础设施建设等领域的法律保障，有效提升网络安全应急响应和处置能力，提高了党政机关、关键信息基础设施运营者采购使用云计算服务的安全可控水平。四是专项行动方面，为落实国家网络安全总体部署，公安部、工信部、网信办等部门组织开展"净网""剑网""护苗"专项治理行动，有效整治了网络谣言等乱象，清理了大批不文明、不理性、不真实的信息，为我国构建更加清朗网络空间提供了强大保障。

📔 | 延伸阅读 | **捍卫我国网络空间安全的 9 项战略任务**

1. 坚定捍卫网络空间主权。保护我国信息设施和信息资源安全，采取包括经济、行政、科技、法律、外交、军事等一切措施，坚定不移地维护我国网络空间主权。

2. 坚决维护国家安全。防范、制止和依法惩治任何利用网络进行叛国、分裂国家、煽动叛乱、颠覆或者煽动颠覆人民民主专政政权的行为；防范、制止和依法惩治利用网络进行窃取、泄露国家秘密等危害国家安全的行为；防范、制止和依法惩治境外势力利用网络进行渗透、破坏、颠覆、分裂活动。

3. 保护关键信息基础设施。采取一切必要措施保护关键信息基础设施及其重要数据不受攻击破坏。坚持技术和管理并重、保护和震慑并举，着眼识别、防护、检测、预警、响应、处置等环节，建立实施关键信息基础设施保护制度，加强关键信息基础设施安全防护。

4. 加强网络文化建设。加强网上思想文化阵地建设，大力培育和践行社会主义核心价值观，实施网络内容建设工程，发展积极向上的网络文化，传播正能量，凝聚强大精神力量，营造良好网络氛围。

5. 打击网络恐怖和违法犯罪。加强网络反恐、反间谍、反窃密能力建设，严厉打击网络恐怖和网络间谍活动。严厉打击网络诈骗、网络盗窃、贩枪贩毒、侵害公民个人信息、传播淫秽色情、黑客攻击、侵犯知识产权等违法犯罪行为。

6.完善网络治理体系。加快构建法律规范、行政监管、行业自律、技术保障、公众监督、社会教育相结合的网络治理体系，推进网络社会组织管理创新，健全基础管理、内容管理、行业管理以及网络违法犯罪防范和打击等工作联动机制。

7.夯实网络安全基础。统筹资源和力量，协同攻关、以点带面、整体推进，尽快在核心技术上取得突破。重视软件安全，加快安全可信产品推广应用。发展网络基础设施，丰富网络空间信息内容。实施国家大数据战略，建立大数据安全管理制度。优化市场环境，鼓励网络安全企业做大做强，为保障国家网络安全夯实产业基础。建立完善国家网络安全技术支撑体系，实施网络安全人才工程。

8.提升网络空间防护能力。建设与我国国际地位相称、与网络强国相适应的网络空间防护力量，大力发展网络安全防御手段。

9.强化网络空间国际合作。建立多边、民主、透明的国际互联网治理体系，共同构建和平、安全、开放、合作、有序的网络空间。

（三）我国网络安全的主要组成

面对复杂严峻的网络安全形势，习近平总书记在2016年4月网络安全和信息化工作座谈会上提出，要树立正确的网络安全观、加快构建关键信息基础设施安全保障体系、全天候全方位感知网络安全态势、增强网络安全防御能力和威慑能力。

第一，树立正确的网络安全观。当今的网络安全，有几个主要特点：一是网络安全是整体的而不是割裂的。在信息时代，网络安全对国家安全牵一发而动全身，同许多其他方面的安全都有着密切关系。二是网络安全是动态的而不是静态的。信息技术变化越来越快，过去分散独立的网络变得高度关联、相互依赖，网络安全的威胁来源和攻击手段不断变化，要树立动态、综合的防护理念。三是网络安全是开放的而不是封闭的。只有立足开放环境，加强对外交流、合作、互动、博弈，吸收先进技术，网络安全水平才会不断提高。四是网络安全是相对的而不是绝对的。没有绝对安全，要立足基本国情保安全，避免不计成本追求绝对安全，那样不仅会背上沉重负担，甚至可能顾此失彼。五是网络安全是共同的而不是孤立的。网络安全为人民，网络安全靠人民，维护网络安全是全社会共同责任，需要政府、企业、社会组织、广大网民共同参与，共筑网络安全防线。

第二，加快构建关键信息基础设施安全保障体系。金融、能源、电力、通信、交通等领域的关键信息基础设施是经济社会运行的神经中枢，是网络安全的重中之重，也是可能遭到重点攻击的目标。"物理隔离"防线可被跨网入侵，电力调配指令可被恶意篡改，金融交易信息可被窃取，这些都是重大风险隐患。我们必须深入研究，采取有效措施，切实做好国家关键信息基础设施安全防护，坚决避免交通中断、金融紊乱、电力瘫痪等问题发生。

第三，全天候全方位感知网络安全态势。感知网络安全态势是最基本最基础的工作。要全面加强网络安全检查，摸清家底，认清风险，找出漏洞，通报结果，督促整改。要建立统一高效的网络安全风险报告机制、情报共享机制、研判处置机制，准确把握网络安全风险发生的规律、动向、趋势。要建立政府和企业网络安全信息共享机制，把企业掌握的大量网络安全信息用起来，龙头企业要带头参加这个机制。

第四，增强网络安全防御能力和威慑能力。网络安全的本质在对抗，对抗的本质在攻防两端能力较量。要落实网络安全责任制，制定网络安全标准，明确保护对象、保护层级、保护措施。明确哪些方面要重兵把守、严防死守，哪些方面由地方政府保障、适度防范，哪些方面由市场力量防护。

（四）我国网络安全的命门

2016 年 4 月 19 日，习近平总书记在网络安全和信息化工作座谈会上指出："互联网核心技术是我们最大的'命门'，核心技术受制于人是我们最大的隐患。"2016 年 10 月 9 日，习近平总书记在中共中央政治局第三十六次集体学习时强调，"要紧紧牵住核心技术自主创新这个'牛鼻子'，抓紧突破网络发展的前沿技术和具有国际竞争力的关键核心技术"。

当前，核心技术主要依赖国外，成为制约我国网络安全的"卡脖子"问题。海关数据显示，2018 年我国进口芯片数量为 4175.7 亿件，同比增长 10.8%，集成电路进口数量为 4175.7 亿个，同比增长 10.7%，我国互联网发展核心技术和高端装备对外依赖度仍然较高。要掌握我国互联网发展主动权，保障互联网安全、国家安全，就必须突破核心技术这个难题，争取在某些领域、某些方面实现"弯道超车"。

核心技术是国之重器，最关键最核心的技术要立足自主创新、自立自强。实施网络强国战略，网络信息技术可谓重中之重。实践证明，最关键最核心的技术必须靠自主研发、自主发展，这是实践经验的总结，市场换不来核心技术，有钱也买不来核心技术，必须靠自己研发、自己发展。构建安全可控的信息技术体系是打破现有垄断，使核心技术能发挥作用、有用武之地，最终达到核心技术不受制于人的必要条件。

（五）我国网络安全产业发展情况

网络安全的本质是技术对抗，保障网络安全离不开网络安全技术和产业的有力支撑。习近平总书记强调指出，"安全是发展的前提，发展是安全的保障，安全和发展要同步推进"，为我们推动网络安全与加快创新发展指明了方向。"以安全保发展、以发展促安全，努力建久安之势、成长治之业"，加快产业发展成为维护我国网络安全的关键之举。坚实的网络安全产业实力，是网络空间繁荣稳定、保障有力的前提和基础。

"十三五"以来，我国网络安全产业规模快速增长、产品体系相对完善、创新能力逐步增强、发展环境明显优化。2019 年，我国网络安全产业规模预计超过 600 亿元，年增长率超过 20%，明显高于国际 8%的平均增速，保持健康的发展态势。截至 2019 年 11 月底，国内上市的网络安全企业达到了 23 家，有 100 多家创投机构在网络安全领域进行投资布局，汇集超过了 150 家创新创业的企业。新一代信息技术促进安全防御能力升级，区块链技术已应用于无密钥的签名方案、强认证的安全数据存储等安全场景，将推动数据存储方式转型和信任机制重塑，人工智能技术能够更快、更精准、更全面地进行数据采集和分析，提高攻击威胁等的监测、识别、响应效率，已在入侵检测、恶意软件分类、用户行为分析、攻击智能感知等方面取得积极进展。

随着 5G、大数据、云计算、工业互联网、人工智能、区块链等新兴技术迅猛发展，网络安全产业的短板日渐突出，风险挑战和不确定因素显著增加，存在以下四方面问题：一是我国安全实力相对较弱，缺乏龙头企业；二是网络安全的核心元器件、核心设备和基础通用软件等关键核心技术缺乏；三是产业创新的能力不足，产业发展的环境也有待于进一步完善；四是企业和产品国际市场的认可度还不高，国际竞争力和输出能力相对较弱。

应对产业发展中的挑战和问题，一是要大力推动技术、产品创新，突破技术瓶颈，着力提升网络安全核心技术能力；二是要创新网络安全服务模式，提升网络安全专业化服务水平，实现产业发展逐步由产品主导向服务主导转变。通过不懈努力，力争到

2025 年，培育形成一批年营收超过 20 亿元的网络安全企业，形成若干具有国际竞争力的网络安全骨干企业，网络安全产业规模超过 2000 亿元。

二、保障数据安全，促进公共数据资源开放

公共数据开放是推进国家治理体系和治理能力现代化建设、促进经济转型升级的重要举措，对于建设数字政府、发展数字经济具有重要意义。近年来，我国在数据开放领域开展了卓有成效的实践探索，数据价值充分显现。但与此同时，数据开放的安全隐患问题也日益严重，数据泄露、恶意攻击等层出不穷。我国境内网络安全形势面临严峻挑战，涉及国家利益、公共安全、商业秘密、个人隐私和军工科研生产的数据被攻击、泄露、窃取、篡改、非法使用等情况愈演愈烈，对国家安全、经济社会发展、个人隐私保护产生严重威胁。据国家互联网应急中心抽样监测发现，我国互联网上约 2.5 万个用于 MongoDB 数据库服务的 IP 地址中，存在数据泄露风险的就超过 3000 个，占比高达 12%。

（一）数据安全的重要地位：关乎国家安全

长期以来，国外敌对势力从未间断对我国网络系统的入侵、攻击及破坏，我国网络安全及数据安全形势日益严峻。国外情报部门无时无刻不在窥视我国的大数据资源，通过数据分析窥探我国政治、经济、社会的基本运行情况、社会舆论等。政治方面，大数据极有可能被他们利用从事破坏国家安全、领土完整、颠覆政权的活动。经济方面，数据可以帮助他们获得超额的利润，甚至可能控制国家的经济命脉。

此外，在政府数字化转型过程中，公民、企业和社会组织等有关

社保、户籍、疾控、政策及舆情等海量数据面临大规模的整合、存储、开放、共享及利用，数据在任何一个环节泄露，都有可能造成个人隐私受侵犯、企业利益受损害，对政府而言，则可能造成决策失误或宏观调控混乱。

案例：个人信息泄露致死案

2016年6月至8月，陈文辉通过腾讯QQ、支付宝等工具非法获取山东省高考学生信息10万余条，并使用上述信息实施电信诈骗活动。2015年11月至2016年8月，陈文辉等人通过网络购买学生信息和公民购房信息，在多地冒充教育局、财政局、房产局的工作人员，以发放贫困学生助学金、购房补贴为名，以高考学生为主要诈骗对象，拨打诈骗电话累计2.3万余次，骗取他人钱款共计人民币56万余元。2016年8月，被告人陈文辉以发放贫困学生助学金为名，诈骗山东临沂市学生徐玉玉9900元钱并导致徐玉玉死亡。

2017年7月，山东省临沂市中级人民法院以诈骗罪、侵犯公民个人信息罪等罪名，对诈骗团伙七被告人分别判处无期徒刑和有期徒刑。

电信网络诈骗类案件高发，个人信息泄露严重，极大侵害了人民群众财产安全和合法权益，破坏了社会诚信，影响社会和谐稳定。为加大打击惩处力度，最高人民法院、最高人民检察院、公安部共同制定出台了《关于办理电信网络诈骗等刑事案件适用法律若干问题的意见》，为严惩电信网络诈骗案件提供了明确的法律依据。

（二）国外保障数据安全的特点：立法先行

1.美国：通过法案明确数据主权

2018年3月，美国总统特朗普签署《澄清境外数据合法使用法案》（Clarifying Lawful Overseas Use of Data Act，CLOUD 法案），即《云法案》，使美国执法机构可以更容易跨境调取其公民海外信息。该项立法主要包括两项内容：一是采用"数据控制者标准"。规定"无论通信、记录或其他信息是否存储在美国境内，服务提供者均应当按照本章所规定的义务要求保存、备份、披露通信内容、记录或其他信息，只要上述通信内容、记录或其他信息为该服务提供者所拥有、监管或控制。"二是外国政府机构调取存储于美国的数据。允许"符合资格的外国政府"在与美国政府签订行政协定后，向美国境内的组织直接发出调取数据的命令。同年 9 月，美国总统特朗普又签署了《国家网络战略》，构建了美国网络安全的四项支柱，提出了通过保护网络、系统、功能和数据来保卫国家安全，鼓励所有受害者特别是重要的关键基础设施合作伙伴对入侵和数据被窃取事件进行报告，主要目标是识别、反击、破坏、降级和制止网络空间中破坏稳定和违背国家利益的行为，力求保持美国在全球网络空间中的竞争优势。

2. 欧盟：建立超国家层面治理体系

为进一步增进各成员国以及民间互信，避免网络空间"安全困境"，欧盟委员会推出了一系列网络安全法律和制度，明确各方利益和责任，致力于构建"公开、可靠和安全"的网络空间。在这些安全法律中，影响最大的当属《通用数据保护条例》（General Data Protection Regulation，GDPR），2018 年 5 月，该条例的生效极大强化了对个人信息的保护，成为全球第一部以正式法典形式出现的数据保护法案。GDPR 明确规定了以下内容：一是明确了 GDPR 的管辖范围。只要是数据控制者、数据处理者在欧盟有营业场所或是未在欧盟设立营业场所但向欧盟居民提供商品或服务，或者被追踪的网络行为发生在欧盟的都应受 GDPR 管辖，任何网站只要能被欧盟境内的个人访问，原则上就需要遵循 GDPR 管辖。二是明确了 GDPR 数据主体的权利以及数据控制者、数据处理者的义务。具体表现在个人数据的收集、处理规则、数据保护官制度以及个人数据跨境转移规则等一系列具体规定。三是对个人信息保护及监管做出了明确规定。数据收集者在收集用户数据时要在明确得到用户许可的情况下进行，并且用户对收集的数据有完全的所有权，有权查看个人数据和用途，并随时可以撤回删除相关授权协议。四是规定了严厉处罚措施。无论企业是否在欧盟境内，只要与欧盟企业发生业务往来，或涉及存储、处理、交换任何欧盟公民的数据，都必须严格遵守该条例，对于违规企业，可能会面临最高 2000 万欧元的罚款或者是企业全球营业收入的 4%，取两者最高值。

3. 俄罗斯：数据出境必须严格登记

俄罗斯极为重视数据安全，早在 2014 年就通过相关法律，要求收集俄罗斯公民个人信息的本国或者外国公司在处理与个人信息相关的数据，必须使用俄罗斯境内的服务器。2018 年 7 月，根据俄联邦安全委员会 366 号令，建立了"计算机事件国家联络点"，同年 12 月，俄联邦议会（上议院）宪法立法和国家建设委员会向俄罗斯杜马提交了关于俄罗斯"主权网络"法案，要求俄罗斯本国的网络数据都将在本国网络传输，任何离开俄罗斯的数据都通过在政府登记的互联网交换中心流出。

4. 日本：设立个人信息保护机构

日本在个人信息保护方面形成了一套行之有效的法律体系。2003 年 5 月，日本颁布了《个人信息保护法案》并于 2005 年 4 月实施。经过几轮修改完善，修订后的《个人信息保护法案》于 2017 年 5 月正式生效。该法案增设了个人信息保护委员会，将原来隶属于政府各省主务大臣的分散于各个领域的监督权，转移并集中到个人信息委员会，确立了个人信息权利保护的一体化监督体制。个人信息保护委员会由委员长与八位委员组成，直属日本内阁总理大臣管辖，独立行使职权，主要职责是对行政机关、企业等个人信息获取者进行指导、监督、检查，认定和监督个人信息保护认证机构等。

（三）我国数据安全及数据开放之路：国家统领与地方先试

安全是发展的前提，发展是安全的保障，安全和发展要同步策划、统筹推进。要统筹处理好数据安全与数据开放，在切实保障数据安全的同时，积极开发利用数据资源、充分释放数据效能，做到在安全中开放数据，在开放中确保数据安全。

1. 国家层面加强顶层统筹

党的十八大以来，我国数据安全的顶层统筹机制不断完善。一是领导机构方面。2014 年 2 月，中央网络安全和信息化领导小组成立，着眼于国家安全和长远发展，统筹各领域的网络数据安全，推动国家网络数据安全和信息化法治建设，不断增强国家安全保障能力。2018 年 3 月，中央网络安全和信息化领导小组改为中央网络安全和信息化委员会，顶层统筹能力进一步增强。二是法律法规方面。我国的《网络安全法》指出，国家鼓励开发网络数据安全保护和利用技术，促进公共数据资源开放，推动技术创新和经济社会发展。为维护国家安全、社会公共利益，保护公民、法人和其他组织在网络空间的合法权益，保障个人信息和重要数据安全，遵循《网络安全法》，2019 年 5 月，国家互联网信息办公室发布《数据安全管理办法（征求意见稿）》，对数据收集、存储、传输、处理、使用等活动以及数据安全的保护和监督管理做出规定。面向未来，我国还将制定《数据安全法》，进一步落实数据安全保护责任，完善数据安全监管体系和数据安全监测预警、应急处置机制，实现对数据安全风险的全天候实时、动态监测，明确数据安全法律责任。

📔 |延伸阅读| 概念解析

公共数据：指各级行政机关以及履行公共管理和服务职能的事业单位在依法履职过程中，采集和产生的各类数据资源。

网络数据：指通过网络收集、存储、传输、处理和产生的各种电子数据。

个人信息：指以电子或者其他方式记录的能够单独或者与其他信息结合识别自然人个人身份的各种信息，包括但不限于自然人的姓名、出生日期、身份证件号码、个人生物识别信息、住址、电话号码等。

重要数据：指一旦泄露可能直接影响国家安全、经济安全、社会稳定、公共健康和安全的数据，如未公开的政府信息，大面积人口、基因健康、地理、矿产资源等数据。重要数据一般不包括企业生产经营和内部管理信息、个人信息等。

2. 地方积极实施安全法规

为加快推动数字政府建设、促进数字经济发展，我国多个地方率先行动，积极探索符合本地发展特点的数据开放法规，为公共数据安全合规利用保驾护航。

2016 年 3 月，贵州省施行了全国第一部专门的大数据地方性法规——《贵州省大数据发展应用促进条例》。《条例》明确提出，数据共享开放，应当维护国家安全和社会公共安全，保守国家秘密、商业秘密，保护个人隐私，保护数据权益人的合法权益。《条例》规定，除法律法规另有规定外，公共数据应当向社会开放；依法不能向社会开放的公共数据，目录应当向社会公布。依法不能向社会开放的公共数据，涉及特定公民、法人和其他组织重大利益关系的，经申请可以向该特定对象开放。通过运用大数据，促进经济发展、完善社会治理、提升政府服务管理能力、服务改善民生、培育壮大战略性新兴产业。

2017 年 5 月，浙江施行《浙江省公共数据和电子政务管理办法》。《办法》指出，公共数据是指各级行政机关以及具有公共管理和服务职能的事业单位，在依法履行职责过程中获得的各类数据资源。《办法》旨在规范与促进全省公共数据和电子政务发展，推动公共数据和电子政务统筹建设与资源整合，提升政府信息化治理能力和公共服务水平。《办法》规定公共数据资源开放目录中的数据，通过公共数据平台开放；未编入公共数据资源开放目录的数据，可以通过公共管理和服务机构门户网站开放，并按照规定编入公共数据资源开放目录。

2019 年 10 月，《上海市公共数据开放暂行办法》正式施行。《办法》规定，公共数据是指本市各级行政机关以及履行公共管理和服务职能的事业单位在依法履职过程中，采集和产生的各类数据资源。《办法》指出，遵循"需求导向、安全可控、分级分类、统一标准、便捷高效"的原则，促进和规范本市公共数据开放和利用，提升政府治理能力和公共服务水平，推动数字经济发展。《办法》对涉及商业秘密、个人隐私，或者法律法规规定不得开放的公共数据，列入非开放类；对数据安全和处理能力要求较高、时效性较强或者需要持续获取的公共数据，列入有条件开放类；其他公共数据列入无条件开放类。并且公共数据开放清单应标注数据领域、数据摘要、数据项和数据格式等信息，明确数据的开放类型、开放条件和更新频率等。

案例：上海数据开放领先全国

上海是国内政府数据开放层面最领先的城市，连续三年在地方政府数据开放工作中排名第一。上海在全国率先探索推进公共数据开放工作，正式开通了上海市公共数据开放平台，2019 年内开放公共数据集达 4000 项，重点聚焦金融、医疗、旅游、交通、能源、城市管理和开放数据 7 个领域，基本覆盖各市级部门的主要业务领域。上海率先在国内建立了政府数据开放清单制度，供各类创新创业企业使用，并探索通过政府购买服务、专项资金扶持等多种方式，降低了企业获得公共数据资源的成本。

数据开放有力带动了相关产业的发展。上海人工智能产业的发展，就是政府数据的开放受益者。海量数据资源是人工智能训练和应用的助燃器。上海之所以能够集聚全国近 1/3 的人工智能企业和人才，一个重要原因就是每年滚动扶持 100 项智慧城市及大数据创新项目，在市高院、各区行政服务中心等部门率先为人工智能企业开放了大量应用场景。此外，公共数据的开放，还在旅游、医疗、金融、商贸等领域，助推出一批创新公司，政府部门在教育科技、道路交通等领域开放的数据，已被大量信息服务企业调取利用，社会价值和经济效益都得到了较好的体现。

2019 年 10 月 1 日，《上海市公共数据开放暂行办法》开始施行，为全市公共数据开放工作提供了法律保障，通过持续推进分级分类、专家建议、统筹议事、信用管理等多项创新制度，将推动公共数据开放工作迈上新台阶。

三、落实整体安全可控，提高网络安全保护能力

信息安全等级保护制度是国家信息安全保障工作的基本制度、基本策略和基本方法，是促进信息化健康发展，维护国家安全、社会秩序和公共利益的根本保障，也是当今发达国家保护关键信息基础设施、保障信息安全的通行做法。我国的信息安全等级保护制度对构建自主可控的信息技术体系发挥了重要作用。

（一）完善网络安全等级保护制度

1. 安全等级保护发展历程

信息安全等级保护制度是国家信息安全保障工作的基础，也是一项事关国家安全、社会稳定的政治任务。通过开展等级保护工作，发现网络和信息系统与国家安全标准之间存在的差距，找到存在的安全隐患和不足，通过安全整改以提高信息系统的安全防护能力，降低遭受攻击的风险。

2007 年 7 月，公安部会同国家保密局、国家密码管理局和国务院信息办联合出台《关于开展全国重要信息系统安全等级保护定级工作的通知》（公信安〔2007〕861 号），并在北京联合召开了"全国重要信息系统安全等级保护定级工作电视电话会议"，部署在全国范围内开展重要信息系统安全等级保护定级工作。2009 年 10 月，公安部出台了《关于开展信息安全等级保护安全建设整改工作的指导意见》（公信安〔2009〕1429 号），为我国开展信息系统安全保护工作提供依据。2010 年底，我国完成等级测评体系建设工作，2011 年底，完成三级以上信息系统的等级测评工作；2012 年底，完成三级以上信息系统的建设整改工作。

《网络安全法》颁布实施之后，为了适应现阶段网络安全的新形势、新变化以及新技术、新应用发展的要求，公安部于 2018 年正式发布《网络安全等级保护条例（征求意见稿）》，较于 2007 年《信息安全等级保护管理办法》所确立的等级保护 1.0 体系，我国信息安全技术与网络安全保护迈入 2.0 时代。2019 年 12 月，等保 2.0 相关的《信息安全技术网络安全等级保护基本要求》《信息安全技术网络安全等级保护测评要求》《信息安全技术网络安全等级保护安全设计技术要求》等国家标准正式实施。

2. 信息等级保护基本要求

信息系统安全等级保护是指依据信息系统的安全保护等级情况，保证它们具有相应等级的基本安全保护能力，不同安全保护等级的信息系统要求具有不同的安全保护能力。信息系统安全等级保护基本安全要求是，针对不同安全保护等级信息系统应该具有的基本安全保护能力提出的安全要求，根据实现方式的不同，基本安全要求分为基本技术要求和基本管理要求两大类。

一是基本技术要求。技术类安全要求与信息系统提供的技术安全机制有关，主要通过在信息系统中部署软硬件并正确的配置其安全功能来实现。基本技术要求从物理安全、网络安全、主机安全、应用安全和数据安全几个层面提出。

二是基本管理要求。管理类安全要求与信息系统中各种角色参与的活动有关，主要通过控制各种角色的活动，从政策、制度、规范、流程以及记录等方面做出规定来实现。基本管理要求从安全管理制度、安全管理机构、人员安全管理、系统建设管理和系统运维管理几个方面提出。

基本技术要求和基本管理要求是确保信息系统安全不可分割的两个部分。基本安全要求从各个层面或方面提出了系统的每个组件应该满足的安全要求，信息系统具有的整体安全保护能力通过不同组件实现基本安全要求来保证。除了保证系统的每个组件满足基本安全要求外，还要考虑组件之间的相互关系，来保证信息系统的整体安全保护能力。

对于涉及国家秘密的信息系统，需按照国家保密工作部门的相关规定和标准进行保护。对于涉及密码的使用和管理，应按照国家密码管理的相关规定和标准实施。

3. 等保 1.0 与等保 2.0 的异同

由于"等保 1.0"缺乏对云计算、大数据和物联网等新技术和新应用的等级保护规范，风险评估、安全监测和通报预警等工作以及政策、标准、测评、技术和服务等体系不完善。为适应新技术的发展，解决云计算、物联网、移动互联和工控领域信息系统的等级保护工作的需要，公安部牵头组织开展了信息技术新领域等级保护重点标准申报国家标准的工作，等级保护正式进入2.0时代。等保2.0的发布，有效提升了我国新型网络系统安全防护能力。

表9.1　等保1.0与等保2.0的异同

	《信息安全等级保护管理办法》（等级保护1.0）	《网络安全等级保护条例（征求意见稿)》（等级保护2.0）
发布机构	公安部、国家保密局、国家密码管理局、国务院信息化工作办公室	正式条例待发布，但征求意见稿由公安部发布
宗旨	规范信息安全等级保护管理，提高信息安全保障能力和水平，维护国家安全、社会稳定和公共利益，保障和促进信息化建设	加强网络安全等级保护工作，提高网络安全防范能力和水平，维护网络空间主权和国家安全、社会公共利益，保护公民、法人和其他组织的合法权益，促进经济社会信息化健康发展
保护对象	各类重要信息系统和政府网站	将网络基础设施、重要信息系统、大型互联网站、大数据中心、云计算平台、物联网系统、工业控制系统、公众服务平台等全部纳入等级保护对象
定义	信息系统：由计算机及其相关和配套的设备、设施构成的，按照一定的应用目标和规则对信息进行存储、传输、处理的系统或者网络	网络：由计算机或者其他信息终端及相关设备组成的按照一定的规则和程序对信息进行收集、存储、传输、交换、处理的系统

续表

	《信息安全等级保护管理办法》（等级保护 1.0）	《网络安全等级保护条例（征求意见稿)》（等级保护 2.0）
职责分工	公安机关负责信息安全等级保护工作的监督、检查、指导。国家保密工作部门负责等级保护工作中有关保密工作的监督、检查、指导。国家密码管理部门负责等级保护工作中有关密码工作的监督、检查、指导。国务院信息化工作办公室及地方信息化领导小组办事机构负责等级保护工作的部门间协调	中央网络安全和信息化领导机构统一领导网络安全等级保护工作；国家网信部门负责网络安全等级保护工作的统筹协调；国务院公安部门主管网络安全等级保护工作；国家保密行政管理部门主管涉密网络分级保护工作；国家密码管理部门负责网络安全等级保护工作中有关密码管理工作的监督管理
等级分类	第一级，信息系统受到破坏后，会对公民、法人和其他组织的合法权益造成损害，但不损害国家安全、社会秩序和公共利益	第一级，一旦受到破坏会对相关公民、法人和其他组织的合法权益造成损害，但不危害国家安全、社会秩序和公共利益的一般网络
	第二级，信息系统受到破坏后，会对公民、法人和其他组织的合法权益产生严重损害，或者对社会秩序和公共利益造成损害，但不损害国家安全	第二级，一旦受到破坏会对相关公民、法人和其他组织的合法权益造成严重损害，或者对社会秩序和公共利益造成危害，但不危害国家安全的一般网络
	第三级，信息系统受到破坏后，会对社会秩序和公共利益造成严重损害，或者对国家安全造成损害	第三级，一旦受到破坏会对相关公民、法人和其他组织的合法权益造成特别严重损害，或者会对社会秩序和社会公共利益造成严重危害，或者对国家安全造成危害的重要网络
	第四级，信息系统受到破坏后，会对社会秩序和公共利益造成特别严重损害，或者对国家安全造成严重损害	第四级，一旦受到破坏会对社会秩序和公共利益造成特别严重危害，或者对国家安全造成严重危害的特别重要网络

续表

	《信息安全等级保护管理办法》（等级保护 1.0）	《网络安全等级保护条例（征求意见稿）》（等级保护 2.0）
等级分类	第五级，信息系统受到破坏后，会对国家安全造成特别严重损害	第五级，一旦受到破坏后会对国家安全造成特别严重危害的极其重要网络
数据和信息安全保护	—	网络运营者应当建立并落实重要数据和个人信息安全保护制度；采取保护措施，保障数据和信息在收集、存储、传输、使用、提供、销毁过程中的安全；建立异地备份恢复等技术措施，保障重要数据的完整性、保密性和可用性 未经允许或授权，网络运营者不得收集与其提供的服务无关的数据和个人信息；不得违反法律、行政法规规定和双方约定收集、使用和处理数据和个人信息；不得泄露、篡改、损毁其收集的数据和个人信息；不得非授权访问、使用、提供数据和个人信息
法律责任	第三级以上信息系统运营、使用单位违反《信息安全等级保护管理办法》规定，由公安机关、国家保密工作部门和国家密码工作管理部门按照职责分工令其限期改正；逾期不改正的，给予警告，并向其上级主管部门通报情况，建议对其直接负责的主管人员和其他直接责任人员予以处理，并及时反馈处理结果	违反安全保护义务：由公安机关责令改正，给予警告；拒不改正或者导致危害网络安全等后果的，处一万元以上十万元以下罚款，对直接负责的主管人员处五千元以上五万元以下罚款。同时，对违反技术维护要求、违反数据安全和个人信息保护要求、违反网络安全服务责任的也进行相应处罚

（二）强化安全自主可控

安全自主可控是确保国产化信息技术网络安全的必要条件，是提高关键信息基础设施安全可控水平、维护国家安全的核心。2018年3月，美方挑起中美贸易摩擦以来，我国信息行业遭受强烈冲击，华为、中兴等大数据龙头企业受到"封杀"。事实证明，依赖国外信息产品的路是走不通的，国产安全可控技术发展刻不容缓。

图9.1　我国安全自主可控涵盖的领域

图9.2　我国安全自主可控发展的四个阶段

1.安全自主可控的要求

2016 年 10 月，习近平总书记在中共中央政治局第三十六次集体学习时提出，"加快推进国产自主可控替代计划，构建安全可控的信息技术体系"，为我国开展安全自主可控工作指明了方向。

确保我国整体安全可控，必须打好"组合拳"，抓住"牛鼻子"，采取一系列的应对措施，重点做好以下几项工作：着力突破网络安全关键技术，显著增强网络安全技术创新能力，构建更加健全网络安全产品和服务体系，培育壮大网络安全职业人才队伍，不断巩固政产学研用协同发展的网络安全产业格局，进一步优化产业发展环境，维护国家网络空间安全、保障网络强国建设的支撑能力大幅提升。

2.安全自主可控的主要成果

在国家政策引领推动下，我国网络安全和自主可控领域迎来行业大爆发，从基础软硬件到应用软件的自主研发、生产、升级、维护全程可控体系基本形成。

一是基础硬件方面。近年来，处理器、交换芯片、显示芯片等国产芯片产品已接近国外主流产品水平。中国 CPU 产品技术研发已进入多技术路线同步推进的高速发展阶段。国产处理器形成了以 X86、MIPS、SPARC、ARM、ALPHA 等架构为代表的系列化处理器产品，产品主频普遍为 1.0—1.5GHz。国产 CPU 技术正大步迈向新的阶段，美"芯"封喉的局面将得到极大扭转，为构建安全、自主、可控的国产化信息系统奠定了基础。基于国产 CPU 的整机及网络设备产品已经完全具备替代国外同类产品的能力，产品系列覆盖计算基础设施、信息安全、网络安全需求，具备系统性应用的条件。

二是基础软件方面。国产操作系统技术趋于成熟，中标麒麟、红旗 Linux 系统具有较高的实用性、稳定性和安全可控性，已覆盖服务器、桌面、移动和嵌入式等领域，产品大多采用开源技术。在系统的功能、性能，以及对设备、应用软件的支持方面也能满足用户的使用要求，可支持多种国产化处理器（方舟、龙芯等）架构，满足当前国产化的应用需求。国内多家自主知识产权的国产数据库与国产处理器、操作系统可深入融合适配，支持商业化部署、容灾工具使用。国产中间件也已具备替代国外产品的能力，基于 Java 国际标准支持，国产中间件与国产操作系统、数据库的兼容适配成效显著，并可实现深度定制化开发与优化。国产基础办公软件也已实现与国产操作系统的适配，对嵌入浏览器的支持、开发接口、界面风格、与 Office 的兼容方面表现优越。

三是应用软件方面。我国自主可控应用软件，已初步形成在国产化平台运行的办公自动化、企业管理及行业应用系统，部分产品在自主可控计算机示范应用工程中完成了迁移适配，可运行于主流自主可控平台，并已在通信、军事、航空、航天、政府等高精尖技术及实时性高要求的领域得到应用。

互联网是把"双刃剑"，既能为我国经济社会发展注入强劲动力，也不可避免带来很多风险挑战和不确定因素。当前，互联网日益成为各类风险的策源地、传导器、放大器，核心技术"卡脖子"问题仍未根本扭转，前沿技术发展带来的网络安全新风险逐步凸显，传统网络安全威胁与新型网络安全威胁相互交织，网络空间军事化态势愈演愈烈，网络空间国际规则的脆弱性和不确定性不断显现。

网络安全事关全局、事关未来、事关成败。面向未来，我们必须以习近平总书记关于网络强国的重要思想为指导，努力探索网络安全发展新路径，建立具有中国特色的网络治理新体系，开拓全球网络治理新境界，构建网络空间命运共同体，为实现中华民族伟大复兴提供网络安全保障，以网络发展为人类社会开辟更加美好的未来！

数字政府

第十章　提升"数字之治"，积极参与构建全球数字治理新框架

一、"数字之治"：数字政府的核心是数字治理

二、全球数字治理新态势与模式竞争

三、大国博弈加剧：警惕全球数字治理的"规则合围"

四、积极参与构建全球数字治理新框架的路径选择

数字时代，数据不仅成为基础性生产要素，更成为一国重要的战略性资产，是构筑国家治理体系核心竞争优势的关键。"数字之治"是数字大国迈向数字强国的重要路径，建设数字政府，就要增强数字治理意识，提高数字治理能力。近年来，全球数字治理规则博弈正在加剧，围绕"数字主权"而展开的"模式之争"越来越激烈。中国须积极推动甚至引领全球数字治理体系的构建与改革，构筑面向未来的全球治理新框架。

一、"数字之治"：数字政府的核心是数字治理

2020 年，中共中央、国务院印发《关于构建更加完善的要素市场化配置体制机制的意见》，分类提出土地、劳动力、资本、技术、数据五个要素领域的改革方向和具体举措，首次明确把"数据"列为新型生产要素形态，这意味着中国数字资源的潜力将被充分挖掘。中国是名副其实的数据大国，受益于人口数量、互联网渗透率、新一代信息技术大规模普及应用等因素，2018 年中国拥有数据量 7.6ZB，占全球数据总量的 23.4%。未来随着通信设备、物联网设备接入数量和承载能力进一步提高，中国数据总量将在 2025 年达到 48.6ZB，占全球数据总量的 27.8%，成为全球最大的数据中心。数据不仅是企业的投入品，更是国家经济运行机制的重要生产要素，是国家治理能力的"基础性战略资源"；数据亦不仅是企业的产出品，更关乎世界范围内的生产、流通、分配、消费活动，具有全球化和跨国界的天然属性；数据也不仅限于企业，在数字化生存的时代，它改变了普罗大众对隐私的观念，同时构筑了数字主权的国家安全边界。随着中国经济社会

全方位数字化转型，数据治理的焦点也正从个人和企业的私领域日益向公共领域迈进。在"万物皆数"的时代，越来越多的国家或组织开始认同"数据即权力，权力即数据"的观点，即权力被赋予数字化属性，而数据本身也成为一种重要的权力资源和战略资产，其在国家治理能力体系中的地位得以全面凸显。

（一）好的数字政府始于好的数字治理

数字政府的基础是数据，没有海量数据，数字政府无从谈起。数据采集、数据存储、数据共享、数据开放、数据分析、数据运用等等，需要政府具有强大的数字治理能力。数据是政府推进国家治理体系和治理能力现代化的有力支撑资源和工具。数字治理不仅能有效解决数据碎片化、数据割据、"信息孤岛"、数字鸿沟等传统难题，也可以为数字政府建设实践提供新的治理思路与治理框架。2019年11月28日，经济合作与发展组织（OECD）发布报告《公共部门如何实现数据驱动》（The Path to Becoming a Data-Driven Public Sector），报告介绍了数据驱动型政府的三个重要分析维度、数据治理框架（治理）、数据的公共价值（能力）、数据在公共信任体系中的作用（信任），意在真正推动政府从数据治理、数字技术和制度建设多方面实现从"电子政府"（E-government）到"数字政府"（Digital government）的转型。"数字政府"推动政府部门全面转型主要体现在：

第一，由政府独大的治理结构转向"多元共治"。大数据进一步赋权于市场组织与社会组织，使其分享原本国家独占的治理权力，形成多元共治或多中心治理的国家治理结构，尤其在公共交通与城市发展、公共卫生与食品安全、治理污染与环境保护、公共安全与应急管理等领域，市场组织、社会组织与政府部门几乎具有同等的数据治理能力。

第二，由封闭性治理结构转向开放性结构。大数据要求数据开放，实现数据开放共享机制，在一定程度上破解了制度黑箱问题。在大数据、云计算、人工智能等全新信息技术的猛烈冲击下，原来存在于政府和公众之间的信息差、文化差、知识差、能力差正在逐步消除。

第三，由官僚科层制转向扁平化结构。大数据将抑制传统科层机构的权力独断，形成科层机构共享的公共数据，拉平政府机构。因此，数字时代直接推动了政府权力下放和行政体制改革。

第四，由权力决策机制转向公共决策机制。通过数字战略重构政府流程，树立"透明政府""智慧政府"和"责任政府"形象。

近年来，美、日、英等国家相继出台国家数据战略，力图搭建国家层面的数据治理方案。作为全球数字政府建设的引领者，美国数字政府建设经历了国家信息基础设施行动的克林顿政府时期、以公民为中心的电子政务战略的小布什政府时期、开放的数字政府计划的奥巴马政府时期和数字政府技术现代化法案的特朗普政府时期四个阶段。2017 年 5 月，特朗普总统签署行政命令，成立了美国科技委员会（American Technology Council），旨在让政府数字化服务更加智能化。美国推动数字政府建设的关键性战略性文件包括：2012 年的《数字政府战略》、2016 年管理和预算办公室（OMB）发布的备忘录 M-17-06《联邦政府公共网站和数字服务的政策》和 OMB 通函 A-130《联邦政府信息资源管理通告》，以及 2019 年 OMB 发布的《联邦数据战略与 2020 年行动计划》。以 2020 年为起始，联邦数据战略描述了美国联邦政府未来十年的数据愿景，并初步确定了各政府机构在 2020 年需要采取的 20 项关键行动，规划建立完整的数字治理体系。联邦数据战略确立了一致的数据基础设施和标准实践，该战略的出台意味着美国对于数据的重视程度继续提升，并出现了聚焦点从"技术"到"资产"的转变。借此，美国政府将逐步建立强大的数据治理能力，充分利用数据为美国人民、企业和其他组织提供相应的服务，这将对整个国家经济和安全产生深远影响。

（二）开放数据，全球政府在行动

"数据是一项有价值的国家资本，应对公众开放，而不是把其禁锢在政府体制内。"总统奥巴马在 2009 年签署《开放透明政府备忘录》，以"透明性""官民合作""公众参与"为核心原则。2011 年 9 月，美国、英国、巴西、印度尼西亚、墨西哥等 8 个国家联合签署《数据开放声明》，成立"开放政府合作伙伴组织"（OGP）。2013 年 6 月，八国集团（G8）共同签署《开放数据宪章》，多年来，世界各国政务数据资源开放的呼声越来越高涨。各国、各地区将宪章作为开放数据的重要依据和原则，相继拉开了政府开放数据的大幕。

从各国举措来看，行动着力点主要在于三个方面。一是开放数据，给予各领域和产业界高质量的数据资源：数据开放、共享与流通；二是积极推动政府和公共部门应用大数据技术；三是在前沿及共性基础技术上增加研发投入。例如，美国政府数据开放以 2009 年奥巴马政府发布《开放透明政府备忘录》为标志，10 多年来，美国政府数据开放持续深入，总体上经历了 3 个阶段。英国以数据开放推动"透明政府"建设，倡导"数字政府即平台"的发展战略。德国不仅制定了政策纲领和行动措施，还建设了政府数据开放网站 GovData，这已成为欧洲政府开放数据门户的范例之一。但另一方面，西方国家政府开放数据运动也面临着信息安全、隐私保护、数据质量等诸多挑战。

我国近年来在相关文件中要求政府开放数据，一些地方省市也做出了积极探索，出台了相应的法律法规。2019 年，《贵州省政府数据共享开放条例（草案）》《北京市公共数据管理办法（征求意见稿）》相继出台。公共数据开放是"用数据治理"的"端口设施"。根据《中国地方政府数据开放报告》，截至 2019 年 10 月，中国 51.6% 的省级行政区、66.7% 的副省级和 24.2% 的地级行政区已推出了政府数据开放平台。2019 年 10 月 1 日实施的《上海市公共数据开放暂行办法》是国内首部针对公共数据开放的地方政府规章，首先确立了普惠金融、交通出行、医疗健康、文化旅游四个领域的开放重点。公共数据报送是"用数据治理"的"链接设施"。

然而，与国外相比，制度性障碍、系统分割、数据壁垒、"信息孤岛"等问题一直未能得到充分解决。公共数据具有明显的外部性和边际报酬递增等特征，但由于我国政府部门业务管理信息系统开发和建设的"部门化"，政府信息系统出现"系统林立"和分裂状态，政府公共数据资源重复采集现象严重，信息摩擦和治理成本偏高，特别是涉及跨地区、跨部门、跨层级的统筹协调难度较大，严重影响公共服务效率。总体而言，政府开放数据的程度远远落后于世界领先国家。目前，北京、上海的政府开放数据已经取得了一定进展，但开放的种类、数量、领域比较有限，仅限于公共交通、医疗卫生等领域，在满足社会公众需求方面有非常大的差距。万维网基金会《第四版（2017）全球数据开放晴雨表》显示，中国政府数据开放程度在全球115 个国家中排名第 71 位，仍处于世界平均水平之下。

表 10.1 《开放数据宪章》中优先开放的高价值数据

重点开放领域	
企业类	企业／公司注册信息
司法类	犯罪统计、公共安全
地球观测类	气象／天气、农业、林业、渔业、畜牧业
教育类	学校绩效、学校数字化能力
能源环境类	污染程度、能源消耗

续表

14 个重点开放领域	
财政类	地方预算、国家预算、政府采购
地理空间类	地形、邮政编码、国家地图
全球发展类	对外援助、食品安全
科研类	基因组数据、研发数据
统计类	全国性统计、人口普查、基础设施、财产

二、全球数字治理新态势与模式竞争

数字经济时代，对于数据资源的争夺，正成为新一轮大国博弈的前沿，并加快推动国际格局与国际秩序的深刻转变。当前，数据（Data）不仅是生产要素，更成为关系国家战略的关键资源。联合国《2019 年数字经济报告》预计，至 2022 年，全球互联网协议（IP）流量将达到每秒 150700 千兆字节，是 2002 年 IP 流量的 1500 多倍。面对具有战略价值的海量资源，各国纷纷在国际和国内层面展开数据治理（Data governance）和数据控制权争夺，而就由此产生的"数字主权"之争也更趋激烈。特别是在美国对华全面遏制以及全球保护主义升级背景下，如何维护国家数字主权，加快推动数字治理体系建设，争夺全球数字治理话语权已经成为一项刻不容缓的重大战略性议题。

（一）"数字主权"下的全球数字治理新态势

当今世界正面临百年未有之大变局，国际治理体系也正发生深刻变化。随着云计算、互联网、物联网、智能终端、泛在网等新一代信息技术的大规模崛起，全球进入数字经济发展的新时代，数字治理也成为全球治理框架下的重大而极具挑战性的核心议题，而由此引发的国家利益与全球化利益之前的冲突域分歧正成为主要大国博弈的新前沿，凸显其重大战略意义与价值。

完善数字治理必须要回答"数据确权"或者"数据权属"问题。随着互联网、云计算、大数据等信息技术的快速发展，全球数据量呈现出爆发式的增长，数据的流动属性和资源属性不断增强。通过大规模地数据收集、处理和分析挖掘，可以为企业创造巨大的财富价值，但是也可能对国家安全和个人隐私造成巨大冲击。

由于大数据带来了复杂的权责关系：产生数据的个人、私营部门、非政府组织和政府机构，拥有数据存取实际管理权的云服务提供商和拥有数据法律和行政管辖权的各国政府，三者在大数据问题上的法律权责不明确，实际能力也有很大差异。为更好地利用数据并减少其带来的负面效应，政府、企业和个人对数据权属的制度安排和主张提出要求，并以此来保障国家信息安全，促进数据产业发展和加强个人隐私和数据保护。因此，数据作为一种重要的战略资源，无论个人还是国家拥有，都要纳入主权范围里面来考虑。但数字主权在国家层面、企业／组织以及个人层面的数字主权指向和侧重点完全不同。如，国家层面的"数字主权"是国家主权的重要组成部分，是指一个国家对本国网络、数据中心、信息系统中数据进行自主管理的权力；企业层面的"数字主权"是数据公司或互联网公司等服务提供商可通过提供免费服务换取对用户发表的内容和个人数据的永久使用权；个人层面的"数字主权"主要是指个人拥有自身隐私、敏感信息不受侵犯的权利。

数据作为社会主体"数字双胞胎"的载体，其生成、存储、复制、分发及交互的过程构成人类社会活动在网络空间的"镜像"。随着数据跨境流动，国际规则正从国家主体边域到数字主体国籍边域延伸，数据跨境流动存在"主权"和"安全"隐患。近年来，围绕"数字主权"（Digital Sovereignty），出于对数据资源的保护、国家安全的需要以及防止行政权、司法权落空等目的，数据跨境流动所涉及的"数据跨境传输""数据本地化存储""数据隐私保护"等重大议题的国内监管与国际规则制定也呈现出新趋势和新特点，进而可能演变为一场新的国际经贸博弈。

趋势一：跨境数据流动呈现"有限性特征"。大规模数据流动在创造巨大的经济财富和价值的同时，也可能引发一系列风险，例如，数据的无序流动就对一国的国家安全利益、监管框架，甚至执法权提出了严峻挑战。一些国家出于数据隐私保护、国家主权的完整性，以及国家安全利益等等公共政策目标，不同程度地对跨境数据流动加以政策或法律法规的限制。因此，无论在多边的世界贸易组织（WTO）、二十国集团（G20）框架内，跨境数据流动无不呈现"有限性特征"，"本地化"的诉求也从未消失，开放共享与安全保护也成为数字治理中的"悖论"。

趋势二：涉及国家安全利益的数据采取"灵活化"对策。鉴于个人数据与重要敏感数据涉及的风险和所需保护的法益各有不同，许多国家都在尝试分级分类监管的方法，通过灵活多样的监管模式，确立宽严不同的数据跨境流动管理政策。例如，法国规定政府管理、商业开发、税收数据需要本地存储。澳大利亚明确禁止与健康医疗相关的数据出境。美国不允许属于安全分类的数据存储在任何链接公共云数据中，特别是对公民敏感个人数据，美国的安全审查标准不低于欧盟。如，《2019 年外国投资风险评估现代化法案》（FIRRMA）就明确将外国人投资保存或收集美国公民敏感个人数据的公司纳入审查范围，严格限制外国企业收集美国公民数据。韩国规定移动通信服务提供商应采取规范措施，禁止涉及经济、工业、科学技术等重要数据跨境流动。

趋势三：围绕数据主权与长臂管辖权博弈呈现"加剧化态势"。

近年来，世界主要大国政府围绕网络空间的战略博弈与数据资源的争夺日益加强。美欧数据主权战略属于"进攻型"，通过"长臂管辖"扩张其跨境数据执法；而中国、俄罗斯等新兴经济体的数据主权战略属于"防守型"，通过数据本地化解决数据治理与本地执法问题，因此"长臂管辖"在允许跨越一国传统地域主权限制获取境外数据的同时，也加剧了与他国关于数据管辖权以及执法权之间的冲突。如2019年，美国议会颁布法案规定，无论数据存储在美国境内或境外，都赋予美国政府调取存储于他国境内数据的法律权限。不仅如此，法案还明确规定，若美国与他国达成"协议"即可实现数据交换，这相当于建立了一个可以绕过数据所在国监管机构，将美国执法效力扩展至数据所在国的"治外法权"，如此一来势必对全球数字治理框架产生深远影响，并在很大程度上改变了全球数据主权的游戏规则。

（二）全球数字治理背后的"模式之争"

当前，正处于数字世界规则重塑的窗口期。目前全球有120多个国家和地区制定了数据保护政策，形成了较具代表性的数据跨境保护方案及数字治理模式。围绕"数字主权"而展开的"模式之争"越来越激烈，全球数字治理规则博弈正在加剧。总体来看，各国数据跨境流动政策越来越受到地缘政治、国家安全、隐私保护、产业发展水平等复杂因素的影响。利益的复杂性、价值认同的差异性和国家间信任的缺乏，阻碍了各国在短期内形成规则共识。数字治理及跨境数据流动如何在安全性和成长性中实现平衡，也考验各国政府的数据战略思维和治理能力。

1. 美国进攻型模式

美国在数字经济和信息技术领域具有全球领先优势，这是其推崇全球所谓"数字自由主义"，力争全球数据权益的客观基础和前提。然而，近年来，随着中国数字力量的崛起，美国愈加强化数字霸权和规则霸权，特别是 2016 年特朗普执政以来，美国就严格限制涉及重大科学技术及基础领域的技术数据和敏感数据的跨境转移，并通过"长臂管辖权"和庞大的情报网络加以执行。2018 年 3 月，美国议会通过《澄清境外数据合法使用法案》。该法案秉承"谁拥有数据谁就拥有数据控制权"原则，打破了以往"服务器标准"，而是实施"数据控制者"标准，允许政府跨境调取数据。与此同时，美国还通过限制重要技术数据出口以及特定数据领域的外国投资。例如，2018 年 8 月签署的《美国出口管制改革法案》就特别规定，出口管制不仅限于"硬件"出口，还包括"软件"，如，科学技术数据如传输到美国境外的服务器或数据出境，必须获得商务部产业与安全局（BIS）出口许可。在外国投资审查方面，《外国投资风险评估现代化法案》的一项关键内容在于扩大管辖权，对于涉及"关键技术""关键基础设施""关键或敏感数据"的美国企业做出的特定非控股外国投资，都被纳入安全审查范围。作为构建全球数字治理体系的最大利益攸关者和领导者，美国不遗余力倡导和推动彰显其意志的数字治理规则，强化规则霸权。

2. 欧盟差异型模式

欧盟是全球最大的数字经济市场之一，推进欧盟乃至全球的数字单一市场、引领国际数据流动和保护规则，是欧盟一直以来倡导的战略。为此，在欧盟内部，欧盟积极推动成员国之间数据自由流动，力促单一数字市场战略的形成，即"内松"政策；但与之相对，对于欧盟境内数据向欧盟境外传输有着严格的管控，需要达成"充分性协议"，对于满足充分性认定的国家可获得充分性保护，即"外严"政策。其跨境数据流动框架主要包括：一是通过 2018 年生效的《通用数据保护条例》（GDPR）。GDPR 对个人信息保护的范围之广、实施标准之高、监管力度之大均前所未有，因此，也被誉为世界最严数据保护条例。GDPR 不是一个框架性指南，而是成为由欧盟成员国统一实施的单一法令，其主要目标是消除成员国数据保护规则的差异性，并在

"欧洲数据自由流动倡议"框架下消除非个人数据在储存和处理方面的地域限制，推动欧盟范围的数据资源自由流动。作为机制保障，欧盟也成立了数据保护委员会（EDPB）以及相关协调机制。二是通过"充分性认定"确定数据跨境自由流动白名单国家，推广欧盟数据保护立法的全球影响力。三是在保障个人权利的前提下，提供多样化的个人数据传输方式，如遵守约束性公司规则（BCRs）、标准数据保护条款等。四是强化欧洲数据主权，推出"数字新政"。欧盟委员会向来对于主张"数字主权"高度重视。2019年，欧洲正式部署建设自己的网络云设施 Gaia-X（"盖亚 X"计划），旨在通过创建面向欧洲的、强大而有竞争力的、安全可靠的数据基础架构成为完全独立的"云替代方案"。2020年2月，欧盟委员会最新发布数字化战略，包括欧盟数字化总体规划、《欧盟数字战略》以及《人工智能白皮书》三个文本，即"欧盟数字新政"。特别是在《欧盟数字战略》中强调要确保欧盟成为"数据赋能社会"的榜样与全球领导者。为此，欧盟将采取立法行动强制大型科技公司与中小型公司共享数据以打破亚马逊和谷歌等巨头的垄断地位，平衡来自中美数字经济的强势竞争，以试图从中美科技手中夺回数字主权。

表 10.2　GDPR 框架赋予数据主体的权利

权利	内容	阐述
访问权	数据主体有权访问个人数据以及处理目的、种类、接收者、期限	配合数据处理原则
更正、删除权（被遗忘权）	修改、删除、被遗忘	创设了"被遗忘权"，是对"删除权"的扩张
限制处理权	限制处理的几种情形	比删除权、拒绝处理权更具柔性

续表

权利	内容	阐述
可携带权	技术可行情况下，要求不受限制地从控制者传输给另一个控制者	创设了"可携带权"，如何实现
拒绝处理权 免受自动化决策权 （数据画像）	商业目的数据处理，以直接营销为目的进行数据画像，一旦拒绝，不得再进行该目的的处理	"数据画像"是指对个人数据进行任何自动化处理，包括利用个人数据评估与自然人有关的特定方面，特别是针对与自然人的工作表现、经济状况、健康状况、个人偏好、兴趣、信誉、行为习惯、位置或行踪相关的分析和预测
获取信息权	控制者应以简单透明、清晰、易获取的方式向数据主体提供信息	从数据主体获取渠道的不同情形

数据来源：General Data Protection Regulation。

3. 新兴经济体防御型模式

新兴经济体和发展中国家在数据安全保障能力、数据控制能力和数据分析能力方面普遍与发达国家存在较大差距，其经济发展阶段仍然处于工业化过程中，没有系统完善的数据治理规则体系。除美、欧、日等发达经济体提出较为鲜明和系统化的政策之外，新兴经济体大都从数据主权、网络安全日益关切的立场出发制定相关法律法规。总体而言，对数字治理及跨境数据流动的限制性措施主要包括：一是要求跨国企业在本国开展业务或提供服务时须在本国境内建立数据中心；二是对数据存储和服务器地址提出本地化要求。一些新兴经济体将跨国公司在境内建立数据中心作为市场进入的条件之一。越南2013年出台法律要求越南境内的所有网络信息和服务提供者，如谷歌、Facebook 等全球互联网公司在越南开展业务时须建立新的数据中心；2018 年，巴西颁布《巴西通用数据保护法》（LGPD），规定对加工处理的个人数据须在巴西境内收集存储；印度政府要求公司须将部分信息基础设施和服务器存于境内，印度中央银行所有在印度的支付企业都要将数据强制性存储在印度本地，禁止支付数据出境；俄罗斯现行法律法规并未对个人数据出境作特别严格的限制，但要求数据首次存储须在俄罗斯境内服务器上，同时俄划定数据自由流动范围，通过《联邦数据保护法》承认加入"108 号公约"的国家为个人数据提供了充分的保护。

三、大国博弈加剧：警惕全球数字治理的"规则合围"

当今世界正面临百年未有之大变局，国际规则正发生深刻变化，二战以来基于规则的国际经贸秩序遭遇全方位颠覆性挑战，全球正由"经济之争"转向"规则之争"，在此背景下，围绕数字治理规则正成为当前全球贸易规则的核心内容，美、欧、日等发达经济体加紧争夺数字规则制定的主导权，纷纷以自身所长推广各自的数字规则或理念，占领规则制高点，并形成对我国的"规则合围"之势。

（一）新一轮国际经贸规则中的数字治理政策

面对日益高涨的数字经济和新一代信息技术的快速发展态势，WTO 在塑造适应全球经济新变化贸易规则框架方面严重滞后。但是近两年，为制度性危机带来转机，WTO 积极推动"增量改革"。2019年 1 月，包括美国、欧盟、日本、新加坡、澳大利亚、中国、巴西、俄罗斯在内的 76 个 WTO 成员共同签署《关于电子商务的联合声明》，确认将在 WTO 现有协定框架基础上，开展电子商务诸边谈判。其中以美国为代表的发达经济体主张跨境数据自由流动,对电子传输永久免征关税,并禁止数据本地化。而中国则表明,跨境数据流动以及数据存储本地化等问题须进行"进一步解释性讨论"。

图 10.1 WTO 贸易规则框架下的数字治理议题

与此同时,在 WTO 多边框架之外,超大型自由贸易协定(Mega FTAs)正成为新一轮国际经贸规则的主轴,呈现出主导全球经贸秩序的新态势。例如《全面与进步跨太平洋伙伴关系协定》(CPTPP)、《日本—欧盟经济伙伴关系协定》(EPA)、《美墨加贸易协定》(USMCA)等 Mega FTAs 中大都包含了"数字贸易或电子商务"等数字治理的相关章节。以 2020 年正式生效的 USMCA 为例,协定中除了重申对数字产品免征关税与禁止歧视性措施外,还明确规定确保数字跨境流动、取消数据存储本地化要求、限制政府要求披露源代码与算法的权力、对消费者个人隐私加强保护等规定。CPTPP、EPA 关于跨境数据传输及其管辖政策立场也大都与 USMCA 相近,不过，在 EPA 中设置了对是否将数据自由流动纳入协议的 3 年过渡期。

（二）跨境数据治理的国际合作与协调机制

当前，全球跨境数据治理的国际合作与协调机制，大都由发达国家主导。发达经济体正积极努力将承载本国数字利益的国内政策推行为国际规则，掌控数字治理规则全球话语权的意图凸显。截至目前，跨境数据治理的国际合作与协调机制有两个。一个是美、欧、日欲积极推动建立的基于"共同理念"的全球数据同盟体系。近几年，美、欧、日之间达成了有关跨境数据流动的制度性安排，如美欧签署的《隐私盾协议》（EU-US Privacy Shield）、欧日之间的"对等充分性协议"。2019 年，西方发达国家间制度安排的范围进一步扩大，美、欧、日正试图联手制定跨境数据流动的规制及其主导权，积极构筑一个基于"共同理念"的"数据共同体"。

现有政策导向和偏好对我国参与全球规则形成制约。美国、欧盟等发达国家纷纷提出自身的数字经济治理理念与主张，并全力推动，试图将国家理念和规章转化为国际规则。而我国在数字治理方面的政策偏好导致目前很难参与欧盟和美国主导的双边／多边机制。以数字本地化存储为例，欧盟在数字经济发展中暂时落后，期待通过 GDPR 提出的高保护标准和数据向欧盟境外流动的限制措施构建面向非欧盟国家的贸易壁垒。中国的侧重"数据本地化"政策也不可避免会对我国与欧盟的谈判造成阻碍。而由美国主导的 APEC 框架下的 CBPR 机制，强调的是国家间数据的自由流动，与我国本地化政策相悖。目前来看，APEC 也未显示出与中国积极协商的意向。"规则脱钩""数字脱钩"风险加大。

1. 美国

近年来，美国不断加紧与其领导的多国情报联盟"五眼联盟"

(Five Eyes Alliance) 构筑"数据同盟体系"，该"数据同盟体系"强化以"国家安全"利益和"共同价值观"为主要考量，聚焦战略对手，谋求网络霸权。2019 年 7 月 30 日，"五眼联盟"发布声明表示，高科技公司应该在其加密产品级服务中纳入新机制，允许政府有适当合法权限以可读和可用的格式获取数据。

2. 欧盟

欧盟委员会被授权在 GDPR 框架下拥有对第三国定期评估、修订和撤销"适当性决议"的权利。2019 年 1 月，欧日正式通过"适当性决议"，这意味着双方约定将对方的数据保护系统视为"同等有效"。"适当性决议"除用于商业目的个人数据传输外，还可应用于执法目的。迄今为止，与欧盟建立"适当性决议"的司法辖区包括：加拿大、新西兰、瑞士、阿根廷、以色列、安道尔、乌拉圭、美国等国。欧盟委员会表示这将创造世界上最大的数据安全流动区域，并有助于引领建立全球数据流动标准。此外，欧盟正积极与所谓"志同道合"的国家，在第 108 号公约或者日本提出的"可信数据自由流动"基础上，探讨建立多边数据流动圈的可能性。

3. 日本

2019 年初，日本与美国商务部、美国贸易代表办公室、欧洲委员会三方共同商议数字治理相关议题，涉及允许个人及商业数据相互转移；严格限制向个人数据保护制度不利的国家转移数据；对违反规定的企业加以处罚，建立以西方为中心的跨境数据流动规则框架，甚至以意识形态和政治制度划线的排他性体系，进而打造美、欧、日三方互认的"数据共同体"。特别是利用 2019 年担任 G20 主席国之际，日本率先提出《大阪数字经济宣言》(Osaka Declaration on the Digital Economy)，有 45 个经济体领导人在宣言中确认就数据治理开展国际对话的重要性，形成共识。

另一个是分别以美国和欧盟为蓝本的多边数据隐私与保护监管合作框架。当前，全球范围内有两大数据隐私与保护监管框架，分别是欧盟的 GDPR 和 APEC 的《跨境隐私规则体系》(Cross-Border Privacy Rules, CBPR)。自 GDPR 生效以来，该框架显著推动欧盟乃至全球个人信息保护制度完善。GDPR 实施一年多以来，有 24 个成员国（占成员国总数的 89%）均依据 GDPR 修订了本国法规，确立了本国专门数据保护机构、GDPR 规定的主要管理机制。为此，GDPR 还设计了主要国家间协调机制，如跨国互助。作为最为成熟的范例模板，GDPR 对世界其他国家个人信息和数据保护制度的示范带领作用颇为显著。中国、日本、新加坡等众多国家以 GDPR 及其附属条件为蓝本，制定修订了自身的数据保护规则。

APEC 隐私框架是亚太地区第一个数据保护协同框架，并建立了一整套的执行机制和措施，CBPR 是当前多边监管合作中较为成熟的机制。一般而言，加入 CBPR 标准包括：国内隐私法、隐私保护执法机构、信任标志 (Trust-Mark) 提供商、隐私法与 APEC 隐私框架的一致性等。目前，共有八个国家／地区加入了 CBPR，包括美国、日本、加拿大、墨西哥、新加坡、韩国、澳大利亚和中国台湾地区。就性质而言，CBPR 不具有强制性，仅仅是规范 APEC 成员经济体企业个人信息跨境传输活动的自愿性多边数据隐私保护计划。因此，无论对各国政府，还是体系外企业都不具有约束力。

综合而言，这两大框架在国与国之间、区域与区域之间衍生出多样性、灵活性的解决方案。如，一方面，日韩分别启动与美欧之间的推动跨境数据流动的双边协定，并与欧盟达成充分性保护互认协议；另一方面，日韩均加入了美国主导的 APEC 框架下的 CBPR 机制。目前而言，这两类区域性的跨境数据流动规制框架相对成熟，也有望成为解决全球跨境数据流动的参照系。

表 10.3 APEC《CBPRs 准备度报告》①

状态	经济体
已加入	加拿大、日本、墨西哥、美国、韩国、中国台湾、中国香港
计划加入	菲律宾
考虑中	俄罗斯、新加坡、越南
不能加入	文莱、中国、印尼、巴布亚新几内亚、泰国
无计划加入	智利、马来西亚

（三）我国跨境数据治理面临的压力与挑战

根据国际数据公司（IDC）发布的《数字化世界——从边缘到核心》白皮书和《2025 年中国将拥有全球最大的数据圈》白皮书两份报告，2018—2025 年，我国数据总量年均增速高达 30%，远高于全球平均水平。

近年来，我国跨境数据流动治理相关政策也在不断完善的进程之中，其中最早涉及跨境数据治理的政策框架为 2017 年实施的《网络安全法》。按照《网络安全法》第三十七条规定，对关键信息基础设施运营者在境内运营中收集和产生的个人信息和重要数据应当在境内存储，并对出境提出了安全评估要求。2017 年，国家网信办公布了《个人信息和重要数据出境安全评估办法（征求意见稿）》，提出要建立"主管部门评估—网络运营者自评估"的两级评估体系，扩大数据出境的评估范围，加强数据出境安全的风险管理。截至目前，我国有关跨境数据流动及"数据出境"的法规标准已达 5 部，按颁布顺序分别是：《网络安全法》《个人信息和重要数据出境安全评估办法（征求意见稿）》《信息安全技术数据出境安全评估指南（草案）》《信息安全

---

① 此表数据来源于 APEC《CBPRs 准备度报告》（2017），并根据最新发展动态更新。

技术数据出境安全评估指南（征求意见稿)》《个人信息出境安全评估办法（征求意见稿)》。

然而，与我国数字经济高速发展的态势相比，跨境数据流动国际合作机制方面相对滞后，且与主要国家跨境数据流动政策及国际规制相比，面临诸多压力和挑战。

1. 数字治理标准与立法的缺失

自 2012 年开始，ITU-T、ISO／IEC、NIST、CCSA 等国内外标准研制组织相继组建工作组展开大数据研究和标准化工作，从基础、技术、产品、应用等进行梳理分析，构建大数据标准体系框架。以美国为例，美国政府数据开放在经历了 1966 年《信息自由法》、1974年《隐私权法》、1996 年《电子信息自由法》、2001 年《数据质量法》、2002 年《电子政府法》、2002 年《联邦信息安全管理法》等等里程碑式的发展，对数据开放的范围、权限等做了详细的规定，在保障公众知情权和隐私权的基础上，逐步形成了较完整的立法体系。而我国数字治理标准与立法层面的法律法规严重缺失。

2. 与现行国际规则不兼容

在跨境数据流动属性方面，我国主要基于"属地原则"。"数据本地化"政策不仅难以支持 WTO 声明中"谋求禁止数据本地化"的主张和立场，也导致目前我国难以参与发达国家主导的双边／多边合作框架，欧盟主导的 GDPR、美国主导的 APEC 框架下的 CBPR 机制，以及强调跨境数据自由流动的新一轮贸易协定，如 CPTPP、USMCA等，与其规则相悖。

3. 监管制度灵活性不够

当前《个人信息出境安全评估办法（征求意见稿)》在个人信息出境安全评估方面摒弃了原有的"自评估＋监管机构评估"的双轨路线，改而采用监管部门的全面审批机制。尽管这有利于保障跨境传输中的数据安全、推动数据的有效治理，但一定程度上也加大了企业运营成本与市场监管成本。

4. 数据保护尚未形成广泛共识

虽然中国近年来不断加强数据领域的治理与监管，但我国数据治理能力还存在不足，各类组织违规收集用户数据、缺乏必要的数据安全防护措施、滥用消费者数据以及网络黑灰产导致监管与执法难度日益加大。在跨境数据传输方面，由于跨境传输不仅牵涉不同的权利主体，还牵涉不同传输环节中的不同监管主体、不同法律管辖。因此，滞后的数据保护理念，以及监管框架的漏洞将面临较大安全风险。

5. 跨境数据治理规制话语权严重不足

相较于美欧推进的数据战略和顶层设计，作为数据大国，中国目前并无一套清晰的跨境数据规制和国际战略，这可能使得"数据垄断"与"数据孤岛"情况加剧，削弱数字治理的国际规则主导权。

四、积极参与构建全球数字治理新框架的路径选择

强化数字治理是数字化时代发展的必然趋势。从内部看，我国数字治理框架应服务于建设"数字强国"的战略目标，全面推进我国相关制度建设和顶层设计，探索适合中国国情与发展道路。应统筹处理好三大关系：一是数据权属的"隐私保护"与"国家安全"；二是数据利用中的"集中"与"分散"；三是跨境数据的"数据流动"与"数据保护"，进而加快形成以法律形式为基础的治理框架，维护国家安全和数字主权，为实现数字中国、数字强国的伟大目标奠定制度基础。从外部看，参与全球数字治理既是维护国家自身发展权益的关键路径，也是履行大国责任、凸显大国作用的重要体现。在数字治理过程中，要立足于维护数字主权，促进数字经济发展与数字政府建设，全面参与，甚至引领全球数字治理体系的构建与改革，做多边数字治理体系的积极建设者和坚定拥护者。

（一）科学战略研判全球数字治理规则的演进规律

"新技术—经济"条件下，数据主权、数字治理已成为全球性前沿性议题，美、欧、日等发达国家的数字治理规则及其框架对他国产生"规范溢出"的影响，并对我形成"规则合围"和"规则压制"。为此，面向"数字强国"建设，我国应全面加强对数字治理规则的前瞻性、战略性研究。同时借鉴美、欧、日数字治理及其在数字贸易规则中的谈判经验，未雨绸缪，谋划战略预案。

（二）将政府数据开放与数字治理提上战略议程

政府作为开放数据的重要资源来源和规则制定者，应加强实践指导，鼓励和引导数据的开放和开发利用。目前，我国尚未制定相关政府数据开放战略与实施路线图，在推进国家治理体系和治理能力现代化的进程中，应加强顶层设计与统筹，将政府数字治理框架提上重要的战略议程，明确政府数据开放与数字治理的发展目标、战略实施路径、时间表和路线图，为政府数据的可持续运营创建体制机制条件，制定数据开放安全审查标准，加快 G2G（政府与政府之间）、G2B（政府与企业之间）、G2C（政府与公民之间）大数据开放与共享，推动基础性、战略性和前瞻性大数据资源整合。

（三）加快建立并完善数据保护法律体系

目前，中国在数字治理领域的法律和制度体系建设仍不完善，相关立法缺失或滞后，已影响甚至阻碍数字价值的充分利用及数字权益的保障。因此，要进一步加快相关法律体系的建设，深入贯彻落实《网络安全法》，加快开展《数据安全法》《跨境数据流动管理办法》等专项法律法规和政策的制修订；应明确国家各部委数据治理及监管职权范围，构建数据治理的系统化制度安排，通过区块链技术等提供多重技术保障；加快完善数字治理的长臂管辖原则。我国《网络安全法》采取有限的域外管辖的原则，有权管辖涉及危害关键信息基础设施的境外的机构、组织、个人。欧盟、美国等数据出境监管法规都具有一定域外效力，因此我国可以根据国情适当增加长臂管辖的范围。

（四）积极推进分级分类分区域数字治理制度

一是加强基础性大数据整合，推动国家基础数据互联互通。二是可考虑对涉及国家安全的敏感数据及关键基础设施建立分级管理制度和安全风险评估制度；对于涉及气象、生态环保等公共数据制定数据开放与共享的法律规范。为了服务公共安全、公共健康、公共利益还可考虑引入例外条款；对涉及政务数据、企业商业秘密和个人数据加强保护。三是对行业内重要数据或者 BAT 等大型互联网公司率先开展数据出境管理实践。四是在保护自身数据主权的基础上，也可以寻求对数据本地化原则进行一定的突破，如在反恐领域、跨国走私犯罪、金融犯罪等领域，提供较为便利的可获得本地数据的途径，适当允许部分非敏感数据的非本地化。

（五）探索构建数据港、数据海关等特殊功能区

重视数据的流通、开放与共享。通过经济、法律、技术、管理、国际规则等多种手段，建立健全数据治理先行先试示范区。例如利用特定区域，如上海自贸区、海南自由港等制度创新优势，探索建立一个开放、透明且可操作的数据治理体系，通过在特定区域建立数据跨境流动自由区，吸引涉及数据跨境业务的一批企业入驻，从技术和政策等方面完善跨境数据流动的解决方案，推动建设全球数据港。

（六）推动建立公平有序的全球数字治理规则框架

当前，全球数字治理缺乏统一监管框架和规则体系。应积极推动

建立包容性的"全球原则"，促进国际合作。"全球原则"的有效执行需要各国将数据治理原则转化为既存的和新的国家法律法规、国际机构、贸易协定、双边与多边条约、全球标准，构建面向未来的全球数字治理框架。要兼顾开放与安全之间的平衡，尊重主体的数字主权，促进数字互联互通，构建数字空间命运共同体。

后　记

近年来，随着信息技术的发展，加强政府信息化建设成为世界各国提高政府社会服务能力和治理能力、激发创新活力的重要举措。经过20多年的发展，我国政府信息化建设取得了长足进展，随着国家大数据战略实施和人工智能技术爆发式增长，"数字政府"成为政府改革的方向和必然趋势。党的十八大以来，在以习近平同志为核心的党中央领导下，我国积极抓住信息革命机遇，推动实施国家信息化发展战略，大力发展数字经济，构筑"数字中国"有机体系。党的十九大提出，中国特色社会主义进入新时代，要建设网络强国、数字中国、智慧社会，要发展数字经济、共享经济，培育新增长点、形成新动能。党的十九届五中全会明确提出，要"加强数字社会、数字政府建设，提升公共服务、社会治理等数字化智能化水平"。2021年通过的《中华人民共和国国民经济和社会发展第十四个五年规划和2035年远景目标纲要》第十七章提出"提高数字政府建设水平"，"将数字技术广泛应用于政府管理服务，推动政府治理流程再造和模式优化，不断提高决策科学性和服务效率"。随着党和国家对数字政府建设的重视，我国数字政府建设步伐将会越来越快。

数字政府建设是"数字中国"体系的重要组成部分，是推动数字经济高质量发展、建设网络强国、全面实现数字治理的重要抓手和强大引擎。当前我国政府信息化建设，已经从电子政府、"互联网+"

政务阶段发展到了数字政府阶段，再造行政流程、重塑政府职能成为现阶段政府建设的核心要求。数字政府作为电子政务发展的高级阶段，是一种新型政府运行模式。与传统政府模式相比，数字政府集中体现了以人民为中心、组织结构整体化、政务服务一体化、社会治理智能化、运营机制透明化等特点。作为与数字经济时代新生产力模式相适应的管理和服务体系，数字政府既是科学技术和生产力发展到一定程度后对政府形态演变的必然要求，也是数字化时代社会成员对政府服务提出的更高需求。数字政府建设将有利于优化政府职责体系、创新行政方式、提高政务效能、激发经济发展新动能、完善公共服务体系、引领生态文明建设智能转型、推进政府治理现代化，从而推动建设人民满意的服务型政府。

随着世界各国掀起数字政府建设新高潮，我国数字政府建设正处在转型期，各地数字政府建设水平参差不齐，依然存在着缺乏顶层设计、政务数据资源共享难、政府服务平台标准不统一、治理流程再造难等问题。要全面而彻底地实现政府的数字化转型，我们必须总结国内外数字政府建设的经验与面临的挑战，明确数字政府的内涵与边界，对"什么是数字政府""怎样建设数字政府""如何保障数字政府"等重要问题，进行系统研究和深入阐释。

2015 年，中国行政体制改革研究会承担国家社会科学基金特别委托项目"大数据治国战略研究"，在课题组首席专家、国务院研究室原主任魏礼群同志的带领和支持下，一批专家学者坚持对大数据、人工智能、数字中国、数字政府等问题进行研究。为回应数字政府建设实践中提出的各种问题，更好发挥研究会的职能，2019 年 12 月，"大数据治国战略研究"课题组组建了"数字政府建设编委会"，除中国行政体制改革研究会研究人员外，编委会成员还有来自生态环境部、国家信息中心、中国国际经济交流中心、苏州国泰数字政府研究院、瞭望智库、腾讯集团、太极计算机股份有限公司、烽火通信科技股份有限公司等，有效整合了政府部门、研究院所和企业界的力量与智慧。编委会成员集思广益地对读本编写进行研讨，系统梳理数字政府的相关概念和理论，总结数字政府建设的实践成果，筛选行业应用的优秀案例，借鉴国内外成功经验，努力构筑我国数字政府建设的新蓝图。在大家的共同努力下，书稿经过多次修改，最终得以出版。

本书以习近平新时代中国特色社会主义思想为指导，对数字政府建设的理论和实践问题进行了探索和研究，对我国数字政府的原则、路径、模式、总体架构、制度保障、安全保证，及其在经济发展、公共服务、社会治理、生态文明、政务服务等方面的广泛运用进行了深入浅出的阐释。并在借鉴英国、美国、新加坡等国家数字政府建设成功经验的基础上，探讨了我国数字政府的战略规划、效能评价、安全保障等方面的制度建设问题，探索积极参与构建全球数字治理新框架的路径选择。

本书由中国行政体制改革研究会常务副秘书长王露同志、中国行政管理学会常务理事李海鹏同志任主编。王露同志提出该书的总体框架并进行通稿审阅，李海鹏同志从体制和规划发展的角度给予指导。第一章由胡思洋（瞭望智库）、杨曼殊（瞭望智库）执笔；第二章由李婧（太极计算机股份有限公司）、荆潇（太极计算机股份有限公司）执笔；第三章由许达理（国泰新点软件股份有限公司）、姚铭（原苏州国泰数字政府研究院）执笔；第四章由董婷［腾讯云计算（北京）有限责任公司］、张小可［腾讯云计算（北京）有限责任公司］、李瑞龙（腾讯研究院）执笔；第五章由陈刚（烽火通信科技股份有限公司）、程凯（烽火通信科技股份有限公司）执笔；第六章由胡军（生态环境部环境与经济政策研究中心）、俞海（生态环境部环境与经济政策研究中心）执笔；第七章由许达理、韩鸿禄（苏州国泰数字政府研究院）执笔；第八章由魏颖（国家信息中心大数据发展部）执笔；第九章由郭明军（国家信息中心大数据发展部）执笔；第十章由张茉楠（中国国际经济交流中心美欧研究所）执笔。本书由李强（国泰新点软件股份有限公司）、朱玉（中国信息协会）、孙文营（中国行政体制改革研究会）、许元荣（瞭望智库）任执行主编，魏颖、张红安（中国行政体制改革研究会）、朱斌（国泰新点软件股份有限公司）、叶成霞（苏州国泰数字政府研究院）任副主编。本书案例由生态环境部、苏州国泰数字政府研究院、烽火通信科技股份有限公司、太极计算机股份有限公司、腾讯集团、阿里云研究中心、联通数字科技有限公司、上海益政信息科技有限公司提供。本书采纳的案例来自数字治理的实践前线，正是有了上述各单位和各位作者的大力支持与配合，本书才得以顺利出版。

我们要特别感谢国务院研究室原主任魏礼群同志、中国科学院院士鄂维南同志为本书作序。感谢国务院办公厅电子政务办主任卢向东同志的关心和指导。感谢人民出版社蒋茂凝社长、辛广伟总编辑以及责任编辑余平博士等，他们为本书的出版付出了辛苦努力。

本书是中国行政体制改革研究会国家社会科学基金特别委托项目"大数据治国战略研究"课题组，继《大数据领导干部读本》《数字中国》《人工智能读本》之后又一重要成果。期待本书为领导干部和广大人民群众了解数字政府、更好地建设数字政府提供切实可行的参考，为推动我国数字政府建设发挥积极的作用。

王　露

2021 年 5 月 4 日

责任编辑：余　平
责任校对：黎　冉
封面设计：汪　莹

图书在版编目（CIP）数据

数字政府建设／中国行政体制改革研究会 组织编写 . — 北京：
　人民出版社，2021.5
ISBN 978 - 7 - 01 - 023421 - 2

I.①数… II.①中… III.①电子政务 - 建设 - 中国 IV.① D63 - 39

中国版本图书馆 CIP 数据核字（2021）第 085710 号

数字政府建设
SHUZI ZHENGFU JIANSHE

中国行政体制改革研究会　　组织编写

人民出版社 出版发行
（100706　北京市东城区隆福寺街 99 号）

中煤（北京）印务有限公司印刷　新华书店经销

2021 年 5 月第 1 版　2021 年 5 月北京第 1 次印刷
开本：710 毫米 × 1000 毫米 1/16　印张：20.5
字数：263 千字

ISBN 978 - 7 - 01 - 023421 - 2　定价：78.00 元

邮购地址 100706　北京市东城区隆福寺街 99 号
人民东方图书销售中心　电话（010）65250042　65289539